# Marseille

## Les calanques, Cassis, La Ciotat

# 2022/23

Cofondateurs : Philippe GLOAGUEN et Michel DUVAL

Directeur de collection et auteur
Philippe GLOAGUEN

Secrétaire général
Gavin's CLEMENTE-RUIZ

Rédacteurs en chef
Amanda KERAVEL (France)
Benoît LUCCHINI (Étranger)

Directrice administrative
Bénédicte GLOAGUEN

Conseiller à la rédaction
Pierre JOSSE

Responsable voyages
Carole BORDES

Direction éditoriale
Élise ERNEST

Rédactio[illegible]
[illegible]
[illegible]ER
[illegible]ARDON
[illegible]HARLIER
Florence CHARMETANT
Fiona DEBRABANDER
Géraldine LEMAUF-BEAUVOIS
Alain PALLIER
Anne POINSOT
Alexia POULAIN



hachette

# TABLE DES MATIÈRES

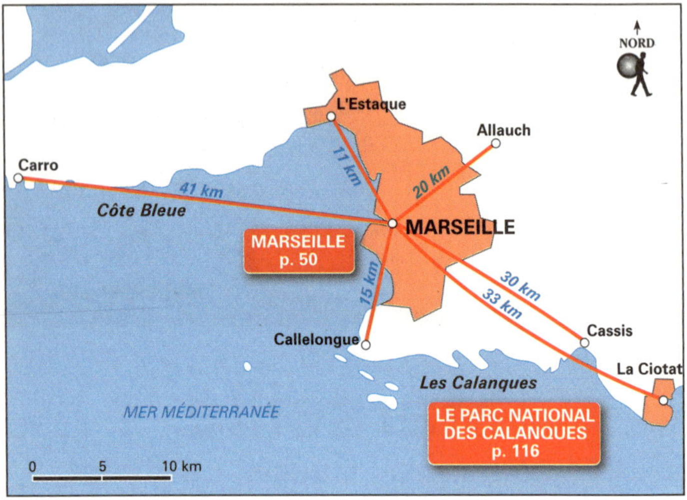


## PRÉAMBULE



## COMMENT Y ALLER ? ........................ 34



## BON À SAVOIR AVANT LE DÉPART ........................ 39



## MARSEILLE ........................ 50

**UNE PANDÉMIE INOUÏE !**

Depuis toujours, ***Le Routard* se plaît à dénicher hôteliers et restaurateurs** qui accueillent nos lecteurs avec sourire et professionnalisme. Malgré toute notre vigilance, certains d'entre eux auront malheureusement fermé quand ce livre sortira. De même, les horaires et modalités d'accueil de certains sites et musées auront été momentanément modifiés. Cette terrible **pandémie de Coronavirus** a, on le sait, des conséquences importantes pour tous les professionnels du tourisme. **Nous sommes de tout cœur avec eux !**

© Sudres Jean-Daniel/hemis.fr

Les calanques

NORD
Rade de Marseille
Île Ratonneau
Vallon des Auffes
Île d'If
Château d'If
Îles du Frioul
Île
de Pomègues
0
500
1000 m

Bougainville
National
Saint-Just
Hôtel du Département
LES DOCKS
La Friche
La Belle-de-Mai
LA BELLE-DE-MAI
Désirée Clary
Chartreux
Bd du Littoral
A7
Bd National
FRAC
SAINT-CHARLES
Palais Longchamp
Joliette
Cinq-Avenues Longchamp
Jules Guesde
Gare St-Charles
LE PANIER
Villa Méditerranée
Louis Armand
Colbert Hôtel de Région
Réformés Canebière
Musée Regards de Provence
Mucem
Fort St-Jean
Vieux Port Hôtel de Ville
La Canebière
Noailles
NOAILLES
LA CANEBIÈRE
La Blancarde
LE VIEUX-PORT
LA PLAINE ET LE COURS JULIEN
Palais du Pharo
L'OPÉRA
Abbaye Saint-Victor
N.D. du Mont Cours Julien
La Timone
Fort Saint-Nicolas
Estrangin Préfecture
Bd Baille
Baille
LE PHARO
PALAIS DE JUSTICE, PRÉFECTURE, CASTELLANE
Castellane
Corniche du Pdt John F. Kennedy
Notre-Dame-de-la-Garde
A50
Av. de la Capelette
VAUBAN
Avenue du Prado
Périer
Corniche Kennedy
Prom. Georges Pompidou
Sainte-Marguerite Dromel
Rond-Point du Prado
Bd Romain Rolland
Bd Michelet
Stade Orange Vélodrome
Avenue du Prado
La Cité radieuse Le Corbusier
Parc et château Borély
Musée des Arts décoratifs, de la Faïence et de la Mode
Les Plages
Musée d'Art contemporain (MAC)
Av. de Lattre de Tassigny
Av. Pierre Mendès France

# MARSEILLE

# LA RÉDACTION DU ROUTARD

## (sans oublier nos 50 enquêteurs, aussi sur le terrain)

**Jean-Sébastien, Olivier, Mathilde, Thierry, Alain, Gavin's, Éléonore, Anne-Caroline, André, Laura, Florence, Véronique, Isabelle, Géraldine, Fiona, Amanda, Benoît, Emmanuelle, Bénédicte, Philippe, Carole, Diane, Anne, Marie.**

**La saga du *Routard* :** en 1971, 2 étudiants, Philippe et Michel, avaient une furieuse envie de découvrir le monde. De retour du Népal germe l'idée d'un guide différent qui regrouperait tuyaux malins et itinéraires sympas, destiné aux jeunes fauchés en quête de liberté. 1973. Après 19 refus d'éditeurs et la faillite de leur 1re maison d'édition, l'aventure commence vraiment avec Hachette. Aujourd'hui, le *Routard*, c'est plus d'une cinquantaine d'enquêteurs impliqués et sincères. Ils parcourent le monde toute l'année dans l'anonymat et s'acharnent à restituer leurs coups de cœur avec passion.

**Merci à tous les routards qui sont solidaires de nos convictions :** liberté et indépendance d'esprit ; découverte et partage ; sincérité, tolérance et respect des autres.

## NOS SPÉCIALISTES MARSEILLE

**Amanda, Mathilde et Marie :** quand l'une arpente les routes bretonnes en quête de la meilleure pâte à crêpes, l'autre explore le bocage normand à coups de gorgées de cidre, pendant que la troisième chausse ses skis pour dégoter le meilleur refuge alpin. La curiosité, l'enthousiasme et la gourmandise sont leur meilleur sonar, que complètent deux décennies d'expérience à user leurs semelles sur les routes de l'Hexagone. Un trio complice et indépendant qui essaie, entre deux voyages, de garder la ligne.

**Laura Charlier :** bercée par des récits de voyages depuis l'enfance, cette Marseillaise curieuse et observatrice aime les périples en sac à dos et les sentiers peu empruntés. Accompagnée de son appareil photo, elle immortalise ses rencontres et se nourrit des histoires qu'elle capte en chemin. Après avoir étudié les langues étrangères, elle a rejoint l'équipe du Routard pour partager ses trouvailles.

**Fabrice Doumergue :** tous ses chemins mènent… au bout du monde. Passionné d'histoire(s), d'architecture, d'art et de gastronomie, il ouvre à qui veut ses coins secrets, côté nature et côté culture. Et chaque bout du monde en appelant un autre, il a parcouru en 30 ans 70 contrées sur les 5 continents. Son pays préféré ? Heu… tous !

# UN GRAND MERCI À NOS AMI(E)S SUR PLACE

**Pour cette nouvelle édition, nous remercions particulièrement :**

- **Béatrice Monzato,** de Provence Tourisme ;
- **Marion Fabre, Silvie Allemand et Estelle Desrutins,** de l'office de tourisme de Marseille ;
- **Céline Mechain,** du Mucem de Marseille ;
- **Dominique Rodes,** à Marseille ;
- **Sébastien Bret, Mélissa Desbois,** et toute l'équipe des bureaux du parc national des Calanques ;
- **Christine Francia,** de l'office de tourisme de Cassis ;
- **Virginie Palombo,** de l'office de tourisme de La Ciotat ;
- **Lucie, Christine, Alizée, Margaux, Flora, Benoît,** pour leurs conseils avisés, leur aide sur le terrain et leur amour de la planète Marseille !

## Pictogrammes du Routard

### Établissements

- Hôtel, auberge, chambre d'hôtes
- Camping
- Restaurant
- Terrasse
- Pizzeria
- Boulangerie, sandwicherie
- Pâtisserie
- Glacier
- Café, salon de thé
- Café, bar
- Bar musical
- Club, boîte de nuit
- Salle de spectacle
- Boutique, magasin, marché

### Infos pratiques

- Office de tourisme
- Poste
- Accès Internet
- Hôpital, urgences
- Adapté aux personnes handicapées

### Sites

- Présente un intérêt touristique
- Point de vue
- Plage
- Spot de surf
- Site de plongée
- Recommandé pour les enfants
- Inscrit au Patrimoine mondial de l'Unesco
- Pas de côté

### Transports

- Aéroport
- Gare ferroviaire
- Gare routière, arrêt de bus
- Station de métro
- Station de tramway
- Parking
- Taxi
- Taxi collectif
- Bateau
- Bateau fluvial
- Piste cyclable, parcours à vélo

### « OSONS LE PAS DE CÔTÉ »

**Le surtourisme ?** Tous concernés. Et pourtant, à l'écart des grands flux touristiques, il existe plein de pépites méconnues, souvent oubliées des circuits trop encombrés. Ici un site ignoré ; là un quartier secret ; plus loin un village caché au charme discret, avec un troquet d'une autre époque. Il existe une infinité de lieux peinards que l'on a envie de mettre en avant avec ce pictogramme. Un vagabondage enfin calme favorisé aussi par les **visites aux heures creuses**. Vive le *slow trip* !

**#osonslepasdecote**


Le *Routard* est imprimé sur un papier issu de forêts gérées.


I.S.B.N. 978-2-01-717201-7

Quartier du Panier

*« Marseille appartient à l'exil. Cette ville ne sera jamais rien d'autre, la dernière escale du monde. Son avenir appartient à ceux qui arrivent. Jamais à ceux qui partent. »*

*Jean-Claude Izzo,* Chourmo *(Gallimard, 1996)*

**Ici on vous dira : « Marseille, on aime ou on n'aime pas ! ».** Nous ferons tout pour vous la faire aimer. **Laissons aux vestiaires (de l'OM ?) les préjugés** sur la saleté, l'insécurité et les gentils embouteillages qui plombent ce gros village en perpetuelle métamorphose.

En dépit de sa mauvaise réputation, Marseille est l'**une des villes les plus attachantes** de l'Hexagone, voire du Bassin méditerranéen. Lors de vos 1ers échanges avec les locaux, **l'accent marseillais** ranimera de vieux souvenirs enfouis et allumera un sourire sur vos lèvres. Un accent qui, certes, a évolué. Les opérettes de Scotto ont vécu, la trilogie de Pagnol a pris des couleurs flashy. À grand renfort de projets immobiliers, Marseille est entrée en fanfare dans le XXIe s, reléguant quelque peu les poncifs au fond du Panier.

Cependant, **la cité phocéenne continue de rayonner**, baignée par une rade somptueuse, piquetée d'îles et d'îlots, sous les bons auspices de ses 2 mères tutélaires : **la Méditerranée et la Bonne Mère**. Pour s'en convaincre, il suffit de monter au **Panier** et de visiter les musées, de faire une balade sur la corniche en marquant une halte à l'improbable port du **vallon des Auffes** ou d'assister, depuis les jardins du Pharo, au **coucher du soleil sur la rade**. Et même d'oser pousser jusqu'aux îles du Frioul, au château d'If ou à Callelongue où naissent les calanques. Nombreux y sont venus… plus d'un n'en est jamais reparti !

**Coque de bateau, le Vieux-Port**

# NOS COUPS DE CŒUR

1 **À Marseille, se balader sur le Vieux-Port, animé par l'emblématique marché aux poissons, et emprunter pour une somme modique l'illustre ferry boat (la plus courte liaison maritime au monde !) pour rejoindre l'autre rive.**

Longtemps laissé dans son jus, le Vieux-Port, entièrement réaménagé, est aujourd'hui l'objet de toutes les attentions. *p. 77*

*Bon à savoir : le marché aux poissons a lieu chaque matin à partir de 8h.*

2 **Arpenter les ruelles pentues du pittoresque quartier du Panier, village dans la ville, resté populaire, à l'image du brassage des populations typique de Marseille.**

Très beau patrimoine bâti (même s'il n'en reste pas la totalité, les nazis ayant détruit une partie du quartier en 1943), jolies places et restaurants pour reprendre des forces. De quoi se régaler côté culture également, avec les superbes collections des musées de la Vieille-Charité. *p. 81*

*Bon à savoir : l'office de tourisme propose des visites guidées du quartier plusieurs fois par semaine.*

3 **Visiter le Mucem, rapidement devenu un haut lieu de la culture à Marseille, et de la capacité de la ville à se renouveler constamment.**

Au passage, on s'intéressera tout autant au contenant qu'au contenu, en admirant l'œuvre de l'architecte Rudy Ricciotti, en particulier cette dentelle de béton qui est la signature du lieu. Ne pas oublier non plus de se délecter de la vue imprenable sur le fort Saint-Jean, qui accueille lui aussi des expositions, et sur la rade de Marseille avec, au 1er plan, le port de la Joliette. p. 84

*Bon à savoir : presque tous les musées de la ville sont fermés le lundi, à l'exception du Mucem qui ferme le mardi. Les collections permanentes du musée sont gratuites le 1er dimanche du mois.*

4 **Laisser ses yeux plonger dans la Méditerranée au coucher du soleil depuis le jardin du palais du Pharo.**

Le bâtiment, qu'on ne peut visiter qu'exceptionnellement, fut construit à la demande de Napoléon III, qui avait eu un coup de cœur pour le site lors d'un séjour à Marseille. C'est l'un des plus beaux panoramas sur le Vieux-Port, le fort Saint-Jean et le Mucem. Son jardin, avec ses jeux pour enfants et les vastes pelouses idéales pour les familles, est très apprécié des Marseillais. *p. 79*

© Moirenc Camille/hemis.fr

5 **Se rendre en pèlerinage à Notre-Dame-de-la-Garde pour prendre de la hauteur.**

L'église, du haut de ses 161 m, domine toute la ville. Les Marseillais (et pas qu'eux : c'est le lieu le plus visité de la cité phocéenne !) sont nombreux à venir saluer la « Bonne Mère ». Sa longue chevelure lâchée sur les épaules, la statue de Notre-Dame domine l'église de style romano-byzantin. *p. 80*

© Moirenc Camille/hemis.fr

6 **Déambuler le long de la corniche Kennedy, que les Marseillais appellent simplement « la corniche ».**

Anses et petites plages se succèdent sous le regard des magnifiques villas fin XIXe s, qui surplombent la corniche. En cas de fatigue, pas de problème, cette corniche est dotée du plus long banc au monde (environ 3 km !), où l'on s'installe pour admirer la vue sur la grande bleue… *p. 97*

© Michel Renaudeau/Age fotostoc

7 **Dîner en terrasse, dans un décor de carte postale, au vallon des Auffes, face au viaduc.**

Et, pourquoi pas, casser sa tirelire et s'offrir une bouillabaisse, une vraie, de celles qui contiennent tous les poissons nécessaires à une bouillabaisse de qualité, dans le respect de la tradition, dans un des établissements qui permettent de profiter du charme de ce petit port typique, si proche du centre et pourtant si dépaysant ! *p. 97*

8 **Embarquer pour le château d'If, à la rencontre d'Edmond Dantès, le prisonnier (fictif) le plus célèbre du lieu, création d'Alexandre Dumas dans *Le Comte de Monte-Cristo*.**

Même si la légende dépasse la réalité (ni le Masque de fer ni le marquis de Sade n'y ont jamais séjourné, par exemple), le château a gardé toute sa puissance d'évocation. *p. 99*

*Bon à savoir : on peut prolonger le plaisir de la visite en y déjeunant, puisqu'un resto est installé dans l'ancien logis du gouverneur !*

© Colin Matthieu/hemis.fr

9 **S'offrir une petite virée du côté de l'Estaque, à une dizaine de kilomètres à l'ouest du Vieux-Port.**

C'est en ce lieu, qui n'était alors qu'un petit village, que des peintres novateurs ont jeté les bases du cubisme (Cézanne, bien sûr, avant que le cubisme existe officiellement, et surtout Braque). *p. 106*

© Romain Boutillier

(10) **Se lever à l'aube pour randonner dans le parc national des Calanques, entre Marseille et Cassis.**

À pied, inutile de le cacher : les calanques se méritent et même si l'on peut aller en bus ou en voiture jusqu'à Callelongue, les calanques les plus isolées (et les plus belles) se découvrent au bout de l'effort, par des sentiers qui traversent un décor de toute beauté. *p. 117*

***Bon à savoir :*** *le parc national, à l'orée de la ville, fait face à une surfréquentation sans précédent. Il convient de bien se préparer en amont pour prendre en compte les réglementations et restrictions d'accès du moment. Infos sur • calanques-parcnational.fr •*

© Moirenc Camille/hemis.fr

11 **Plonger au large des calanques, autour des îles ou des « cailloux » qui parsèment la grande bleue, est un plaisir rare.**

En particulier autour de l'île de Riou, où l'on trouve de magnifiques tombants, des épaves anciennes ou plus récentes, ou encore une « grotte à corail ». Pas étonnant que le commandant Cousteau ait fait de ce secteur son terrain de jeu après guerre… *p. 123*

**12 Marcher sur les traces de Marcel Pagnol, vers La Treille et Aubagne, dans les collines du Garlaban.**

Ceux qui ont lu les romans de Pagnol dans lesquels il raconte (plus ou moins) son enfance, ou qui en ont vu les adaptations cinématographiques, reconnaîtront les lieux ou alors, s'ils se sont fait leur propre cinéma, pourront comparer la réalité avec ce qu'ils avaient imaginé… Plusieurs films de Marcel Pagnol ont également été tournés dans ce secteur. p. 104

*Bon à savoir : l'office de tourisme d'Aubagne a mis en place des itinéraires bien conçus pour tous.*

© Moirenc Camille/hemis.fr

**13 S'offrir une chambre avec vue côté mer, à Cassis, et prendre l'apéro (un pastis de préférence !) sur le port, en terrasse.**

La petite ville, face au cap Canaille (quel nom !) offre un joli petit port et de non moins jolis quartiers où de belles villas, datant de l'entre-deux-guerres, respirent l'opulence. Ajoutez à cela quelques plages et voilà de quoi passer une belle journée à seulement 30 km de la métropole marseillaise. *p. 128*

*Bon à savoir : des visites des calanques en bateau sont aussi organisées au départ de Cassis.*

© SIME/Sandra Raccanello/Photononstop

© Cavalier Michel/hemis.fr

14 **Partir pour un grand spectacle en cinémascope en empruntant la route des Crêtes entre Cassis et La Ciotat.**

Avec leurs 394 m d'altitude, les falaises Soubeyranes sont les plus hautes de France (et en Europe, il n'y a qu'en Irlande qu'on fait mieux). La route s'approche du bord (raisonnablement), des belvédères sont aménagés, de même qu'un sentier de randonnée. *p. 137*

15 **Moins connues (du moins des touristes) que les calanques à l'est de Marseille, les calanques de la Côte Bleue méritent aussi le coup d'œil.** La toute 1re d'entre elles est Niolon, petit village cher au réalisateur Robert Guédiguian, d'où l'on peut descendre à la mer par de petits sentiers. Le secteur est propice à la plongée, et les criques et « criquettes » sont aussi accessibles en kayak.
*p. 111*

***Bon à savoir :** il est facile de se rendre sur la Côte Bleue, même si l'on n'est pas motorisé, avec le train de la ligne Marseille-Miramas.*

Savons de Marseille

# ITINÉRAIRES CONSEILLÉS

## Les essentiels

Tout commence, évidemment, sur le **Vieux-Port (1),** à l'extrémité de la non moins célébrissime Canebière : de là, on se dirige vers le quartier populaire du **Panier (2)** dont les petites rues pittoresques sont à découvrir tranquillement. Vous y attendent les **musées de la Vieille-Charité (3).** Si vous avez encore faim de culture, prenez la passerelle qui relie le Panier au **Mucem (4).** Puis, direction les **Terrasses du Port (5),** les anciens docks de la Joliette réhabilités, et retour sur le Vieux-Port par la rue de la République (trajet possible en tram en cas de fatigue). Très intéressant **musée d'Histoire de Marseille (6),** légèrement en retrait du Vieux-Port.

Prendre cette fois la direction du quai sud, par le quai Rive-Neuve, jusqu'au **palais du Pharo (7)** et son jardin. En poussant un peu plus loin, vous arrivez à la **plage des Catalans (8),** la plus proche du centre. Commence ensuite l'étonnante **corniche Kennedy (9)** avec son banc long de 3 km, entre villas somptueuses et plages cachées.

Retour vers le centre-ville via **Notre-Dame-de-la-Garde (10)** qui, incontestablement, demande quelques efforts, mais la vue sur la ville les récompensera. Quant à l'**abbaye Saint-Victor (11)** et sa magnifique crypte, voilà un autre bel élément du patrimoine religieux marseillais à découvrir.

## Pas de vacances sans Histoire

La ville la plus ancienne de France a beaucoup à proposer comme musées et bâtiments pour illustrer ses 2 600 ans d'histoire. Pour la Marseille antique, commencer par le **musée d'Histoire de Marseille (1),** à coupler avec le **musée des Docks romains (2),** à côté du Vieux-Port. À compléter par le **port antique (3),** où les vestiges archéologiques sont visibles par tous. Le remarquable **musée Regards de Provence (4)** évoque également l'histoire de la ville avec un focus sur la terrible épidémie de peste de 1720.

Immanquables, les 2 forts encadrant l'entrée du Vieux-Port : la construction du **fort Saint-Jean (5)** remonte au Moyen Âge et l'autre, **Saint-Nicolas (6),** date de Louis XIV. Près de ce dernier, l'**abbaye Saint-Victor (7)** est le meilleur témoignage du rayonnement de la ville au Moyen Âge, avec son étonnante crypte.

Autres fortifications : le célèbre **château d'If (8),** dans la rade de Marseille, avec sa cohorte de prisonniers réels ou légendaires.

De retour sur la terre ferme, on révise l'hymne national avec le **mémorial de La Marseillaise (9)** avant d'embarquer résolument pour le XIX$^{e}$ s en admirant l'unité de la **rue Sylvabelle (10)** et ses immeubles 2$^{d}$ Empire, ou l'architecture des magnifiques **villas (11)** en surplomb de la **corniche Kennedy.**

Enfin, la **Cité radieuse Le Corbusier (12)** est déjà entrée dans l'histoire contemporaine, avec son inscription en 2016 sur la liste du Patrimoine mondial de l'Unesco.

*La Vieille-Charité*

## Avec les enfants

Le Vieux-Port donne l'occasion d'une traversée par le **ferry-boat (1),** la plus petite ligne au monde. Pas loin, dans le quartier du Panier, les **musées de la Vieille-Charité (2)** proposent, entre autres, d'étonnantes et réjouissantes collections égyptiennes et amérindiennes.

À 2 pas, le **Mucem (3)** est l'antithèse du musée poussiéreux : ici, on a évidemment pensé aux têtes blondes. Rendez-vous, notamment, à l'espace l'Odyssée des enfants.

Au sud du Vieux-Port, le **jardin du Pharo (4),** avec ses belles pelouses, est idéal pour les familles ; en plus, la vue est super.

Pensez également au **muséum d'histoire naturelle de Marseille (5),** au palais Longchamp : s'il n'y a plus de zoo dans la ville, il y a de quoi s'occuper avec les collections d'animaux naturalisés et de grands squelettes.

Ce serait dommage de ne pas faire un saut à la plage au moins une fois : les **plages du Prado (6)** sont les plus adaptées (avec notamment des jeux à Bonneveine).

En poussant plus loin, vers La Treille, ne pas manquer la **Maison des cinématographies de la Méditerranée** à La Buzine **(7)** et les **circuits Pagnol (8)** dans les environs.

Pour ces derniers, un conseil : avant, lire ses récits d'enfance, *La Gloire de mon père* et *Le Château de ma mère* ; ce sera plus parlant !

Enfin, une sortie en mer en direction des **calanques (9),** au départ du Vieux-Port, est un émerveillement pour toute la famille. Si vous préférez faire plus court, contentez-vous d'embarquer pour le **château d'If (10).** Pas mal non plus !

## Envie de grand air

Il n'y a pas beaucoup de villes où l'on trouve autant d'occasions d'échapper au bitume et au brouhaha urbain dans un périmètre raisonnable. On pense tout de suite aux plages : de la **plage des Catalans (1),** la plus proche, aux **plages du Prado (2)** en passant par celles situées sous la **corniche Kennedy (3).** Il y en a pour tous les goûts ou presque.

Dans un tout autre genre, on respire un très bon air depuis les hauteurs de **Notre-Dame-de-la-Garde (4),** l'incontournable « Bonne Mère », perchée à 161 m. Et quelle vue ! Quant au **jardin du Pharo (5),** il constitue un poumon vert très apprécié des Marseillais – et pas seulement d'eux.

Si vous avez un peu plus de temps, prenez le large : direction le **parc national des Calanques (6).** Soit en randonnant (sachez que les calanques se méritent), soit au départ du Vieux-Port pour une belle sortie en mer. Le **château d'If (7),** devant les îles du Frioul, donne l'occasion d'une autre sortie à quelques encablures du Vieux-Port.

Calanques ? Vous avez dit calanques ? Il y en a aussi en dehors du parc, à l'ouest de Marseille, sur la Côte Bleue, comme à **Niolon (8),** un adorable petit village.

Enfin, pourquoi ne pas s'évader à **Cassis (9),** à seulement 30 km du centre de Marseille ? Des plages, un joli port et, si l'on est motorisé, la possibilité de filer sur la magnifique **route des Crêtes (10)** à la sortie de Cassis en direction de La Ciotat.

*Quartier du Panier*

Notre-Dame-de-la-Garde

## Interview #experienceroutard

**Par la rédaction du *Routard***

**Qu'est-ce qui rend cette destination unique ?**

Marseille cultive avec application les clichés qui lui sont associés, avec même le malin plaisir de les amplifier, genre pagnolades... Mais pour ceux qui ne s'arrêtent pas à cela, Marseille se révèle vite une ville fascinante, à la vie culturelle intense, complexe et déconcertante... On ne sait pas trop par quel bout la prendre, mais ce qui est certain, c'est qu'elle dégage une énergie bouillonnante et sacrément inspirante !

**Une activité à faire absolument ?**

Sans aucun doute, une randonnée dans le parc national des Calanques. Peu de grandes villes peuvent se vanter d'avoir, à leurs portes, un territoire naturel aussi exceptionnel, entre terre et mer. Sur plus de 20 km de long, des paysages à couper le souffle, des criques aux noms poétiques (Sormiou, Morgiou...). Naturellement, la règlementation d'accès au parc est stricte et on est rarement les seuls à l'arpenter, en particulier pendant les week-ends et la période estivale.

**Un livre à emporter avec soi ?**

3 même ! La Trilogie, comme disent les connaisseurs, de Jean-Claude Izzo : *Total Kheops, Chourmo* et *Solea*. Fabio Montale, commissaire dans les quartiers nord, qui finit par démissionner, poursuit néanmoins ses enquêtes. De son cabanon dans les calanques, loin – et pourtant si près – du milieu marseillais sur lequel il enquête, cet amateur de jazz et de whisky fait découvrir à ses lecteurs l'envers du décor d'une ville qu'il aime et qui le désespère... 3 polars sociaux engagés, d'une profonde humanité.

**Une spécialité à goûter absolument ?**

Si vous êtes de passage à Marseille ou dans ses environs en hiver, ne manquez pas une des oursinades, ces réjouissances hivernales de la côte. On achète ce dont on a envie chez le poissonnier (si l'oursin vous laisse dubitatif, sachez qu'il y aussi des huîtres, des crevettes...) et on va déguster sur de grandes tables collectives mises à disposition. Les fameuses oursinades de Carry-le-Rouet et de Sausset-les-Pins, le dimanche en janvier et février, peuvent rassembler des milliers de personnes.

**Un souvenir à rapporter ?**

Un savon de Marseille, évidemment ! Le gros cube est désormais tendance. Produit éphémère ou... durable (il se conserve très bien), bon pour l'environnement et la santé, du moins s'il est produit dans les règles de l'art – ne pas acheter n'importe lequel tout de même ni n'importe où !

# COMMENT Y ALLER ?

## EN VOITURE

➢ Par la classique « route des vacances », la ***nationale 7,*** chère à Charles Trenet (et aujourd'hui différemment renommée selon les départements). Bouchons en prime lors des grandes migrations estivales.
➢ ***Par l'autoroute :*** l'autoroute du Soleil (en fait l'A 6 puis l'A 7 si l'on descend de Paris ou de région parisienne) vous y conduit directement, avec une inévitable saignée au portefeuille.
➢ Si vous n'êtes pas trop pressé, quittez l'autoroute pour rejoindre Marseille par l'un des itinéraires dits « de délestage » qui constellent le centre de la Provence. Là aussi, en dehors des week-ends de surchauffe en tout genre, c'est ce que nous vous conseillons, d'autant que de bonnes adresses se trouvent le long de ces petites routes.
Tarifs autoroutiers : pour les connaître, consulter le site ● *autoroutes.fr* ●

### Le covoiturage

Le principe est simple, économique, écologique. Il s'agit de mettre en relation un chauffeur et des passagers afin de partager le trajet et les frais, que ce soit de manière régulière ou de manière exceptionnelle. L'inscription est gratuite. ● *blablacar.fr* ●

### Locations de voiture

■ ***BSP Auto :*** ☎ *01-43-46-20-74 (tlj 9h-21h30, w-e 20h).* ● *bsp-auto.com* ● Les prix proposés sont attractifs et comprennent le kilométrage illimité et les assurances. *BSP Auto* propose exclusivement les grandes compagnies de location sur place, assurant un très bon niveau de service. Les plus : vous ne payez votre location que 5 jours avant le départ. Remise spéciale de 5 % aux lecteurs de ce guide avec le code « routard22 ».

## EN BUS

Le réseau de bus longue distance s'étant intensifié ces dernières années, le plus pratique est de consulter le comparateur de billets d'autocars ● *comparabus.com* ● qui regroupe et compare les prix des différentes compagnies présentes en France. À vous de voir en temps réel les liaisons existantes. Un lien vers les compagnies permet d'acheter ses billets en direct.

## EN TRAIN

### Au départ de Paris

Les TGV partent de la gare de Lyon. Également des TGV directs à destination de Marseille au départ des gares de l'aéroport de Roissy-Charles-de-Gaulle et de Marne-la-Vallée-Chessy. ● *autotrain.oui.sncf* ●
Autre option, prenez le train et retrouvez votre véhicule à destination ! ● *https://hiflow.oui.sncf/* ●

➢ ***Paris-Marseille :*** nombreux TGV directs/j. au départ de gare de Lyon, aéroport Roissy-CDG2 ou Marne-la-Vallée. Trajet : compter 3h15.

### Au départ de la province

➢ ***De Lille :*** TGV directs (5h-5h45 de trajet).
➢ ***De Lyon :*** TGV (1h40 de voyage).
➢ ***De Bordeaux :*** trains Intercités (6h de voyage).

➢ ***De Strasbourg :*** TGV avec correspondance.

## Pour voyager au meilleur prix

La SNCF propose des services et tarifs adaptés à chacun de vos voyages.
➢ ***Prem's :*** des petits prix disponibles toute l'année. Billets échangeables et remboursables (offres soumises à conditions). Impossible de poser des options de réservation sur ces billets : il faut les payer immédiatement.
➢ ***Les cartes de réduction***
Pour ceux qui voyagent régulièrement, profitez de 30 % de réductions avec les cartes *Avantage Famille, Jeune, Week-end* ou *Senior* + (49 €, valables 1 an).

## Renseignements et réservations

– ***Internet :*** *• oui.sncf •*
– ***Téléphone :*** *☎ 36-35.*
– Également dans les gares, les boutiques SNCF et les agences de voyages agréées. Possibilité, en prenant rendez-vous sur Internet, de se rendre en agence pour récupérer son billet.
– ***OUI.sncf :*** acteur majeur du tourisme en Europe, expert de la distribution du train et de la destination France, OUI.sncf propose les offres des 15 transporteurs train tels que TGV INOUI, OUIGO, INTERCITÉS, Eurostar, Thalys, TGV Lyria ; compagnies de bus, compagnies aériennes ; nombreuses offres d'hôtels référencés... et des services exclusifs (relation clients disponible 24h/24, Alerte Petits Prix, OUIbot...).

## Comment circuler en Provence ?

***Le TER***

Le conseil régional Provence-Alpes-Côte d'Azur et SNCF TER vous proposent de visiter les principaux sites touristiques de la région en TER (ports, plages, calanques...) et en toute liberté, avec la *carte ZOU ! 50-75 %* qui permet de bénéficier de :
– 50 % de réduction sur vos trajets occasionnels (valable également pour 3 accompagnateurs) ;
– 75 % de réduction sur un trajet individuel privilégié pour le titulaire de la carte.
Coût de la carte : 15 € pour les moins de 26 ans, 30 € pour les plus de 26 ans. Également des formules avantageuses de *Day Pass* (1 département : 16 € ; 2 départements : 32 €) valables dans les TER et Intercités.
Et pour des excursions à la journée (uniquement en été : dates variables selon les années), les week-ends et jours fériés seulement, vous pouvez opter pour le *pass Bermuda* (6 € ; 10 € à 2 avec *Bermuda Duo*). Ces billets donnent droit à un nombre illimité de voyages durant toute une journée dans tous les TER entre Marseille et Miramas desservant les gares de la Côte Bleue.
Tout au long de l'année, SNCF TER vous propose également des idées de sorties et des bons plans (réductions sur présentation du titre de transport TER) sur le site *• ter.sncf.com/paca •*

# EN AVION

## Les compagnies régulières

**▲ AIR FRANCE**
*Rens et résas au ☎ 09-69-39-36-54 (appel non sutaxé), sur • airfrance.fr •, en agences de voyages. Également à votre écoute tlj, 24h/24, sur Messenger, Facebook et Twitter.*
➢ Air France dessert Marseille au départ de Roissy-Charles-de-Gaulle (6 vols/j.) et Orly (env 7 vols/j.). Également des vols au départ de la Corse, Bordeaux, Brest, Clermont-Ferrand, Lille, Lyon, Nantes, Rennes, Strasbourg et Toulouse.
Air France propose à tous des tarifs attractifs toute l'année. Pour consulter les offres et promotions du moment, allez directement sur la page « Nos meilleures offres » sur *• airfrance.fr •*

PARCOUREZ LA
FLOW VÉLO
DU PÉRIGORD À L'ATLANTIQUE
PAR LA VALLÉE DE LA CHARENTE
AVEC LE ROUTARD
La Flow Vélo
du Périgord à l'Atlantique par la vallée de la Charente
Le Routard
routard.com
11 €
UN GUIDE ILLUSTRÉ TOUT EN COULEURS
5 itinéraires
17 étapes
2 échappées
6 villes
300 km de voies cyclables
ET TOUS LES BONS PLANS DU ROUTARD

*Flying Blue,* le programme de fidélité gratuit d'Air France-KLM, permet de gagner des *Miles* en voyageant sur les vols Air France, KLM et grâce à de nombreux partenaires aériens et non aériens. Les *Miles* peuvent ensuite être échangés contre des billets d'avion ou des services (surclassement, bagage supplémentaire, Menu à la Carte...) ainsi qu'auprès des partenaires. Pour en savoir plus, rendez-vous sur • *flyingblue.com* •

**▲ TWIN JET**
*Résas au ☎ 0892-707-737 (0,60 €/mn).* • *twinjet.net* •
➢ Vols au départ de Metz-Nancy et de Pau. Partenaire du réseau *Flying Blue.*

## Les compagnies *low-cost*

– À l'aéroport de Marseille-Provence, le terminal *MP2* (• *mp2.aeroport.fr* •) leur est dévolu. Desserte de Bordeaux, Brest, Lille, Paris-Beauvais et Tours.

**▲ BRUSSELS AIRLINES**
• *brusselsairlines.com* •
➢ Assure 2-3 vols/j. entre Bruxelles et Marseille.

**▲ CCM AIRLINES**
*☎ 0825-35-35-35 (0,20 €/mn).* • *air corsica.com* •
➢ 9-18 vols/j. entre Ajaccio, Bastia, Calvi, Figari et Marseille.

**▲ RYANAIR**
*Rens et résas :* • *ryanair.com* •
➢ Vols entre Marseille et Brest, Bordeaux, Lille, Nantes, Paris-Beauvais et Tours, ainsi que Bruxelles-Charleroi.

**▲ EASYJET**
*Rens et résas :* • *easyjet.com* •
➢ Vols entre Marseille et Bordeaux.

**▲ VOLOTEA**
*Rens et résas :* • *volotea.com* •
➢ Vols entre Marseille, Biarritz, Caen, Limoges, Rennes et Strasbourg.

***Comment aller à Roissy et à Orly ?***

Toutes les infos sur notre site • *routard.com* • à l'adresse suivante : • *routard.com/dossier-pratique-sur-le-voyage/cid136112-aeroports-de-paris.html* •

# BON À SAVOIR AVANT LE DÉPART

## ABC de Marseille

- ***Chef-lieu*** du département des Bouches-du-Rhône et capitale de la région Provence-Alpes-Côte d'Azur.
- ***Maire :*** Benoît Payan (Printemps Marseillais) depuis fin 2020, après le désistement de Michelle Rubirola.
- ***Superficie de la commune :*** 241 km² dont 100 d'espaces naturels.
- ***Population :*** 2e ville de France avec environ 874 600 hab. L'ancienne communauté urbaine Marseille-Provence-Métropole est intégrée depuis 2016, sous le nom de Territoire Marseille-Provence à la Métropole d'Aix-Marseille-Provence (env 1 899 900 hab.).
- ***Densité :*** 3 600 hab./km².
- ***Grands pôles économiques :*** 1er port français pour le fret (marchandises) et 3e port européen pour les passagers.

# AVANT LE DÉPART

## Adresses utiles

***Office métropolitain de tourisme et des congrès*** *(zoom 1 détachable, D4,* ***1****) :* *11, La Canebière, 13001. ☎ 0826-500-500 (0,15 €/mn). • information@marseille-tourisme.com • marseille-tourisme.com • Ⓜ Vieux-Port/Hôtel-de-Ville. Tlj 9h-18h (ou 19h en hte saison).* Excellent accueil, très pro, bonne documentation sur la ville et toutes ses possibilités, visites guidées, concerts et activités sur *• marseilleexperience.com •*

***Gîtes de France :*** *domaine de Garachon, 13410 Lambesc. Résas : ☎ 04-88-29-58-33. • contact@gitesdefrance13.com • gdf13.com • Lun-ven 9h-12h, 13h-17h.*

## Carte d'adhésion internationale aux auberges de jeunesse (carte FUAJ)

Cette carte vous ouvre les portes des 4 000 auberges de jeunesse du réseau *HI-Hostelling International* en France et dans le monde. Vous pouvez ainsi loger dans plus de 80 pays à des prix avantageux et bénéficier de tarifs préférentiels avec les partenaires des auberges de jeunesse *HI.* Enfin, vous intégrez une communauté mondiale de voyageurs partageant les mêmes valeurs : plaisir de la rencontre, respect des différences et échange dans un esprit convivial. Il n'y a pas de limite d'âge pour séjourner en auberge de jeunesse. Il faut simplement être adhérent.

***Renseignements et inscriptions***

– ***En France :*** *• hifrance.org •*
– ***En Belgique :*** *• lesaubergesdejeunesse.be •*

– **En Suisse :** • *youthhostel.ch* •
– **Au Canada :** • *hihostels.ca* •
Si vous prévoyez un séjour itinérant, vous pouvez réserver plusieurs auberges en une seule fois en France et dans le monde : • *hihostels.com* •

## Carte internationale d'étudiant (carte ISIC)

Elle prouve le statut d'étudiant dans le monde entier et permet de bénéficier d'avantages, services et réductions dans les domaines du transport, de l'hébergement, de la culture, des loisirs, du shopping...
La carte ISIC permet aussi d'accéder à des avantages exclusifs (billets d'avion spécial étudiants, hôtels et auberges de jeunesse, assurances, cartes SIM internationales, location de voiture...).

***Renseignements et inscriptions***
– **En France :** • *isic.fr* • *13 € pour une année scolaire.*
– **En Belgique :** • *isic.be* •
– **En Suisse :** • *isic.ch* •
– **Au Canada :** • *isiccanada.com* •

# ACHATS

## Artisanat divers...

Côté artisanat, citons les *faïences de la maison Figuères* (un véritable marché : figues, courges, pâtissons... tous plus vrais que nature) et les *tissus provençaux,* empruntant à la nature ses motifs et ses couleurs chatoyantes, sans oublier les *ustensiles de cuisine* et les *sculptures en bois d'olivier.*

## Boules de pétanque

Ce sport est né à La Ciotat, où l'on imagina, dès les années 1900, de jouer les pieds immobiles. « Tu tires ou tu pointes ? » Cette phrase, maintes fois répétée, est connue aujourd'hui de tous les boulistes. Et notamment de ceux du Cercle des boulomanes, dans le 5e arrondissement de Marseille, un club réputé depuis 1828 mais fermé... aux femmes et aux touristes ! Rattrapez-vous en allant à *La Boule Bleue* (voir la rubrique « Achats » dans « Marseille »).

### LA PÉTANQUE, SPORT DANGEREUX

*En avril 1792, des soldats jouaient avec des boulets de canon dans la salle de munitions du couvent des Récollets. Une étincelle mit le feu aux poudres. Palmarès : 38 morts !*

## Confiseries, friandises, biscuits

Au rayon des spécialités gourmandes, en dehors des traditionnels ***croquants marseillais*** (friandises aux amandes), pensez à rapporter les ***navettes,*** des biscuits fleurant bon la fleur d'oranger, qui supportent facilement le voyage (les marins marseillais en emportaient en mer car ils se conservent bien). Ces pâtisseries commémorent, par leur forme, dit-on, l'arrivée des barques sur les rives phocéennes. D'autres les interprètent autrement, leur forme prêtant à tous les fantasmes. On peut les conserver jusqu'à 4-6 mois dans une boîte hermétique, mais il est alors conseillé de les tiédir avant de se régaler car elles sont très compactes (elles devaient durer longtemps, forcément, sur les bateaux).

Citons aussi les ***macarons,*** les ***marrons glacés*** à Noël et les ***colombiers*** (biscuits ovales aux amandes et fruits confits dissimulant une colombe à l'intérieur) à Pâques. Depuis quelques années sont apparues les ***marseillottes*** (nougats à l'anis enrobés de chocolat) et les ***espérantines*** (chocolats à l'huile d'olive). Car il y a non seulement de remarquables pâtissiers mais aussi de très bons ***chocolatiers*** à Marseille (voir « Où faire le plein de victuailles marseillaises ? ») !

## Huile d'olive, miel et épices

Est-il nécessaire de présenter l'***huile d'olive*** ? Les Grecs ont introduit l'olivier en Provence avec la fondation de Marseille, au VI$^{e}$ s av. J.-C., et ce sont les Romains qui, forts de leur puissance, ont parachevé son implantation, en ont développé la culture et ont encouragé la consommation de l'huile d'olive. Pour l'alimentation, l'éclairage, les soins corporels. Déjà.

Attention, à la différence du vin, elle ne se bonifie pas en vieillissant : il faut la consommer fraîche. Maintenue à l'abri de la lumière, elle conserve ses qualités pendant 2 ans maximum. Parce qu'il existe plus de 500 variétés d'olives et de nombreux terroirs, il n'y a pas « une » mais « des » huiles d'olive. Chacune présente une couleur et un arôme différents. À vous donc de choisir, selon votre goût. En Provence, elle bénéficie actuellement de 3 AOC/AOP, celle du pays d'Aix donnant une huile de grand caractère. Pas mal de boutiques en ville où acheter de l'huile en bouteille ou en vrac (*Comptoir de Provence,* rue Francis-Davso ; *Place aux Huiles,* sur la place du même nom, etc.).

Tout aussi réputés, les ***miels de Provence,*** fleurons du patrimoine gastronomique régional, sont particulièrement appréciés des connaisseurs pour leurs saveurs fortement aromatiques et leurs odeurs exhalant toutes les senteurs de la garrigue (miel mille fleurs, de lavande ou de romarin). Là aussi, apprenez à éviter les contrefaçons. Vérifiez la provenance.

Plus exotiques mais faisant partie désormais du patrimoine gastronomique de la ville comme des habitudes culinaires de la moitié des habitants de la planète, les ***épices orientales*** abondent dans les petites échoppes du quartier de Noailles et sur les marchés.

## Pastis

Inventé au début du XX$^{e}$ s pour remplacer l'absinthe tout juste interdite, le pastis (qui signifie « mélange » en provençal) ou le « pastaga », compagnon indispensable de l'apéro, est un véritable rite le midi et après le boulot. Le rituel consiste à dire, quand votre tour arrive : « C'est la mienne ! » Attention, les conversations s'échauffent vite à partir du 4$^{e}$. Comme disait Fernandel, « Le pastis, c'est comme les seins : un, c'est pas assez, et 3, c'est trop ». En voici les ingrédients : environ 50 g d'anis vert, une demi-gousse de vanille, de la cannelle et 1 l d'alcool à 90°. Il s'agrémente d'une eau bien fraîche, mais PAS DE GLAÇONS, malheureux ! Une « momie » est un tout petit verre de pastis (presque un dé à coudre), qui permet de tenir plus longtemps. Goûtez à certains mélanges harmonieux : avec du sirop de menthe (un « perroquet »), avec de la grenadine (une « tomate ») et avec du sirop d'orgeat (une « mauresque »). Les plus osés tenteront le « lama hurlant » (avec *limoncello*

### MERCI, MONSIEUR PAUL !

*Le régime de Vichy préférait l'eau minérale puisque la production d'apéritifs alcoolisés fut interdite dès 1940. Faut dire que Laval, président du Conseil, était propriétaire de l'eau de Chateldon. Paul Ricard embaucha alors tous ses ouvriers dans son domaine de Camargue pour développer la riziculture (avec peu de succès d'ailleurs ; ce n'était pas leur métier). Cette décision permit au personnel d'échapper au STO en Allemagne.*

et Tabasco !), le « coquelicot » (avec de la liqueur de cassis) ou le « mazout » (avec du *Coca-Cola*)... Et les inconditionnels ne manqueront pas de faire un tour à *La Maison du Pastis,* sur le Vieux-Port (lire plus loin « Où faire le plein de victuailles marseillaises ? »).

## Savon de Marseille

Le savon de Marseille est originaire d'Alep, en Syrie. Les chevaliers le rapportèrent à leur retour des croisades. Colbert protégea les savonneries en réservant l'appellation « savon de Marseille » uniquement aux produits fabriqués à Marseille et à base d'huile d'olive. Le succès était assuré.
Sachez que l'authentique savon de Marseille est 100 % naturel, fabriqué exclusivement à partir d'huile végétale de coprah, de palme et d'olive, sans aucun colorant ni adjuvant de synthèse. Il doit impérativement contenir 72 % d'huile (ainsi en a décidé Colbert), pourcentage estampillé sur chaque cube de savon.
Ce fameux savon, lié au commerce du port avec les anciennes colonies, a failli disparaître. Il est depuis quelques années en pleine renaissance, même si les défenseurs de la tradition dénoncent le fait qu'on puisse fabriquer du savon dit de Marseille à Nantes ou à l'étranger (en Chine, notamment), avec de l'huile de lin. En production artisanale avant de devenir industrielle, il a contribué à sa façon à la gloire de la cité. L'apogée de sa production se situe au XIX$^{e}$ s, éparpillée en petites entreprises souvent familiales.

## Santons

Aubagne et Marseille se disputent le titre de capitale du santon (de *santoun* en provençal, ou « saint »). On vous dira ici que c'est Lagnel, un Marseillais né au Panier, qui inventa le santon au XVIII$^{e}$ s. En fait, des formes primitives (en chiffon, en carton, en papier mâché...) apparurent dès le XII$^{e}$ s. Leur origine serait italienne. Leur spécificité provençale ? Les Provençaux ont tout simplement décrété que Jésus était né chez eux ! Les santonniers locaux se sont ensuite inspirés des personnages de la pastorale Maurel tout en répondant à la demande des notables et artisans locaux qui souhaitaient y figurer aussi... Les 1$^{ers}$ santons en argile cuite, produits à Marseille, le furent dans les ateliers du quartier du Panier.

# BUDGET

**Recommandation à ceux qui souhaitent profiter des réductions et avantages proposés dans le *Routard* par les hôteliers et les restaurateurs.**

À l'hôtel, pensez à les demander au moment de la réservation ou, si vous n'avez pas réservé, **à l'arrivée.** Ils ne sont valables que pour les réservations en direct et ne sont pas cumulables avec d'autres offres promotionnelles (notamment sur Internet). Au restaurant, parlez-en **au moment** de la commande et surtout **avant** que l'addition ne soit établie. Poser votre *Routard* sur la table ne suffit pas : le personnel de salle n'est pas toujours au courant et une fois le ticket de caisse imprimé, il est souvent difficile de modifier le total. En cas de doute, montrez la notice relative à l'établissement dans le *Routard* de l'année et, bien sûr, ne manquez pas de nous faire part de toute difficulté rencontrée.

Nous vous indiquons ci-dessous l'échelle des tarifs à laquelle nous nous référons pour l'ensemble de nos guides France.

## Hébergement

D'une manière générale, nous indiquons des fourchettes de prix allant de la chambre double la moins chère en basse saison à la plus chère en haute saison. Ce qui implique parfois d'importantes variations de prix, pas toujours en adéquation avec la rubrique dans laquelle l'établissement est cité. Le classement retenu est donc celui du prix de la majorité des chambres et de leur rapport qualité-prix.
À noter que, lorsque les lieux d'hébergement sont équipés d'un accès ***Internet*** et/ou ***wifi,*** nous le mentionnons.
– Les tarifs des ***campings*** sont calculés sur la base d'un emplacement pour 2 avec voiture et tente selon saison. Ils sont classés en tête de rubrique « Où dormir ? ».
– Pour les ***auberges de jeunesse*** et ***gîtes d'étape,*** le tarif indiqué est celui du lit en dortoir et/ou parfois de la chambre double, quand il y en a.
– En ***chambres d'hôtes,*** les prix sont donnés sur la base d'une chambre double. Ils incluent presque toujours le petit déjeuner. Les cartes de paiement sont rarement acceptées. Dans les cas contraires, nous indiquons « petit déj en sus » et « CB acceptées ».
– Concernant les ***hôtels,*** la base reste celle d'une nuit en chambre double (sans petit déjeuner), sauf exception, notamment pour les chambres familiales.
– ***Bon marché :*** jusqu'à 60 €.
– ***Prix moyens :*** de 60 à 90 €.
– ***Chic :*** de 90 à 120 €.
– ***Plus chic :*** de 120 à 150 €.
– ***Beaucoup plus chic :*** au-delà de 150 €.

– ***Logis*** est la 1re chaîne de restaurateurs-hôteliers indépendants en Europe avec 2 200 établissements répartis dans 8 pays. Fort de ses 70 années d'expérience, le réseau offre l'assurance d'un accueil personnalisé et chaleureux, d'un hébergement de qualité ainsi que d'une restauration faite maison mettant à l'honneur produits locaux et de saison. Engagés sur les territoires, tous les Logis sont impliqués dans une démarche d'économie locale, privilégiant les circuits courts et les produits régionaux. Plus d'infos : ● *logishotels.com* ●

## Restos

Au restaurant, notre critère de classement est le prix du 1er menu servi le soir (hors boissons). Les notions de « Prix moyens » ou « Plus chic » n'engagent donc que les prix. Ainsi, certains restos gastronomiques (et chics) qui proposent parfois des formules avantageuses au déjeuner, seront malgré tout classés dans la rubrique « Plus chic » en raison des tarifs pratiqués le soir. Ne boudez donc pas cette rubrique qui recèle parfois d'intéressantes pépites.
Enfin, la rubrique « ***Sur le pouce*** » référence des adresses que l'on recommande pour les sandwichs et plats à emporter. Les tarifs correspondent généralement à la rubrique « Très bon marché ».
– ***Très bon marché :*** moins de 15 €.
– ***Bon marché :*** de 15 à 25 €.
– ***Prix moyens :*** de 25 à 35 €.
– ***Chic :*** de 35 à 50 €.
– ***Plus chic :*** plus de 50 €.

# CLIMAT

La ville affiche 300 jours d'ensoleillement par an et une moyenne de température annuelle de 15 °C. Pas mal, non ?

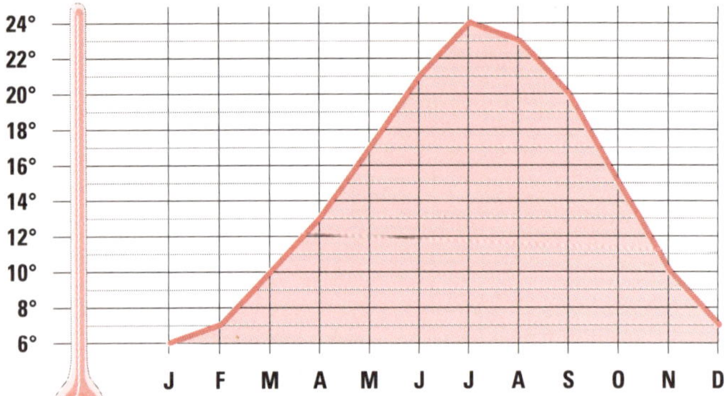


Moyenne des températures atmosphériques

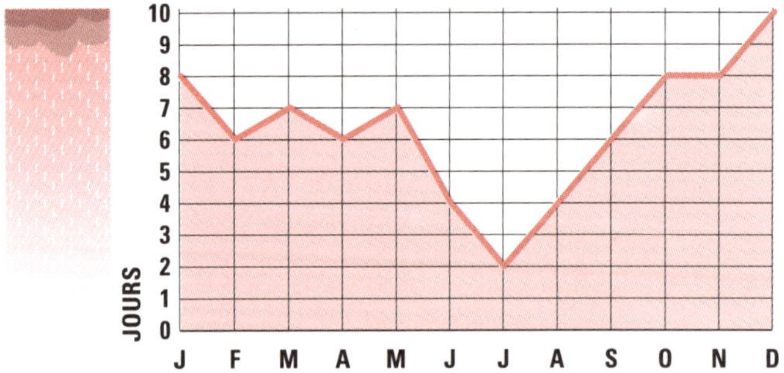


Nombre de jours de pluie

**PROVENCE (Marseille)**

## FÊTES ET MANIFESTATIONS

Danse, musique, sport, cinéma... Chaque année, les fêtes, foires, festivals et autres manifestations témoignent d'un extraordinaire bouillonnement culturel.

### Fêtes

– ***Carnaval :*** *avr.* Des chariots thématiques et leurs personnages bigarrés déambulent jusque sur La Canebière.
– ***Fête du Vent :*** *sept.* Rendez-vous sur les plages du Prado pour célébrer le vent et ses ambassadeurs, les cerfs-volants.
– ***Fêtes de quartier :*** nombre de quartiers organisent des manifestations pérennes. Ainsi, fin juin, ***Les 4 saisons*** au Panier (concerts, danse, théâtre de rue...) ou la ***Saint-Éloi,*** à Château-Gombert, avec son traditionnel défilé de cavaliers.

### Les foires

Pour le plaisir de flâner, de goûter et repartir les bras chargés de beaux objets, ne négligez pas les foires. À citer, parmi les plus courues :

– ***Foire internationale de Marseille :*** *fin sept-début oct.* • *foiredemarseille.com* • Un classique de la vie marseillaise, avec de nombreuses délégations de pays étrangers (artisanat, gastronomie...) au parc des expositions Chanot.
– ***Foire aux santons :*** *3e dim nov-31 déc.* C'est la plus ancienne de Provence. Elle se tient sur la place Charles-de-Gaulle, sur le bas de La Canebière. Des groupes de musiciens et de danseurs viennent célébrer cet incontournable rendez-vous de Noël *(entrée gratuite).*

## Les festivals

– ***Babel Med Music :*** *1 w-e en mars. Dock des Suds, 12, rue Urbain-V, 13002.* • *babelmusicxp.com* • Rendez-vous européen incontournable des musiques du monde, Babel Med Music dédie une scène aux nouveaux sons de la Méditerranée.
– ***Festival de B.D. des Calanques et des Bulles :*** *2 j. en avr. À l'école de commerce Kedge Business School, dans le domaine de Luminy, tt près des calanques. Entrée gratuite.* Depuis près de 20 ans, les étudiants de l'association Lumin'Arts réunissent les passionnés de B.D. avec dédicaces, expositions, concours, animations pour les enfants...
– ***Festival Propagations :*** *1 sem en mai.* • *gmem.org* • Différents lieux culturels de Marseille (La Friche La Belle-de-Mai, Le Module...) sont investis pour rendre hommage à la création contemporaine.
– ***Printemps de l'art contemporain :*** *sur 3 sem, fin mai-début juin.* • *p-a-c.fr* • Les galeries et autres membres du réseau « Marseille expos » proposent sur tout le territoire de la Métropole Aix-Marseille-Provence des vernissages, lectures, rencontres et autres mini-événements festifs et conviviaux.
– ***Festival de Marseille – Danse et Arts multiples :*** *de mi-juin à début juil.* • *festivaldemarseille.com* • 3 semaines ponctuées d'une riche programmation de création contemporaine de dimension internationale : danse, théâtre, musique, installations, films, vidéos. Le tout présenté en des lieux de l'aventure industrielle marseillaise.
– ***Marsatac :*** *3 j. fin juin.* • *marsatac.com* • Le plus important festival de musiques actuelles en Provence et l'un des festivals leaders sur les musiques électro en France et en Europe.
– ***Festival international du documentaire (FID) :*** *1 sem début juil.* • *fidmarseille.org* • Ce festival international du documentaire accueille des films et des artistes qui jouent avec l'art du témoignage, sans critère de format. C'est le rendez-vous international incontournable des réalisateurs, des producteurs et des financeurs.
– ***Festival de jazz des Cinq Continents :*** *10 j. fin juil.* • *marseillejazz.com* • De nombreuses pointures internationales se produisent au palais Longchamp, à la Friche La Belle de Mai, au Mucem et au théâtre Sylvain.
– ***Festival Mouvement international pour les musiques innovantes (MIMI) :*** *tte l'année.* • *amicentre.biz* • Le festival-atelier MIMI est l'un des rendez-vous français incontournables des musiques contemporaines et innovantes.
– ***Delta Festival :*** *3 j. fin août.* • *delta-festival.com* • Le festival électro de l'été, sur les plages du Prado, pour danser les pieds dans l'eau.
– ***Art-O-rama :*** *3 j. fin août.* • *art-o-rama.fr* • 1er salon international d'art contemporain du sud de la France. Novateur dans le concept, il réunit artistes, galeristes, collectionneurs ou institutionnels.
– ***ActOral :*** *de fin sept à mi-oct.* • *actoral.org* • Rencontres d'auteurs, metteurs en scène, chorégraphes, interprètes, plasticiens, pour des lectures et spectacles singuliers brouillant les frontières entre les champs artistiques.
– ***Fiesta des Suds :*** *4 j. mi-oct.* • *fiestadessuds.com* • Investissant des lieux inattendus de Marseille, la Fiesta des Suds fixe le pouls de la ville sur un tempo haletant.

## Lieux culturels

– ***Théâtre :*** Marseille se place juste après Paris pour le dynamisme de son activité théâtrale. Parmi les scènes, nombreuses et variées, le théâtre national de Marseille, ***La Criée*** *(30, quai de Rive-Neuve ; • theatre-lacriee.com • ; Ⓜ Vieux-Port/Hôtel-de-Ville).* Un théâtre installé depuis 1981 dans l'ancien marché aux poissons, et que dirigea Marcel Maréchal relayé aujourd'hui par Macha Makeïeff. Riche programmation. Ou encore le théâtre ***Joliette-Minoterie*** *(• theatrejoliette.fr •),* où la programmation se construit avec des compagnies en résidence sur 2 ans. Citons aussi ***Le Merlan,*** scène nationale, qui propose un riche programme de danse, théâtre et concerts. D'autres théâtres marquent le paysage marseillais, comme le ***Théâtre du Gymnase,*** associé au *Théâtre du Jeu de Paume* à Aix. Ou encore le *Toursky,* le *Théâtre Massalia* (quartier de la Belle-de-Mai), mais aussi *Les Bernardines* et le *Théâtre de Lenche* (quartier du Panier).

– ***Danse :*** des chorégraphes et danseurs de renom comme Marius Petipa, Roland Petit et Maurice Béjart (né à Marseille) ont placé la ville à la pointe dans ce domaine. Aujourd'hui encore, elle reste un haut lieu de la danse en France au travers du *Ballet national de Marseille,* dirigé par le Belge Frédéric Flamand, et l'*École nationale de danse.* Pour en savoir plus : *• ballet-de-marseille.com •* *Le Klap,* Maison pour la danse dirigée par Michel Kelemenis *(• kelemenis.fr •)* mais aussi le *Ballet d'Europe* de Jean-Charles Gil, et la *Cie Grenade* de Josette Baiz, sont entrés également dans la danse.

– ***Musique : Le Silo*** *(• cepacsilo-marseille.fr •),* destiné à accueillir toutes formes de représentations musicales. L'***Opéra de Marseille*** *(• opera.marseille.fr •),* très belle programmation lyrique et orchestrale dans la plus importante salle d'architecture typiquement Art déco existant en France, ***Le Dôme,*** l'***Odéon.*** Et évidemment le ***Dock des Suds*** et le ***Cabaret Aléatoire*** *(• cabaret-aleatoire.com •),* à La Friche La Belle-de-Mai. Sans oublier *L'Espace Julien, L'Embobineuse...*

– ***La Station Alexandre :*** *29-31, bd Charles-Moretti, 13014.* Cet ensemble abrite, dans l'ancienne gare de triage d'une huilerie du début du XXe s, entreprises, crèche, commerces et activités culturelles (concerts, lectures, spectacles vivants...).

## Manifestations sportives

– ***Open 13 de tennis :*** *fin fév. • open13.fr •* Un tournoi ATP-250.

– ***Les Voiles du Vieux-Port :*** *4 j. en juin. • lanautique.com •* Une quarantaine de voiliers de tradition animent la « scène » du Lacydon.

– ***Le Défi de Monte-Cristo :*** *3 j. fin juin. • defimonte-cristo.com •* Parcours de 5 km avec ou sans palmes au départ du château d'If. Si vous avez plus de 16 ans, jetez-vous à l'eau !

– ***Mondial de pétanque/La Marseillaise :*** *juil. • mondiallamarseillaiseapetanque.com •* Créé par Paul Ricard en 1962, il est devenu le « Roland Garros des boules ».

– ***Septembre en mer :*** *début... sept, de La Ciotat à Port-Saint-Louis-du-Rhône. • septembreenmer.com •* Un événement proposé depuis 1999, qui imprègne l'ensemble du bassin autour d'une centaine de manifestations en tout genre.

– ***Urban Elements :*** *sur un w-e début sept. • urban-elements.fr •* Le centre-ville devient un terrain de jeux pour diverses activités sportives : escalade, *slackline,* vélo, *paddle* et même du yoga.

– ***Semi-marathon Marseille-Cassis :*** *dernier dim d'oct. • marseille-cassis.com •* Pour vous mesurer à des champions de la course à pied, n'hésitez pas à vous inscrire !

# LIVRES DE ROUTE

– ***Marseille, porte du Sud,*** d'Albert Londres (Arléa, poche, 2008). En 1926, le grand reporter s'installe sur le port. Au fil des rues, il rencontre les marins, les aventuriers, les immigrés, tous sur le départ ou sur l'arrivée, tous prêts à s'embarquer pour le Sud. À travers ces récits, c'est l'histoire de l'empire colonial qui se dessine...

– Les œuvres de Marcel Pagnol (De Fallois, poche) : ***La Gloire de mon père, Le Château de ma mère, La Femme du boulanger*** et le cycle ***L'Eau des collines (Jean de Florette, Manon des sources)...*** Autant d'incontournables écrits par cet enfant d'Aubagne.
– ***Marseille ou la mauvaise réputation,*** d'Olivier Boura (Arléa, poche, 2001). Évoquant l'histoire de la cité, ainsi que sa mémoire littéraire et cinématographique, sans oublier sa culture populaire, l'essai se présente comme une succession de chapitres à caractère historique, anecdotique et parfois polémique.
– ***Marseille année 40,*** de Mary Jayne Gold (Phébus, coll. « Libretto », 2006). Les mémoires d'une Américaine engagée dans la Résistance aux côtés du célèbre Varian Fry (voir dans « Hommes, culture, environnement » la rubrique « Personnages »). Une plongée inattendue dans le Marseille interlope de la guerre et un portrait de femme amoureuse (de l'amour, mais plus encore de la liberté). Préface d'Edmonde Charles-Roux.
– ***Les Nouveaux Mystères de Marseille,*** de Jean Contrucci (poche) : une série d'enquêtes policières (13 volumes parus) où Raoul Signoret, reporter au *Petit Provençal,* prend le relais des flics pour percer le mystère, dans un Marseille de la fin du XIXe s et du début du XXe s pas piqué des hannetons.
– Les polars de ***L'Écailler*** : une collection qui poursuit le travail entrepris depuis 2000 par L'Écailler du Sud, maison d'édition marseillaise spécialisée dans le polar humoristique de sensibilité sudiste.
– ***Total Khéops, Chourmo*** et ***Solea,*** de Jean-Claude Izzo (Gallimard, coll. « Folio Policier », ou en un volume sous le titre de *Fabio Montale,* « Folio Policier » 2006). La trilogie mythique de cet auteur parti trop tôt et qui, derrière une histoire policière tragique, nous décrit le vrai Marseille des petites rues et la beauté inépuisable des calanques.
– ***Les Aventures de Léo Loden*** (Soleil Productions, 2000-2013), *Terminus Canebière, Adieu ma Joliette...* Marseille revu et surtout imaginé par 2 éternels enfants, Arleston ou Nicoloff (scénario) et Carrère (illustrations). Une série de bandes dessinées au succès retentissant. On adore !
– ***Quand Marseille parlait marseillais, anciennes expressions marseillaises,*** de Pierre Blasi (Édisud, 2009). Un ouvrage qui permet aux *estrangers* d'échanger quelques mots dans la langue de Pagnol.
– ***Provence insolite et secrète,*** de Jean-Pierre Cassely (Jonglez, 2015) : une stèle funéraire, une promenade, d'étonnants ex-voto, un palindrome de 295 caractères, un musée, une batterie militaire... autant de lieux qui jalonnent, photos à l'appui, la Provence intime que l'auteur nous invite à découvrir.
– ***Éloge de la cagole,*** de Maud Fandre et Pascal Petiot (Tchou, 2010). Femme du Sud par excellence, la cagole a du caractère. Gouailleuse et libérée, mais avant tout fière d'être marseillaise, elle est à sa ville un monument à part entière, que ce livre vous propose de découvrir ou de redécouvrir.
– ***Corniche Kennedy,*** de Maylis de Kerangal (Gallimard, coll. « Folio », 2010). Un groupe d'adolescents solaires aimantés par le vide défient la loi, mer et relief en sautant de la corniche, au nez et à la barbe du commissaire, las, qui les observe depuis sa fenêtre. Un court roman dont il se dégage la chaleur estivale qui assomme, la sensualité et l'énergie de ces jeunes corps.
– ***La Cuisinière provençale,*** de J.-B. Reboul (P. Tacussel Éditeur, 2001). « Le Reboul », constamment réédité depuis 1897, est considéré par les grands chefs et les bonnes ménagères du Midi comme la Bible culinaire (1 120 recettes, 365 menus). L'ouvrage continue de transmettre un savoir-faire plus que centenaire, qui met en valeur toutes les saveurs de la cuisine provençale.
– ***Quand nos grands-mères cuisinaient en Provence,*** de Frédérique Féraud-Espérandieu (Équinoxe, coll. « Carrés gourmands », 2003). Les auteurs proposent dans cet ouvrage quelques règles d'or de la cuisine provençale. Illustrations à l'ancienne de Cécile Colombo.

– ***Cinq dans tes yeux,*** de Hadrien Bels (L'iconoclaste, 2020). Stress et sa bande de copains grandissent ensemble dans les rues du Panier et observent avec méfiance l'arrivée des « Venants » (les actuels « bobos ») à Marseille. Le 1er roman de ce vidéaste marseillais, librement inspiré de sa jeunesse.

## MÉDIAS

– ***France Bleu Provence :*** 103.6 FM. Radio nº 1 à Marseille (musique, chroniques sur la culture locale, informations régionales, trafic automobile, etc.).
– ***Radio Grenouille*** (88.8 FM) est la radio de Système Friche Théâtre.
– ***La Provence :*** ce quotidien est une institution à Marseille.
– ***La Marseillaise :*** le quotidien du parti communiste dans les Bouches-du-Rhône, qui connaît de grosses difficultés financières.
– ***À nous Marseille / Aix-en-Provence :*** un mensuel gratuit, axé sur la culture, le shopping, les sorties...
– ***Sortir :*** un hebdo gratuit, qui, comme son nom l'indique, recense concerts, pièces de théâtre... Il est distribué dans les hôtels et chez les commerçants.
– ***Marseille :*** revue culturelle trimestrielle de très grande qualité.
Sans oublier la revue culturelle et gratuite ***Ventilo.***

## PERSONNES HANDICAPÉES

***Tourisme et Handicap***

**Tourisme & Handicap est la seule marque d'État** qui labellise des sites touristiques accessibles aux personnes en situation de handicap (campings, restaurants, musées, monuments...). Elle permet aux touristes en situation de handicap de vivre leurs vacances comme tout un chacun. Les sites sont identifiés grâce à un logo qui symbolise chacune des quatre familles de handicap (auditif/mental/moteur/visuel) et garantit un maximum d'autonomie :

TOURISME & HANDICAP

Les informations et sites labellisés sont disponibles sur : • *tourisme-handicap.gouv.fr* •

En complément, **Acceslibre** est une **plateforme collaborative** portée par le ministère de la Transition écologique. Des informations d'accessibilité essentielles aux personnes en situation de handicap y sont collectées et affichées sur des cartes pour savoir si un lieu leur est accessible ou non. Sur mobile ou ordinateur, ce service permet de préparer au mieux sa sortie ou de collaborer en partageant de nouvelles informations.

Pour contribuer et/ou profiter d'Acceslibre : • *acceslibre.beta.gouv.fr* •

Par ailleurs, dans notre guide, nous indiquons par le logo ♿ les établissements qui possèdent un accès ou des chambres pouvant accueillir des personnes handicapées. Certaines adresses sont équipées selon les critères les plus récents.

D'autres, plus simples, plus anciennes aussi, sans répondre aux normes actuelles, favorisent l'accueil des personnes handicapées en facilitant l'accès à leur établissement, tant sur le plan matériel que sur le plan humain. Appelez donc auparavant pour savoir si l'équipement de l'hôtel ou du resto est compatible avec votre niveau de mobilité.
Malgré les combats menés par les nombreuses associations, l'intégration des personnes handicapées à la vie de tous les jours est encore balbutiante en France. Il tient à chacun de nous de faire changer les choses. Une prise de conscience est nécessaire, nous sommes tous concernés.

## SITE INTERNET

• *routard.com* • Le site de voyage n° 1, avec près de 800 000 membres et plusieurs millions d'internautes chaque mois. Pour s'inspirer et s'organiser, près de 300 guides destinations actualisés, avec les infos pratiques, les incontournables et les dernières actus, ainsi que les reportages terrain et idées week-end de la rédaction. Partagez vos expériences avec la communauté de voyageurs : forums de discussion avec avis et bons plans, carnets de route et photos de voyage. Enfin, vous trouverez tout pour vos vols, hébergements, voitures et activités, sans oublier nos suggestions pour réserver votre voyage au meilleur prix.
– ***Bon à savoir :*** entre 2 parutions, des événements fortuits (conditions d'accès aux sites, fermetures inopinées, etc.) peuvent intervenir et modifier vos projets de voyage ou de visite. Pour éviter les déconvenues, nous vous recommandons de consulter la rubrique « Inspirations » par région et cliquer sur l'onglet « Actus ».

# MARSEILLE

• Plan de la ville, zooms 1 (Vieux-Port) et 2 (les Réformés-Canebière, le cours Julien et la Plaine), plan du métro et du tram sur le plan détachable en fin de guide • Marseille, la côte et l'arrière-pays marseillais *p. 52-53* • Plan Les plages *p. 94-95*

## Adresses et infos utiles

### Se repérer à Marseille

Si vous arrivez ***en train*** ou ***en bus,*** plutôt que de vous engouffrer directement dans le métro, sortez de la gare Saint-Charles, clignez des yeux et admirez la vue depuis l'esplanade. On aperçoit même la Bonne Mère ! Descendre ***l'escalier monumental,*** un monument historique, pour rejoindre les boulevards d'Athènes et Dugommier menant rapidement à ***La Canebière,*** qui file vers le Vieux-Port. Sinon, prendre la rue des Petites-Maries, puis la ***rue Longue-des-Capucins*** pour descendre sur La Canebière : vous serez tout de suite dans l'ambiance !
***En voiture,*** si vous avez quitté Paris ou Lyon par « l'autoroute du Soleil », vous entrerez à Marseille par « l'autoroute nord » (c'est ainsi qu'on nomme l'autoroute A 7 ici). Cette dernière mène droit à la gare Saint-Charles. En venant de Toulon, Nice, on emprunte l'autoroute A 50 (dite « autoroute est »). Possibilité de prendre le tunnel Prado-Carénage *(payant)* pour joindre rapidement le Vieux-Port ou la Corniche par le Pharo, cette route qui longe la mer et les plages depuis les Catalans.
Une fois dans le centre, abandonnez votre voiture (nombreux parkings souterrains, assez chers) pour découvrir la ville ***à pied ou à vélo.*** La cité étant bâtie sur des collines, Marseille vous promet des mollets de footballeur (de l'OM évidemment !). Pour se faire une 1re idée de la ville, montez dans le petit train touristique. Sinon, embarquez à bord d'un bateau pour découvrir les îles au large de la ville. Autrement, la ville, très étendue, est desservie par 2 lignes de métro, 3 lignes de tram et de nombreux bus qui rejoignent les quartiers les plus excentrés.
S'il fait trop chaud pour réfléchir, sautez dans un des bus (ou dans une navette maritime) qui desservent la ***vingtaine de plages accessibles*** en quelques minutes depuis le Vieux-Port. Une manne de soleil et d'eau claire incarnée par le ***parc national des Calanques,*** derrière ce massif qui ferme la ville au sud. Marseille est d'ailleurs la seule grande ville abritant un tel territoire naturel à 30 mn de voiture du centre (quand ça ne bouchonne pas !).

### Infos touristiques

🅸 ***Office métropolitain de tourisme et des congrès*** *(zoom 1 détachable, D4,* ***1****)* ***:*** *11, La Canebière, 13001.* ☎ *0826-500-500 (0,15 €/mn).* • *information@marseille-tourisme.com* • *marseille-tourisme.com* • Ⓜ *Vieux-Port/Hôtel-de-Ville. Tlj 9h-18h (ou 19h en hte saison).* Excellent accueil, très pro, bonne documentation sur la ville et toutes ses possibilités, visites guidées, concerts et activités sur • *marseilleexperience.com* •
– ***Visites guidées :*** *infos et résas au* ☎ *0826-500-500 (0,15 €/mn).* • *marseilleexperience.com* • L'office métropolitain de tourisme et des congrès propose de découvrir Marseille sous ses aspects les plus classiques comme les plus insolites. Les incontournables : le quartier du Panier, autour du Vieux-Port, etc. Les exclusivités : la Cité radieuse Le Corbusier, le street art autour du cours Julien. Tours guidés également disponibles à vélo à assistance électrique avec ***Fada Bike.*** ☎ *0782-007-347.* • *contact@fada.bike* • *fada.bike* • ou encore en trottinette électrique avec ***Trolib***

(☎ 06-72-50-47-26 ; • trolib.com •) sans compter les ***jeux de pistes à faire en famille.***
– Vente du **CityPass Marseille** : *valable 24h, 48h ou 72h (27, 37 ou 43 €/adulte ; 17, 22 ou 26 €/enfant).* Il donne accès aux transports en commun, aux vélos en libre-service, aux musées, aux petits trains touristiques et au bateau pour le château d'If ou les îles du Frioul, plus des réductions pour certaines expositions temporaires, excursions, spectacles, boutiques...
■ ***Association Marseille Provence Greeters :*** *résas en ligne sur • marseilleprovencegreeters.com •* Belle opportunité de découvrir Marseille au travers de rencontres avec d'accueillants Marseillais.
■ ***Oaï not Marseille :*** *☎ 06-81-93-73-49. • guideinmarseille.com • Visites de 2h (15 pers max) : 10 €/pers. Visites guidées privées possibles. Inscription sur le site.* Passionnée par sa ville, Orianne propose différentes visites guidées insolites dans Marseille, ponctuées d'anecdotes.

## Représentations diplomatiques

■ ***Consulat de Suisse :*** *7, rue d'Arcole, 13291, Cedex 6. ☎ 04-96-10-14-10. Ⓜ Estrangin-Préfecture. Lun-ven 9h-11h30 (par tél seulement, sinon sur rdv).*
■ ***Consulat de Belgique :*** *112, bd des Dames, 13002. ☎ 04-96-11-69-55. • marseille@diplobel.fed.be • Ⓜ Joliette. Lun-ven 8h30-12h, 13h-15h (sur rdv) ; permanence tél lun-ven 9h-12h.*

## Santé, urgences, divers

■ ***SOS Médecins :*** *☎ 3624 ou 04-91-52-91-52.*
■ ***SAMU :*** *☎ 15 ou 04-91-38-45-15.*
⊞ **Hôpital de la Timone** *(hors plan détachable par G5) : 264, rue Saint-Pierre, 13005. ☎ 04-91-38-00-00. Ⓜ Timone.*
■ ***Centre antipoison :*** *à l'hôpital Sainte-Marguerite, 270, bd de Sainte-Marguerite, 13009. ☎ 04-91-75-25-25.*
■ ***Pharmacie*** *(zoom 1 détachable, D4, **6**) : 4, quai du Port, 13002. ☎ 04-91-90-00-57. Ⓜ Vieux-Port/Hôtel-de-Ville. Tlj 9h-20h.* Pour les pharmacies de garde : *☎ 32-37. • pharmaciesdegardemarseille.com •*
■ **Police :** *66-68, La Canebière, 13001 (zoom 2 détachable, E4, **3**). ☎ 04-88-77-58-00. Ⓜ Noailles. Également : 2, rue Antoine-Becker, 13002 (zoom 1 détachable, C3, **3**). ☎ 04-91-39-80-00.*
■ ***Objets trouvés*** *(hors plan détachable par C-D1) : 41, bd de Briançon, 13003. ☎ 04-91-50-26-60. Ⓜ Bougainville. Lun-ven 9h-15h45.*
■ ***Consigne à bagages Bags Storage*** *(zoom 1 détachable, D4, **5**) : 4, rue de la Tour. ☎ 06-44-74-03-97. • bagstoragemarseille.com • Tlj 10h-19h.* Cette boutique de créateurs est doublée d'un service de consigne bien pratique. Tarifs variables selon taille du bagage et durée du dépôt.

## Transports

– ***Tramway, métro, bus et bateau-bus :*** *avec la **RTM** (Régie des transports marseillais) désormais regroupée au sein de la bannière commune Aix-Marseille-Provence appelée **La Métropole Mobilité**, 6, rue des Fabres, 13001 (zoom 1 détachable, E4, **4**). ☎ 04-91-91-92-10. • rtm.fr • ampmetropole.fr/mobilite • Ticket : 1,70 € ; 2 € à bord du bus. Tickets valables 59 mn sur tt le réseau. Sinon Pass Transtick valable 24h à compter de la 1re utilisation permet de voyager en illimité sur la zone bleue (bus, métro, tram). Tarif : 5,20 €. Appli RTM téléchargeable en ligne. Voir aussi le CityPass Marseille dans « Infos touristiques » plus haut.* Billets disponibles dans les stations de métro, à la gare Saint-Charles ou chez les commerçants agréés RTM. Les transports fonctionnent de 5h à 0h30 environ.
– ***Navette maritime :*** *avec **LaNavette** de la RTM (voir ci-avant). Traversée : 5 € (incluant 1h30 d'interconnexion sur le réseau des bus-tram-métro de la RTM). Fin avr-sept, ttes les heures 8h-19h (22h fin juin-fin août), compter 25 mn.* 2 lignes relient le Vieux-Port à la Pointe-Rouge d'une part, à l'Estaque d'autre part. Une très belle façon d'éviter le trafic urbain tout en découvrant la

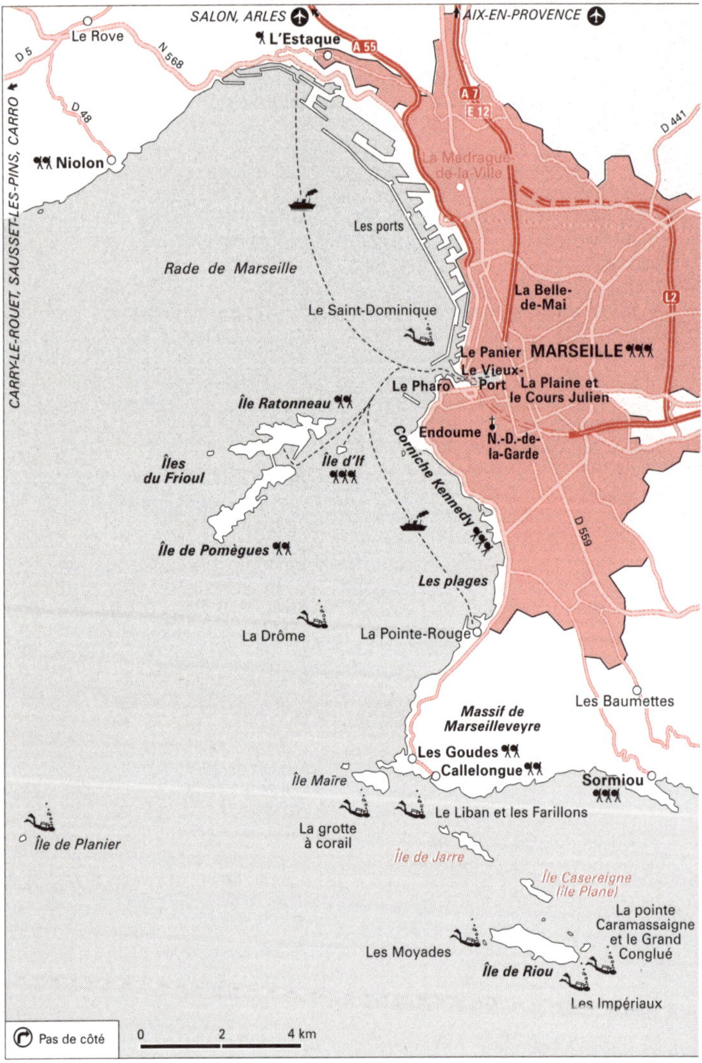


superbe façade maritime de Marseille (en particulier par la navette de la Pointe-Rouge). Enfin, de juin à fin août, une 3e ligne assure la liaison Pointe-Rouge/Les Goudes (départs ttes les heures 8h50-19h50, retours 9h20-20h20 ; traversée : 8 €).

– ***Bicyclette :*** *avec* ***LeVélo.*** *☎ 01-30-79-29-13. • levelo-mpm.fr • Paiement par CB obligatoire. Accès au*

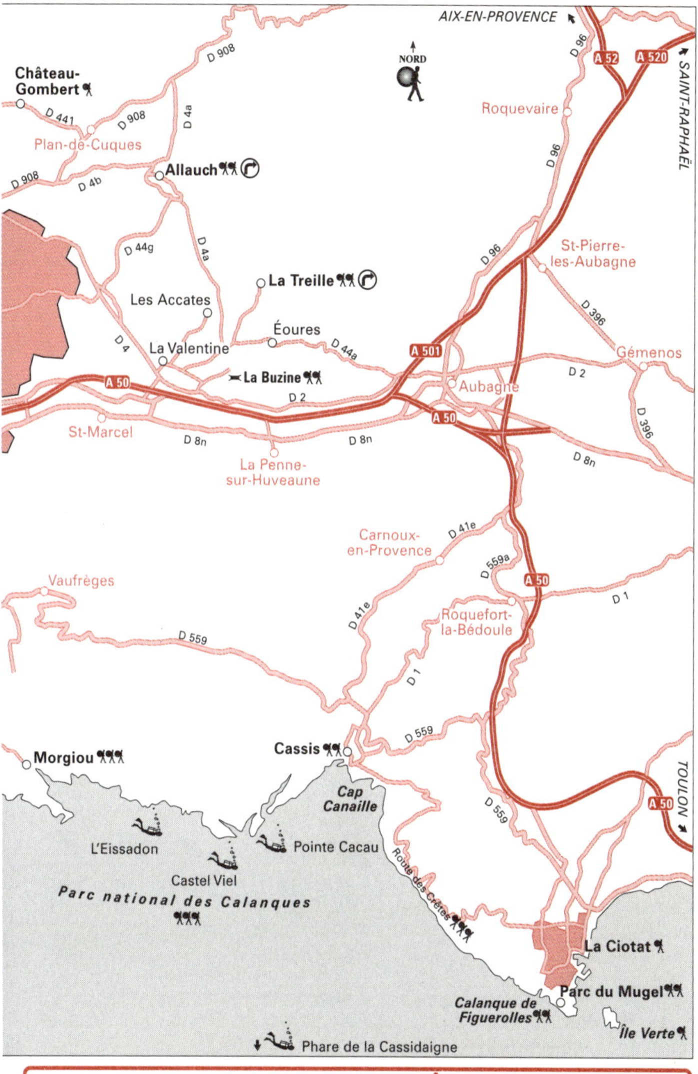


MARSEILLE, LA CÔTE ET L'ARRIÈRE-PAYS MARSEILLAIS



*service (valable 7 j.) : 1 € ; 1re ½ heure gratuite, puis 0,50 € à 1 € chaque ½ heure selon type d'abonnement.* Malgré le relief de la ville, ***LeVélo,*** disponible dans 160 stations, remporte un franc succès. Également des ***trottinettes et vélos électriques*** (plusieurs opérateurs).

✈ ***Aéroport Marseille-Provence :*** *à* ***Marignane,*** *à 25 km au nord-ouest.*

☎ *0820-81-14-14 (0,12 €/mn depuis un poste fixe).* • *marseille.aeroport.fr* • Aéroport international, qui dessert – lignes régulières ou *low-cost* – toutes les grandes villes françaises et un certain nombre de destinations en Europe et dans le monde. Point d'infos touristiques. Documentation et plan de ville gratuits.

➢ ***Navette en bus depuis/vers l'aéroport :*** ☎ *0800-713-137 (gratuit).* • *lepilote.com* • Ligne L91, ttes les 10-15 mn. De l'aéroport à Marseille-gare Saint-Charles, 4h10-1h30. Pour les vols de nuit, navette ttes les heures. De la gare vers l'aéroport, 3h30-00h50. Tarif : 10 € l'aller simple et 16 € l'A/R. Trajet : 25-40 mn.

***Gare routière*** *(plan détachable, E3) : attenante à la gare SNCF. Rens :* ☎ *04-91-08-16-40.* • *lepilote.com* • Ⓜ *Gare-Saint-Charles. Achat des tickets à bord des cars (faire l'appoint) ou au guichet (lun-sam 6h-20h, dim et j. fériés 6h30-18h30).*

➢ ***Pour Aix-en-Provence :*** • *lecaraixmarseille.com* • Bus *LeCar* ttes les 5-10 mn (30 mn après 21h) 5h45-minuit. Également des liaisons pour Vitrolles, Martigues...

➢ ***Pour La Ciotat et Aubagne :*** départs de la Halte routière Sud à Castellane (Ⓜ Castellane), à l'angle de l'av. Cantini (pour La Ciotat) et de la rue du Rouet pour Aubagne *(plan détachable, F6).*

➢ ***Pour Cassis :*** départs de la Halte routière Sud, à Castellane (Ⓜ Castellane), via Aubagne.

***SNCF gare Saint-Charles*** *(plan détachable, E3) : 1, sq. Narvik.* ☎ *36-35.* • *oui.sncf* • Ⓜ *Gare-Saint-Charles.* TGV pour Paris, Lyon et la Côte d'Azur (Toulon, Saint-Raphaël, Nice...), entre autres.

➢ ***Liaisons régionales en TER*** *(Train express régional)* **:** au départ de Marseille-Saint-Charles. Trains réguliers pour Aix (env 40 mn), Aubagne (env 15 mn), Cassis (15-20 mn), l'Estaque, Martigues, Miramas, Toulon, Avignon...

***Taxis :*** ☎ *04-91-02-20-20.* • *taximarseille.com* • *lestaxismarseillais.com* • *ou* ☎ *04-91-92-92-92. En ville et à la gare Saint-Charles.* Attention, le règlement par carte de paiement fonctionne moins bien à Marseille qu'ailleurs !

***Gare maritime de la Joliette*** *(plan détachable, B-C3) : parvis de la Joliette, entrée terminal 2, port autonome, 13002.* Ⓜ *Joliette.*

■ ***Compagnie Corsica Linea*** *(plan détachable, C3,* **8***) : 23, pl. de la Joliette, 13002.* ☎ *0825-88-80-88 (0,15 €/mn).* • *corsicalinea.com* • Ⓜ *Joliette. Lun-ven 9h-12h, 14h-18h, plus sam mat d'avr à mi-août.* Départs pour la Corse, l'Algérie et la Tunisie.

## Marchés

– ***Marché aux poissons*** *(plan détachable, D4) : tlj, le mat, sur le Vieux-Port, quai des Belges.* Ⓜ *Vieux-Port/Hôtel-de-Ville.*

– ***Au Vieux-Port*** *(plan détachable, C-D4) :* Ⓜ *Vieux-Port/Hôtel-de-Ville. Sam seulement, le mat.* Pour les amoureux des fleurs, un marché attachant.

– ***Marché du cours Julien*** *(plan détachable, E-F4-5) : cours Julien (6e arr.).* Ⓜ *Notre-Dame-du-Mont/Cours-Julien. Lun-sam 8h-13h.* Fruits, légumes (bio seulement le mercredi). Et dans un autre genre : livres anciens le 2e samedi du mois.

– ***Marché de La Plaine*** *(plan détachable, F4) : pl. Jean-Jaurès (5e arr.).* Ⓜ *Notre-Dame-du-Mont/Cours-Julien. Lun-sam, le mat.* ***Sous réserve qu'il ait repris en 2022, après la fin des travaux sur la place.*** Alimentation, fripes et fleurs.

– ***Marché aux puces*** *(hors plan détachable par C1) : av. Cap-Pinède (15e arr.). Bus n° B2, arrêt Lyon-Cap-Pinède.* Le dimanche à l'aube. Ambiance merguez-frites !

– ***Marché du Prado*** *(plan détachable, F6) : av. du Prado, côté impair, à partir de la pl. Castellane (6e arr.).* Ⓜ *Castellane. Tlj sauf dim, le mat.* Alimentation et vêtements. Le vendredi, plantes et fleurs côté impair.

– ***Marché des Capucins*** *(plan détachable, E4) : pl. des Capucins (1er arr.).* Ⓜ *Noailles. Tlj 8h-19h.* Le plus typique et le moins cher du centre. Poissons, fruits, légumes et viande halal.

– ***Marché de la Joliette*** *(plan détachable, C2-3) :* Ⓜ *Joliette. Le mat lun, mer et ven.*

– **Marché de producteurs** (*plan détachable, D-E-F4*) **:** *sur la Canebière.* Ⓜ *Vieux-Port, Noailles ou Canebière. Le dernier dim du mois.*

# Où dormir ?

## Auberges de jeunesse et *hostels*

■ ***Vertigo Hostel Vieux-Port*** (*zoom 1 détachable, D5,* **38**) **:** *75, rue Sainte, 13007 (la nuit, entrée au 38, rue Fort-Notre-Dame, dans la rue perpendiculaire).* ☎ *04-91-54-42-95.* ● *contact@hotelvertigo.fr* ● *hotelvertigo.fr* ● ♿ *Tte l'année. Compter 25-35 €/pers en dortoir et 55-74 € pour une double (2 lits séparés), petit déj en plus.* Ce charmant *hostel,* situé à mi-chemin entre le Vieux-Port et la Bonne Mère, conjugue harmonieusement le charme de l'ancien et le confort actuel dans des espaces communs accueillants (bar-resto, espace de travail) où se mélangent pierre, brique et poutres apparentes. Au programme, des dortoirs de 4 à 16 lits, propres et spacieux, avec salles de bains privatives. Chaque plumard possède sa propre liseuse et une prise individuelle. Draps et couvertures fournis, les doubles ont même la clim. Cuisines à disposition. Les routards du monde entier aiment s'y retrouver.

■ ***The People Hostel*** (*zoom 1 détachable, D3,* **10**) **:** *12, rue Jean-Trinquet, 13002.* ☎ *09-82-81-61-62.* ● *marseille@thepeoplehostel.com* ● *thepeoplehostel.com* ● Ⓣ *République-Dames ou* Ⓜ *Jules-Guesde.* ♿ *Bar ouv à ts, tlj 7h-minuit. Dortoirs (4-8 pers) 20-45 €/pers ; doubles 65-130 € ; petit déj 3,20-6 €.* Blotti dans une ruelle proche de la rue de la République, cet *hostel* nouvelle génération abrite une multitude de couchages. Les dortoirs – plusieurs sont privatisés pour les femmes – possèdent tous le même équipement individuel (rideau, coffre et prises). Sanitaires communs non mixtes. Également des chambres doubles et des familiales. Design épuré où le bleu et le bois clair dominent. Mais dans les espaces communs, de grandes fresques murales couvrent les murs, le principe étant ici de faire intervenir divers artistes dans la décoration de l'auberge. D'ailleurs, le lieu accueille des événements culturels (concerts, ateliers artistiques, expositions) ouverts à tous.

■ ***Auberge de jeunesse de Bois-Luzy*** (*hors plan détachable par G3,* **36**) **:** *château de Bois-Luzy, 58, allée des Primevères, 13012.* ☎ *04-91-49-06-18.* ● *marseille.bois-luzy@hifrance.org* ● *hifrance.org* ● Ⓜ *La Fourragère, puis bus n° 9 (jusqu'à 20h30), arrêt Félibres Aiguillette, puis 4 mn à pied.* ♿ *Au nord-est de la ville, à env 5 km du centre. Ouv mars-oct. Accueil tlj 9h-10h, 17h-21h. Carte d'adhésion FUAJ obligatoire. Compter 19-27 €/pers en dortoir et 28-34 €/pers en chambre privée, draps et petit déj inclus.* Dans un parc de 8 hectares, une belle bastide construite en 1850, avec un hall impressionnant que dominent 2 coursives. Chambres de 2 à 7 lits. Magnifique point de vue sur la mer et sur la Bonne Mère, surtout au coucher du soleil, et même depuis certaines chambres. Celles-ci sont un peu anciennes mais propres. Cuisine à disposition. Pour les contemplatifs, car c'est excentré et très calme.

## *Quartiers du Vieux-Port, de l'Opéra et du Panier*

### Prix moyens

■ ***Hôtel Ibis Budget Marseille Vieux-Port*** (*zoom 1 détachable, D5,* **13**) **:** *46, rue Sainte, 13001.* ☎ *0892-680-582 (0,40 €/mn).* ● *h2575@accor.com* ● *all.accor.com* ● Ⓜ *Vieux-Port/Hôtel-de-Ville.* ♿ *Doubles ou triples 60-90 €. Parking fermé payant.* L'entrée de cet hôtel de chaîne ne donne pas envie, on vous l'accorde. Mais il a le mérite d'être idéalement situé et de proposer des chambres doubles avec 2 lits séparés ou un grand lit doublé d'un lit superposé, à prix plancher. Pour plus de cachet, préférez celles du bâtiment ancien. Depuis les 5e et 6e étages, jolie vue sur les toits et le port. Bon et jeune accueil.

## De prix moyens à chic

**Hôtel Hermès** *(zoom 1 détachable, D4,* **12***) : 2, rue Bonneterie, 13002. ☎ 04-96-11-63-63. • hotel.hermes@orange.fr • hotelmarseille.com • Ⓜ Vieux-Port/Hôtel-de-Ville. ♿ Doubles 95-135 € ; familiale.* Un hôtel presque sur le Vieux-Port, et c'est là son principal atout. Les chambres sont lumineuses et fonctionnelles, climatisées et bien insonorisées. Les plus chères bénéficient d'une vue latérale sur le port. Certaines ont même une terrasse. Sur le toit, la « nuptiale » embrasse tout le panorama, jusqu'à la Bonne Mère. Terrasse avec vue panoramique sur le Vieux-Port très prisée à l'heure de l'apéro du soir en fin de semaine *(ouv mar-sam à partir de 18h pour ts ; tlj pour les clients de l'hôtel).*

**Hôtel Saint-Ferréol** *(plan détachable, E4-5,* **26***) : 19, rue Pisançon, 13001. ☎ 04-91-33-12-21. • reservation@hotel-stferreol.com • hotel-stferreol.com • Ⓜ Vieux-Port/Hôtel-de-Ville. Doubles 75-115 €.* Posté dans une ruelle croisant la rue Saint-Ferréol, une voie piétonne parsemée de boutiques, cet hôtel modeste propose des chambres colorées rénovées sur 4 étages (ascenseur). Peu de charme mais elles sont de bonne taille, avec double vitrage ou doubles fenêtres, clim et petit bureau. Bien pour un court séjour, hors saison.

## De chic à beaucoup plus chic

**Carré Vieux Port** *(zoom 1 détachable, D4,* **14***) : 6, rue Beauvau, 13001. ☎ 04-91-33-02-33. • carre@hvpm.fr • hotel-carre-vieux-port.com • Ⓜ Vieux-Port/Hôtel-de-Ville. ♿ Doubles 96-136 €. Parking d'Estienne-d'Orves à proximité (payant).* Juste en retrait du Vieux-Port (donc sans vue pour la plupart des chambres), voici un bon hôtel encore abordable. Passé le lobby contemporain et sa vache colorée, on accède à des chambres tout confort bénéficiant d'une literie impeccable, même si certaines sont un peu étroites. Situées côté cour, les supérieures sont quand même plus spacieuses. Bon accueil.

**Hôtel Bellevue** *(zoom 1 détachable, D4,* **17***) : 34, quai du Port, 13002. ☎ 04-96-17-05-40. • info@hotelbellevuemarseille.com • hotelbellevuemarseille.com • Ⓜ Vieux-Port/Hôtel-de-Ville. Doubles 105-190 €.* Tout est dit dans le nom de cet hôtel posté face au Vieux-Port ! Évidemment, ce 2-étoiles écoresponsable (label *Clé Verte*) tire profit de sa situation, mais ses chambres sont superbes, et les plus chères, en angle, sont relativement spacieuses. Petit déj servi au bar-restaurant *La Caravelle* (voir plus loin « Où boire un verre en grignotant un bout ? »), qui programme régulièrement des concerts de jazz.

**Hôtel La Résidence du Vieux-Port** *(zoom 1 détachable, D4,* **16***) : 18, quai du Port, 13002. ☎ 04-91-91-91-22. • info@hrvpm.com • hotel-residence-marseille.com • Ⓜ Vieux-Port/Hôtel-de-Ville. Doubles 160-230 € ; petit déj 18 €.* Dominant le Vieux-Port de ses 8 étages, on vous laisse imaginer la vue. D'emblée, la tapisserie contemporaine de Jean Lurçat annonce le côté *arty* de cet établissement coloré d'un excellent niveau de confort. Les chambres, elles, ont bénéficié d'un design *fifties* épuré. La majorité d'entre elles s'ouvrent sur un balcon ou sur une terrasse avec vue. Accueil agréable et bon petit déj-buffet. Restaurant gastronomique, *Le Relais 50.*

**Hôtel Maisons du Monde** *(zoom 1 détachable, D4,* **11***) : 43, quai des Belges, 13001. ☎ 04-91-55-67-46. • marseille@maisonsdumondehotel.com • marseille.maisonsdumondehotel.com • Ⓜ Vieux-Port/Hôtel-de-Ville. Doubles 80-160 €, petit déj en plus ; familiales.* C'est le 2nd né d'une petite chaîne d'hôtels française implantée d'abord à Nantes. Sa situation, sur le Vieux-Port, fait l'unanimité. Partenaire de la célèbre marque de déco, l'hôtel allie confort et style. Sur 6 étages, les chambres, plus ou moins spacieuses, sont charmantes et toutes parfaitement équipées. Celles avec vue sur le Vieux-Port en jettent, mais une fois la fenêtre ouverte, gare au bruit ! Bel espace commun au rez-de-chaussée, où l'on prend le petit déj, ainsi qu'une cuisine que l'on peut utiliser librement. Accueil jeune et dynamique.

🏠 ***Le Couvent*** *(zoom 1 détachable, C4,* ***15****) : 6, rue Fonderie-Vieille, 13002. 📱 06-12-31-48-79. • montclar@gmail.com • fonderievieille.com • Doubles 140-180 € (2 nuits min, paiement par carte bancaire, virement ou Paypal seulement). Pas de petit déj mais thé/café à disposition.* Dans le bas du pittoresque quartier du Panier, des travaux colossaux ont permis de réhabiliter cette ancienne fonderie royale créée sous Louis XIV, tombée dans l'escarcelle des Jésuites par la suite (d'où son nom). Les 10 grandes suites magnifiques sont réparties sur 2 étages (pas d'ascenseur). Elles témoignent du goût des propriétaires pour les belles choses. Salon élégant dans chacune d'entre elles, cuisine moderne et équipée pour préparer son petit déj, lits extra-larges. Des prestations au top qui satisferont les plus exigeants. Seuls les 2 grands lofts en duplex du 2e étage ont la clim.

## Autour de La Canebière

### De prix moyens à chic

🏠 ***Hôtel Azur*** *(plan détachable, F4,* ***24****) : 24, cours Franklin-Roosevelt, 13001. ☎ 04-91-42-74-38. • info@azur-hotel.fr • azur-hotel.fr • Ⓜ et Ⓣ Réformés-Canebière. Doubles 80-110 € ; familiales.* Situé dans une rue pentue assez passante, derrière l'église des Réformés, un hôtel familial qui se transmet depuis 4 générations ! Sur 4 étages (pas d'ascenseur), des chambres charmantes avec clim, toutes de taille différentes (standards pas bien grandes) et idem côté déco. Préférez celles côté cour-jardin, plus calmes. Au 4e étage, elles sont mansardées. Le petit déj se prend dans la cour arborée. Accueil aimable. Un bon rapport situation-prix.

🏠 ***Maison Saint-Louis*** *(plan détachable, E4,* ***23****) : 2, rue des Récolettes (cours Saint-Louis), 13001. ☎ 04-91-54-02-74. • hotel@maison-saintlouis.com • hotel-maison-saintlouis.com • Ⓜ Noailles. Doubles 115-180 € ; familiales (jusqu'à 6 pers).* Au cœur du quartier populaire de Noailles, cette belle façade XIXe s abrite un petit hôtel de charme rénové. L'ascenseur mène à des chambres élégantes côté cour ou côté rue, avec double vitrage et clim, mansardées au 6e étage. Balcon en fer forgé pour certaines. Petit déj à prendre au *Petit Saint-Louis,* le café du rez-de-chaussée qui fait aussi bistrot.

## Quartiers de la Préfecture et du cours Julien

### De prix moyens à plus chic

🏠 ***Hôtel Maison Montgrand*** *(zoom 1 détachable, D-E5,* ***18****) : 35, rue Montgrand, 13006. ☎ 04-91-00-35-20. • hotel@maison-montgrand.com • hotel-maison-montgrand.com • Ⓜ Estrangin-Préfecture. Doubles 80-150 € ; familiales et apparts.* L'hôtel particulier rénové abrite la réception, 2 boutiques façon *concept store* et un resto qui a investi la superbe cour intérieure (voir plus loin « Où manger ? »). Les chambres, elles, se trouvent dans 3 annexes situées en face. Au programme, un style contemporain avec un bon niveau de confort. Grandes chambres pour les familles et appartements tout équipés. Accueil pro et alerte.

🏠 🍽 ***Mama Shelter*** *(plan détachable, F5,* ***22****) : 64, rue de la Loubière, 13006. ☎ 04-84-35-20-00. • marseille@mamashelter.com • mamashelter.com/marseille • Ⓜ Notre-Dame-du-Mont/Cours-Julien. Doubles 79-109 € ; petit déj-buffet 18 € ; carte 30-35 €. Parking payant.* Fruits de l'association entre le designer Philippe Starck et le groupe Trigano, les hôtels *Mama Shelter* déploient leur concept urbain et branché aux 4 coins de l'Hexagone. Ici, dans le quartier du cours Julien, ils cassent les codes en proposant une alternative à l'hôtellerie traditionnelle : un lieu de vie, de rencontres et d'échanges, comme en témoigne le monde qui se presse au bar ou au restaurant. Lits ultra-confortables disposés au milieu de chambres plus ou moins grandes mais toujours bien agencées et équipées de TV, clim et minifrigo. Soirées DJ du jeudi au samedi soir.

**Hôtel Edmond Rostand** *(plan détachable, E6,* ***21****) : 31, rue Dragon, 13006. ☎ 04-91-37-74-95. • info@hoteledmondrostand.com • hoteledmondrostand.com • Ⓜ Estrangin-Préfecture. Doubles 70-100 €.* Un petit hôtel central d'une dizaine de chambres, dans une rue tranquille du quartier des antiquaires, non loin de la maison natale d'Edmond Rostand. Comparées à la réception et au café, fort accueillants, les chambres se révèlent assez basiques, étriquées mais fonctionnelles (clim, TV et double vitrage). En journée, salon de thé dans l'accueillant *Café Edmond* du rez-de-chaussée. Minuscule ascenseur jusqu'au 3e étage, puis escalier jusqu'au 4e.

## Quartiers de la gare Saint-Charles et Belsunce

### De bon marché à chic

**Chambre d'hôtes chez Marie** *(plan détachable, F3,* ***30****) : 17, pl. Alexandre-Labadie, 13001. 06-63-45-60-18. • mariebotella@free.fr • Ⓜ Réformés-Canebière. Double 70 €.* La sympathique Marie habite entre la gare Saint-Charles et La Canebière, au 3e étage d'un immeuble Art déco donnant sur une rotonde arborée. Dans son appartement à l'ancienne un rien kitsch, une seule chambre mais calme et fort agréable, avec une grande salle de bains indépendante. Si elle n'est pas libre, sa fille en loue également une au même tarif, sur le boulevard d'Athènes. Excellent accueil, de mère en fille.

**Pension Edelweiss** *(plan détachable, E3,* ***35****) : 6, rue Lafayette, 13001. 06-17-92-87-21. • info@pension-edelweiss.fr • pension-edelweiss.fr • Ⓜ Gare-Saint-Charles. Au 1er étage. Doubles 86-96 €, petit déj inclus ; familiale.* Un superbe appartement au style début XXe, avec un bel escalier en bois et une déco délicieusement rétro, très prisé des artistes et parfois même privatisé lors d'événements culturels. 5 grandes chambres (dont 1 familiale) pleines de charme, avec salle de bains privée. La familiale possède une grande terrasse et donne côté cour, comme l'une des chambres doubles. Les 3 autres donnent côté rue, assez calme. Excellent accueil.

**Alex Hôtel** *(plan détachable, E3,* ***19****) : 13-15, pl. des Marseillaises, 13001. ☎ 04-13-24-13-24. • reservation@hotelalex.fr • alex-hotel.fr • Ⓜ Gare-Saint-Charles. Doubles 100-200 €.* Juste à côté de la gare, donc pratique, un hôtel contemporain aux couleurs acidulées. Agréable lobby dans les tons bleu et gris, et du carrelage un peu partout. À chaque étage, sa couleur, et des chambres avec salles de bains spacieuses, coffre, double vitrage. Le must, ici, c'est le loft à 2 chambres et sa terrasse dominant le quartier du Panier. Petit déj buffet varié. Spa *(payant)*. Accueil pro et souriant.

## Quartiers du Stade Orange Vélodrome et du Prado

### De prix moyens à chic

**Hôtel Le Corbusier** *(plan Marseille – Les plages, K9,* ***169****) : La Cité radieuse, 280, bd Michelet, 13008. ☎ 04-91-16-78-00. • albange@club-internet.fr • hotellecorbusier.com • Ⓜ Rond-Point-du-Prado puis bus nos B1 ou 22, arrêt Le Corbusier. Doubles 85-182 € ; au resto* Le Ventre de l'Architecte *(ouv mar-sam), menus 32 € (déj)-52 €. Parking gratuit.* Bienvenue dans le seul hôtel au monde logé dans un édifice Le Corbusier, et à ce titre inscrit au Patrimoine mondial de l'Unesco ! C'est au 3e étage de la Cité radieuse que se trouve la « rue des commerces » abritant le resto et la réception de l'hôtel. Les chambres, réparties sur plusieurs niveaux, cultivent l'esprit de l'architecte tout en répondant au confort actuel. Les moins chères sont sommaires et minuscules mais récemment rénovées ; elles ont leur propre sanitaire et un lit en 140 ; les plus grandes font 32 m² et offrent une vue sur la mer au loin. Dormir ici est, en fait, une expérience culturelle. On devient, le temps du séjour, résident de la copropriété de la Cité radieuse, avec un libre accès au tennis, au toit-terrasse, au parc (jeux pour enfants) et à la pataugeoire ! Pour les curieux, l'office de tourisme y organise des visites guidées (voir plus loin « À voir. À faire »), mais sachez qu'on peut aussi visiter librement le 3e étage et le toit-terrasse (du moins la partie publique) toute l'année !

## *La Corniche et les plages*

### De prix moyens à chic

**Hôtel Le Mistral** *(plan Marseille – Les plages, J10,* ***172****) : 8, av. des Goumiers, 13008. ☎ 04-91-73-44-69. • contact@hotellemistral.fr • hotelle mistral.fr • Ⓜ Rond-Point-du-Prado, puis bus no 19, arrêt Vieille-Chapelle. Doubles 84-130 € ; familiales.* Idéalement placé pour celles et ceux qui souhaitent combiner visites et farniente (la plage est à 2 pas), ce petit hôtel classique mais bien tenu fera très bien l'affaire. Avec double vitrage, les chambres, climatisées et toutes différentes, sont distribuées sur plusieurs étages sans ascenseur. Elles donnent soit côté rue, soit côté mer (moyennant un petit supplément), et l'une d'elle dispose même d'une terrasse.

**Chambres d'hôtes Villa Valflor** *(plan Marseille – Les plages, J10,* ***175****) : 13, bd Molinari, 13008. ☎ 04-91-72-03-54. • villa-valflor@wanadoo.fr • villavalflor.com • Ⓜ Rond-Point-du-Prado, puis bus no 19, arrêt Vieille-Chapelle. Doubles 125-150 € ; gîtes 700-910 €/sem. Parking gratuit.* Presque au bord de l'eau (la plage de la Pointe Rouge est à portée de tongs) mais nichées au calme dans une ruelle, 5 chambres d'hôtes – dont une avec terrasse – dans une bastide du XIXe s, plus 2 apparts pour 4 personnes avec terrasse privée. La propriétaire a su en faire une maison chaleureuse, avec une déco cossue d'inspiration italienne. Grande véranda donnant sur un jardin verdoyant doté d'une petite piscine. Les chambres, toutes climatisées, sont situées à l'étage et bénéficient d'une belle hauteur sous plafond, de grandes salles de bains et d'un charme suranné. Les apparts, situés dans un coin du jardin, sont plus modernes.

### Beaucoup plus chic

**Hôtel Les Bords de mer** *(plan détachable, A5,* ***29****) : 52, corniche Kennedy, 13007. ☎ 04-13-94-34-00. • reservations@lesbordsdemer.com • lesbordsdemer.com • Doubles 250-500 € ; petit déj 25 €. Resto sur résa tlj. Carte 50-60 €.* Au début de la route de la Corniche, à côté de la plage des Catalans, cet hôtel offre des chambres contemporaines et lumineuses avec une vue sublime sur la mer. Des photos vintage viennent égayer des murs immaculés qui s'accordent avec un mobilier sobre en bois clair. La plupart des chambres sont prolongées d'un balcon ou d'une terrasse. Au 5e et dernier étage, un couloir de nage pas bien long mais toujours panoramique ; côté bien-être, spa au sous-sol (sauna, hammam, fitness et piscine intérieure). Au resto, demander les tables au plus près des baies vitrées pour garder les yeux rivés sur la grande bleue. Pour siroter un cocktail cheveux au vent, direction le *rooftop* (ouvert selon la météo).

## Où manger ?

Évidemment, Marseille évoque la bouillabaisse, et tout un tas d'autres recettes poissonnières bien typiques, à déguster dans des restos qui n'ont pas bougé depuis des années. Mais Marseille, au carrefour des cultures, accueille une diversité culinaire aussi variée que les nationalités qui y ont trouvé refuge. Cantines de quartier maghrébines et ouest-africaines bon marché foisonnent en plein centre-ville, l'Italie y rayonne avec la légendaire « pizza moit-moit » (une 2 en 1, quoi !), sans oublier les tables qui proposent une cuisine inventive, dans l'air du temps, privilégiant la qualité et la provenance des produits. Attention, de nombreux restos sont fermés le dimanche soir et le lundi.

MARSEILLE

### Du Vieux-Port à la Joliette, par le quartier du Panier et la rue de la République

Attention, la plupart des restos du Panier ne sont ouverts qu'au déjeuner.

## Sur le pouce

**Maison Geney** *(zoom 1 détachable, C4,* ***74****) : 38, rue Caisserie, 13002. ☎ 04-91-52-44-82. • maison geney@gmail.com • Ⓜ Vieux-Port/Hôtel-de-Ville. Tlj 9h30-18h, sauf dim-lun. Fermé 3 sem en août. Formules 9-12,90 € ; focaccie et salades 4-6,50 €.* Au pied du Panier, ce snack gourmand propose un bel éventail de tartes et gâteaux faits sur place et des formules du jour bon marché : *focaccia, wrap,* soupes, salade ou plat du jour, accompagné d'une minisalade ou d'un dessert. Également des glaces *Emki Pop,* naturelles et de fabrication locale. Une chouette adresse qui a conquis les habitants du quartier !

**Les Halles de la Major** *(zoom 1 détachable, C3,* ***44****) : quai de la Tourette. Bus n° 82, arrêt La Major. Tlj, midi et soir.* Les soubassements de la Major, voûtes utilisées jadis comme chais qui recevaient les vins venus d'Algérie, accueillent désormais un marché avec des stands variés. On déambule de l'un à l'autre avant de porter son choix sur des produits frais et de qualité cuisinés sous vos yeux.

**Chez Fanny** *(zoom 1 détachable, D4,* ***47****) : 28, rue Bonneterie (angle Grand-Rue), 13002. ☎ 04-91-44-25-85. Ⓜ Vieux-Port/Hôtel-de-Ville. Ouv lun-ven 9h-17h. Fermé le w-e. Formules déj 8-10 €.* Cette « sandwicherie d'autrefois » face à l'hôtel de Cabre est un kiosque d'angle avec quelques tables sur le trottoir et un comptoir où s'accouder. Une halte simple où tout est fait maison avec légumes de saison. Chaque jour, un plat mijoté, des burgers et des sandwichs. Le matin, jus frais, panisse et café.

**Pasta di Lala** *(zoom 1 détachable, C4,* ***43****) : 15, rue Henri-Tasso, 13002. ☎ 04-91-19-79-93. Ⓜ Vieux-Port/Hôtel-de-Ville. Tlj, sauf sam ap-m et dim, 10h (9h sam)-14h30, 16h30-19h. Sandwichs moins de 10 € ; plats chauds 6-12 €.* Un peu cachée entre le Vieux-Port et la place de Lenche, cette petite épicerie italienne affiliée au resto voisin propose un beau panel de produits transalpins. Au déjeuner, on profite de quelques bons plats cuisinés (prix au poids) ou de sandwichs préparés minute garnis de fromage et charcutaille à la découpe, le tout à emporter. Superbe accueil.

## Bon marché

**Grain de Sable** *(zoom 1 détachable, E4,* ***51****) : 34, rue du Baignoir, 13001. ☎ 04-91-90-39-51. Ⓣ Belsunce Alcazar. Lun-ven, le midi seulement. Résa fortement conseillée. Formules 14-20 €.* Anne et Julien ont parcouru le monde en tant qu'humanitaires avant de poser leurs sacs à Marseille où ils œuvrent désormais pour une cuisine bio, locale et responsable, entièrement concoctée sur place. Dans leur petit resto planqué du quartier de Belsunce, prenez place en mezzanine ou sur les quelques tables dans la ruelle veillée par Pinocchio, vous nous en direz des nouvelles.

**Wood** *(zoom 1 détachable, D4,* ***48****) : 8, rue de la Guirlande, 13002. ☎ 04-91-91-93-42. • contact.res taurantwood@gmail.com • Lun-ven 7h30-16h30, plus le soir mar, ven et sam en été. Carte 20-25 €.* En retrait du Vieux Port, une cantine dynamique qui assure du petit déjeuner jusque dans l'après-midi. Pas d'esbroufe, mais une carte qui suit les saisons et le marché, des salades vitaminées et des burgers réussis (pain maison). C'est frais, savoureux, et le plat du jour tient ses promesses.

**Bobolivo** *(zoom 1 détachable, C4,* ***89****) : 29, rue Caisserie, 13002. ☎ 04-91-31-38-21. • bobolivo@ orange.fr • Ⓜ Vieux-Port/Hôtel-de-Ville. Fermé fin août. Lun-ven, plus sam soir ; fermé sam midi et dim. Formule déj 19 € ; carte 30-40 €.* Dans une espèce de décor de théâtre patiné où l'on se sent tout de suite bien, ce resto sert une cuisine de bistrot sincère, goûteuse et servie généreusement. Bons produits, sens des épices, simplicité...

Plus des grillades au feu de bois irrésistibles. Service pro.

**Le Clan des Cigales** *(zoom 1 détachable, C3, **61**) : 8, rue du Petit-Puits, 13002. 06-63-78-07-83. • b.fraysse@sfr.fr • Sadi-Carnot. Au déj mar-sam ; plus jeu-ven 19h-21h30 (juin-sept). Fermé en janv. Résa conseillée. Plat du jour 17 €, formule 23 €.* Au cœur du Panier, une salle dans son jus et une belle terrasse ornée d'un poulpe au mur... que l'on retrouve parfois en salade, mais frais, bien sûr ! Sympathique sélection de spécialités provençales préparées avec des produits du marché, le plus possible bio et locaux. En plat du jour, souvent du poisson, et une assiette végétarienne qui ne manque ni de goût ni de couleurs. Accueil enjoué et franc du collier.

**Étienne** *(zoom 1 détachable, D3, **90**) : 43, rue de Lorette, 13002. 06-16-39-78-73. Sadi-Carnot. Tlj sauf mer et dim. Carte 15-25 €.* Même si Étienne, une figure locale du quartier, s'est éteint, son tour de main se perpétue toujours. On y est d'ailleurs serré comme les ingrédients de sa fameuse pizza aux anchois. Ici, la plupart des clients se connaissent, se saluent, ça vibrionne autour des viandes grillées au feu de bois ou des assiettes de supions. Une véritable institution que cette « pizzaria ».

**Chez Angèle** *(zoom 1 détachable, C4, **46**) : 50, rue Caisserie, 13002. ☎ 04-91-90-63-35. • oluccabeatrice@gmail.com • Vieux-Port/Hôtel-de-Ville. Tlj. Formule déj 12 € ; pizzas 9-18,50 €.* Depuis 1937, on déguste ici de fameuses pizzas au feu de bois, reconnues dans tout Marseille. Car si les proprios ont changé aujourd'hui (depuis le temps !), ils perpétuent les recettes d'autrefois. Pour vous attabler en terrasse, un conseil, réservez !

## De prix moyens à chic

**Le Môle Passedat** *(plan détachable, B4, **50**) : les différents restaurants du Mucem, 1, esplanade du J4, 13002. ☎ 04-91-19-17-80. Fermé mar. À **La Cuisine** (déj seulement ; sans résa), buffet froid à volonté 19,50 € (24,50 € avec dessert, 35 € avec le plat du jour) ; à **La Table,** menus 55 € au déj, 75 € le soir ; au **Café** (ouv tte la journée), plat du jour à partir de 18 €.* Sous la houlette du chef triplement étoilé Gérald Passedat, 3 restaurants pour toutes les bourses. Si les prix décollent à **La Table,** le restaurant raffiné avec ses tables dressées face à la mer, la cantine adjacente, **La Cuisine,** est un bon plan ! Un plantureux buffet froid, varié et appétissant : légumes frais, *mezze,* salades rafraîchissantes, poissons, charcuteries, desserts gourmands. C'est aussi beau que bon, et les jours de canicule, on apprécie la fraîcheur de la salle climatisée ! Enfin, dans l'enceinte du fort, chouette terrasse au **Café,** à l'intérieur sobre et contemporain. Côté cuisine, des plats joliment tournés. Des escales de qualité après la visite du Mucem.

**La Table de l'Olivier** *(plan détachable, C3, **49**) : 56, rue Mazenod, 13002. ☎ 04-91-91-17-04. • latabledelolivier@free.fr • M et T Joliette. Ouv le midi lun-ven, plus le soir ven. Fermé le soir (lun-jeu) et tte la journée le w-e. Menus déj 25 €, puis 45-57 € ; bouillabaisse 49 € (46 € à emporter). Apéritif maison offert sur présentation de ce guide.* Une belle surprise de découvrir dans cette rue un peu grise un petit gastro rouge comme le plaisir. Aux manettes, Gilles Carmignani, qui a bourlingué dans de grandes cuisines en France, en Belgique et outre-Manche. Bon rapport qualité-prix dans le menu du midi, mais sa cuisine d'auteur s'exprime vraiment dans les menus suivants, et à la carte. Sa grande spécialité, la bouillabaisse, mais aussi les encornets farcis aux pieds paquets.

## De chic à très chic

**Une Table au Sud** *(zoom 1 détachable, D4, **60**) : 2, quai du Port, 13002. ☎ 04-91-90-63-53. • unetableausud@wanadoo.fr • Vieux-Port/Hôtel-de-Ville. Tlj sauf dim soir-lun. Fermé 2 sem début janv, 2 sem en août et à Noël. Menus déj mar-ven 39 € (56 € avec 2 verres de vin et café), puis 78, 95, 120 et 168 €.* Table éclatante de soleil au 1er étage d'une maison avec vue sur le Vieux-Port. Une montée d'escaliers

MARSEILLE

d'anthologie qui déjà « vous fait tourner la tête », un sourire chaleureux à l'accueil, un ballet de serveurs bien réglé et une cuisine assez époustouflante. Ludovic Turac est l'un des jeunes chefs les plus remuants et créatifs de Marseille. Avant même la trentaine, il avait déjà vu s'allumer sa 1re belle étoile. Avec sa femme Karine, sommelière, ils défendent le goût, le terroir, mais aussi les légumes méconnus et les plats oubliés.

**Le Miramar** *(zoom 1 détachable, D4,* ***52****) : 12, quai du Port, 13002. ☎ 04-91-91-10-40. • contact@bouillabaisse.com • Ⓜ Vieux-Port/Hôtel-de-Ville. Tlj sauf lun. Bouillabaisse célébrissime (ou bourride, sur commande) 69 €. Carte env 80 €, pas de menus. Apéro maison offert sur présentation de ce guide.* Une institution dont certains caïds marseillais avaient fait leur table bien avant les politiciens locaux. Christian Buffa, passé par les cuisines de Bocuse, prépare une magnifique bouillabaisse et de superbes poissons pêchés au bout des lignes des palangriers locaux ou minutieusement choisis à la criée de Marseille. Grande terrasse face au port. Dommage qu'il y ait autant de roulis dans le service...

## Quai Rive-Neuve, quartiers de l'Opéra et de Saint-Victor

### Sur le pouce

**L'Infusion** *(zoom 1 détachable D5,* ***70****) : 1, rue Molière, 13001. ☎ 09-52-86-06-86. Lun-sam 9h30-19h. Formules 13,50-15,50 € ; plats 6-10 €. Pour la commande d'une formule, café offert sur présentation de ce guide.* Face à l'Opéra, un bar à thé joliment décoré où l'on se précipite pour une fringale gourmande dès le petit déjeuner (oh ! les bons pancakes au thé matcha !). Pas de menu long comme le bras, mais des plats sains concoctés par la Maison Geney, située au pied du Panier : soupes, *focaccia*, salades, tourtes et 2 plats chauds au choix. Côté douceurs, cookies, 4 quarts, fondants à se pourlécher les babines ! À arroser d'un thé (vert, noir ou blanc, glacé en été), d'un café ou d'une infusion. On ne s'en lasse pas, d'autant plus que la carte change souvent.

### Bon marché

**Pain à l'Ail** *(zoom 1 détachable, D4,* ***56****) : 5, rue de la Tour, 13001. ☎ 09-51-98-23-71. • painalail.contact@gmail.com • Ⓜ Vieux-Port/Hôtel-de-Ville. Tlj 8h-18h sauf dim. Compter 7 € le sandwich. Formules 11,90-13,90 €.* Bel échantillonnage de plats typiquement méditerranéens déclinés en sandwichs à consommer sur le pouce ou attablé dans la rue bien ombragée en été. Glace *Emki Pop* et bière artisanale pour parfaire cette escale. Bien aussi pour une pause matinale. Accueil souriant.

**Au Falafel** *(zoom 1 détachable, D5,* ***40****) : 5, rue Lulli, 13001. ☎ 04-91-54-08-55. • aufalafel.lulli@gmail.com • Ⓜ Vieux-Port/Hôtel-de-Ville. Tlj sauf ven soir et sam. Pitas 8-12 € ; plats 13-26 €.* Derrière l'Opéra, une adresse de poche qui étire ses tables sur le trottoir aux beaux jours (sinon, salle avec mezzanine). On se régale d'une pita (*shawarma*, boulettes de bœuf au cumin, merguez), d'une assiette mixte avec falafels, houmous, foies de volaille, ou royale qui inclut salade marocaine, *kefta* et brochettes également. Le tout servi avec caviar d'aubergine et poivrons grillés... Une fraîcheur irréprochable !

**La Casertane** *(zoom 1 détachable, D5,* ***55****) : 71, rue Francis-Davso, 13001. ☎ 04-91-54-98-51. • stefsecchi@gmail.com • Ⓜ Vieux-Port/Hôtel-de-Ville. Tlj sauf dim et j. fériés ; service 12h-14h30. Plats 14-20 €.* Une valeur sûre en termes de produits italiens de qualité ! Assiettes d'*antipasti* et de charcuterie pour se faire plaisir. Et si vous avez encore faim, optez pour des raviolis ou le petit choix de plats à l'ardoise. Épicerie fine pour faire son marché.

**Il Canaletto** *(zoom 1 détachable, D5,* ***94****) : 8, cours Jean-Ballard, 13001. ☎ 04-91-33-90-12. Ⓜ Vieux-Port/Hôtel-de-Ville. Tlj sauf lun. Fermé fin juil-fin* *août. Pâtes et plats 13-18 €. CB refusées.* Une bonne vieille adresse italienne installée ici depuis longtemps et qui n'a pas vu le temps passer. Comme là-bas, cuisine de qualité régulière et à prix raisonnables. Poisson d'une belle fraîcheur, pâtes cuites juste comme il faut.

## De prix moyens à chic

**La Femme du Boucher** *(plan détachable, E6,* ***53****) : 10, rue de Village, 13006. ☎ 04-91-48-79-65. • lafemmeduboucher@gmail.com • Ⓜ Castellane. Lun-ven 12h-14h ; plus le soir lun, jeu et ven 20h-23h. Fermé le w-e. Formules et menu midi 20-23 € ; carte le soir 40-50 €.* Laëtitia Visse, une jeune chef pleine d'envie, a décidé de reprendre le local de cette ancienne boucherie. Elle en a conservé l'esprit originel en proposant une cuisine bistrotière résolument carnivore, généreuse et finement réalisée. Plats conviviaux de type saucisse-purée revisités à sa manière. À déguster dans l'arrière-cour arborée au fond du resto ou sur les quelques tables en salle face à la cuisine.

**O² Pointus** *(zoom 1 détachable, C5,* ***83****) : 44, quai Marcel-Pagnol, 13007. ☎ 04-91-33-81-40. • o2pointus@free.fr • Bus nos 82 ou 83, arrêt Fort-Saint-Nicolas. Tlj sauf 25 déc. Résa fortement conseillée. Carte env 25 € à midi et 40 € le soir.* Posé à l'entrée du Vieux-Port, entre les forts Saint-Jean et Saint-Nicolas, le restaurant du C.N.T.L. (le club nautique) a le pied marin, forcément. Depuis la terrasse de la barge flottante, on voit passer les bateaux en dégustant une flottille de plats pas bateaux du tout. Bref, une adresse semi-gastro et plutôt chic (n'y venez pas en tongs...), dans une salle panoramique ou sur le pont arrière que bénit la Bonne Mère. Très bon accueil.

**L'Aromat** *(zoom 1 détachable, D5,* ***42****) : 49, rue Sainte, 13001. ☎ 04-91-55-09-06. • resalaromat@gmail.com • Ⓜ Vieux-Port/Hôtel-de-Ville. Tlj sauf sam midi, dim et lun soir. Fermé à Noël et le jour de l'an. Au déj (sauf dim et j. fériés), formules 18-23 € ; menus 42-62 €. Apéro maison offert sur présentation de ce guide.* Une cuisine méditerranéenne adaptée avec amour et humour à notre temps, servie dans une salle blanche un poil solennelle. La fantaisie est dans l'assiette : le chef réinvente la cuisine du Sud. Si la carte suit le fil des saisons, le burger de bouillabaisse (oui, vous avez bien lu) et le pavé de bœuf fumé aux herbes de Provence restent des incontournables.

**Le Jardin de l'Orphéon** *(zoom 1 détachable, D-E5,* ***18****) : 35, rue Montgrand, 13006. ☎ 04-91-00-35-21. • restaurant@maison-montgrand.com • Ⓜ Estrangin-Préfecture. Lun-sam au déj, plus le soir mar-sam. Fermé dim et lun soir. Le midi, formules déj à l'ardoise 17-22 €. Le soir, menus 35-45 €.* Installé dans la superbe Maison Montgrand, l'*Orphéon* a investi l'arrière-cour arborée. Dans l'assiette, une cuisine bistronomique le midi à prix contenus et le soir, des plats plus élaborés aux saveurs surprenantes. Dans tous les cas, on passe un très bon moment dans un cadre confidentiel. Belles suggestions de vins et beaux cocktails. Terrain de boules.

**Le Chicoulon** *(zoom 1 détachable, D5,* ***59****) : 59, rue Grignan, 13006. ☎ 04-91-33-46-59. • contact@chicoulon.com • Ⓜ Vieux-Port/Hôtel-de-Ville. Resto lun-ven 12h-14h ; cave mar-sam 10h-20h (19h sam). Congés : 3 sem début août. Plat env 16 €, repas env 29 €.* Le *chicoulon,* c'est le terme provençal qui évoque la lichette qu'on écluse à la fin du repas. Ici, grâce à de subtils accords mets-vins, on déguste une cuisine du marché dont l'ardoise affiche 2 entrées, 2 plats, et basta ! Le tout dans le ravissant patio planqué à l'arrière de la boutique de ce caviste-restaurateur.

**La Passarelle** *(zoom 1 détachable, C5,* ***66****) : 52, rue du Plan-Fourmiguier, 13007. ☎ 04-91-33-03-27. • lapassarelle@gmail.com • Ⓜ Vieux-Port/Hôtel-de-Ville. Tlj avr (selon météo !)-oct. Carte 30-40 €.* À 2 pas du Vieux-Port, une adresse tenue secrète par sa situation, à l'abri des regards. On mange dans le jardin, sous la tonnelle, face à la cuisine installée de l'autre côté de la rue. Il en sort de jolies assiettes méditerranéennes, du style épaule d'agneau à la provençale,

MARSEILLE

salade du marché, poisson grillé, beignets de légumes, avec des plats et des desserts parsemés de fleurs comestibles... Accueil sans chichis.

**Coquille** *(zoom 1 détachable, D5, **57**) : pl. Thiars ; 8, rue Euthymènes, 13001. ☎ 04-91-54-14-13. • coquille.reservation@gmail.com • Ⓜ Vieux-Port/Hôtel-de-Ville. Tlj sauf lun et mar midi. Carte 20-40 €.* Ce grand bistrot fort élégant offre une superbe fresque marine en salle et une grande terrasse couverte. Ici, on vogue clairement sur les flots, avec du poisson cuisiné et des plateaux de crustacés, le tout à prix raisonnables. Et si vous avez le mal de mer, on se rabat aisément sur de bonnes pizzas cuites au feu de bois. Les soirs de week-end, l'ambiance est festive sur cette placette envahie par les bars et les restos. On y est plus au calme au déjeuner. Une très bonne option pour manger du poisson en centre-ville. Service efficace.

**Madame Jeanne** *(zoom 1 détachable, D5, **69**) : maison Buon, 84-86, rue Grignan, 13001. ☎ 04-86-26-54-16. Fermé dim-lun. Formule déj (mar-ven) 22 € ; carte midi 30-35 € ; menu unique le soir env 45 €.* Au bout du passage, un patio sous une treille et un gazon artificiel qui mènent à un espace d'expos temporaires. De part et d'autre, la cave à vins et le resto bon chic bon genre avec son mur végétal et ses plats inventifs. Présentation soignée qui ne fait que mettre en valeur des produits qui ont du goût, majoritairement issus de l'agriculture biologique. Côté vins (au verre, les prix cognent), de bonnes trouvailles parmi de petits domaines en biodynamie.

**Chez Loury – Le Mistral** *(zoom 1 détachable, D5, **93**) : 3, rue Fortia, 13001. Ⓜ Vieux-Port/Hôtel-de-Ville. ☎ 04-91-33-09-73. • info@loury.com • Tlj sauf dim-lun. Menu « Étape du Ravi » 34 € ; bouillabaisse 52 € ; carte env 50 €.* Une authentique bouillabaisse servie depuis plus de 40 ans dans cette adresse discrète qui s'est forgé une solide réputation. Le cadre est dans son jus, un poil désuet, tandis que la terrasse est tranquille. Certes, c'est une adresse bien « installée », mais les poissons grillés et les pieds paquets tiennent la rampe.

## *Autour de La Canebière (Belsunce et Noailles)*

### Très bon marché

Plein de petits restos maghrébins dans le quartier de Belsunce, notamment rue Francis-de-Pressensé *(zoom 1 détachable, D-E3)*, et dans le quartier de Noailles, bouillonnant, en particulier rue Rodolphe Pollak. Parmi les institutions, citons **Chez Yassine** *(plan détachable, E4, **67**) : 8, rue d'Aubagne, 13001. Tlj 11h-22h30.* Un tunisien bien dans la tradition (vente à emporter possible) ou encore le **Comptoir des Beaux-Arts** *(plan détachable, E4, **68**) : 15, rue Rodolphe-Pollak, 13001.* Reconnu pour ses sardines grillées servies avec frites et salade, sa *chorba* (soupe) et sa *kesra* (galette de semoule).

### Bon marché

**Chez Sauveur** *(plan détachable, E4, **67**) : 10, rue d'Aubagne, 13001. ☎ 04-91-54-33-96. • marseille@chezsauveur.fr • Ⓜ Noailles. Tlj sauf dim-lun. Pas de résa au déj. Pizzas 12-18 € ; carte 26 €.* Cette pizzeria, créée par Sauveur Di Paola en 1943, est connue pour ses croustillantes pizzas cuites au feu de bois. La carte propose sinon des bons plats de pâtes. S'il vous reste de la place pour un dessert, testez le tiramisù ou la panna cotta maison. À midi, parts de pizza à emporter. Excellent accueil.

**Pastels World** *(plan détachable, E4, **58**) : 29, rue d'Aubagne, 13001. ☎ 09-83-48-31-33. • pastelsworld@gmail.com • Ⓜ Noailles. Mer-sam 12h-16h. Fermé aussi le mer en basse saison. Plat du jour env 8 €. Formules 8,50-11,50 €. Café offert sur présentation de ce guide.* Un tout petit resto convivial et coloré où sont fabriqués avec cœur ces *pastels* sénégalais, des petits chaussons délicieusement farcis à la viande et/ou aux légumes. Au moins une proposition végétarienne et même une version sucrée ! On s'en met plein la panse sans se ruiner, installé sous les carrés de tissus suspendus au plafond. Possible aussi à emporter.

## De bon marché à prix moyens

*Le Fémina, Chez Kachetel* (plan détachable, E4, **65**) : *1, rue du Musée, 13001. ☎ 04-91-54-03-56. • kachetel.femina@hotmail.fr • Ⓜ Noailles. Tlj sauf dim soir-lun. Congés : août. Couscous 14-26 € (+ 4 € ou 5 € à l'orge).* Transmis « de père en fils et de mère en fille depuis 1921 » : voilà une institution marseillaise ! Pour beaucoup, on mange ici le meilleur couscous de Marseille ! Celui à base de semoule d'orge, typique de la kabylie, excellent pour la santé, est plus digeste que le blé... mais un poil plus lourd pour le porte-monnaie ! Vaste salle avec pierres apparentes et fresques naïves représentant la campagne de Kabylie.

*Épicerie L'Idéal* (plan détachable, E4, **80**) : *11, rue d'Aubagne, 13001. ☎ 09-80-39-99-41. • julia@epicerielideal.com • Ⓜ Noailles. Mar-sam 10h-16h, (plus tard ven-sam). Pas de résa. Compter 20-30 € pour un repas complet ; sandwich du jour env 12 €.* Une épicerie bobo en plein quartier populo, où se mêlent odeurs d'épices et de coriandre, il fallait oser. C'est ce qu'a fait Julia Sammut, ex-journaliste gastronomique et fille de Reine Sammut, chef étoilée de La Fenière, à Cadenet (Vaucluse). Résultat, une sélection d'artisans passionnés dont on retrouve les produits d'excellence dans les rayonnages. Quelques tables pour déguster le sandwich du jour, une salade ou les p'tits plats du jour aux saveurs métissées, fruits du choc culturel entre la patronne et son quartier.

## Chic

*La Boîte à Sardine* (plan détachable et zoom 2 détachable, F4, **75**) : *2, bd de la Libération, 13001. ☎ 04-91-50-95-95. • fabien@laboiteasardine.com • Au déj mar-sam et le soir jeu-ven. Carte env 35 €.* Devant l'église des Réformés, cette boîte à sardine en angle est peuplée d'habitués et d'un amoncellement d'objets... Une déco marine aussi savoureuse que la carte, qui évolue en fonction des prises du jour. Fraîcheur garantie : le chef s'approvisionne directement auprès des pêcheurs ! Une valeur sûre dans le quartier.

*La Mercerie* (plan détachable, E4, **62**) : *9, cours Saint-Louis, 13001. ☎ 04-91-06-18-44. • coucou@lamerceriemarseille.com • Jeu-lun le soir, plus le midi sam-dim. Résa recommandée. Formules déj 31-35 € ; le soir, menu 55 € (5 services).* L'une des adresses vedettes de ce quartier en plein boom. Béton brut et décor minimaliste, cuisine ouverte devant laquelle s'attabler au comptoir, tables en bois clair et grande terrasse abritée aux beaux jours... Dans l'assiette, des plats créatifs qui font mouche, concoctés par un chef anglais amoureux des bons produits. La formule déjeuner *(ven-dim uniquement)*, qui laisse le choix entre plusieurs plats, donne déjà un bel aperçu de son talent. Le soir, le menu unique réserve de belles surprises.

# Quartiers de La Plaine et du cours Julien

## Sur le pouce

*Chez Gilda* (zoom 2 détachable, F4, **91**) : *13, rue des Trois-Mages, 13006. 📱 07-83-98-13-22. • bounajima@yahoo.fr • Ⓜ Notre-Dame-du-Mont/Cours-Julien. Mer-dim, le soir uniquement (horaires changeants). Fermé généralement janv-fév. Portions 3-6 €.* Un bout de comptoir qui fait le bonheur des habitués. Panisses, petite friture, poulpe, houmous... À manger au comptoir ou au bar d'en face ! Simple et super sympa.

## De bon marché à prix moyens

*Les Trois Rois* (zoom 2 détachable, F4, **78**) : *24, rue des Trois-Rois, 13006. ☎ 04-91-53-44-84. • fabien13011@hotmail.fr • Ⓜ Notre-Dame-du-Mont/Cours-Julien. Ts les soirs sauf lun-mar. Formules 23-25 € ; à la carte env 30 €.* Dans cette salle contemporaine où les habitués saluent les cuistots dans leur antre, les touristes de passage bénéficient du même accueil chaleureux. Cuisine colorée et branchée : *tatakis* de viande ou de poisson, grillades, burgers. C'est frais, c'est maison, présenté avec verve et servi avec entrain.

**Marmarita** (plan détachable, F5, **92**) : 6-8, rue Saint-Pierre, 13006. ☎ 04-91-47-07-03. Ⓜ Notre-Dame-du-Mont/Cours-Julien. Fermé dim et lun midi. Menu 20 €. Derrière une façade quelconque, une salle d'un kitsch avéré évoquant logiquement l'Orient. Ceux qui connaissent déjà ce resto syrien viennent se régaler du menu maison avec un délicieux *mezze* en entrée, puis des brochettes d'agneau, avec *chiche taouk* et *kefta* à la crème, sans oublier les pâtisseries traditionnelles pour se lécher le bout des doigts.

**Caterine** (zoom 2 détachable, F5, **72**) : 27, rue Fontange, 13006. ☎ 04-91-77-72-85. • caterine.mrs@gmail.com • Ⓜ Notre-Dame-du-Mont/Cours-Julien. Tlj 10h-18h sauf dim-lun. Carte 25-40 €. Compter 10-15 € à emporter. Parfaite à l'heure de la pause, qu'elle soit matinale ou plus tardive, une cantine méditerranéenne tenue par 3 associées. Délicieux casse-croûtes à emporter, comme le « ciabathon » ou le kebab de poulpe, selon l'ardoise du jour. Et si vous êtes là pour rester, la petite cour arborée au fond du resto s'avère vraiment agréable pour déguster des plats là encore tournés vers le large (avec toujours une option végé) qui privilégient le goût et la fraîcheur des produits. L'après-midi, il y a de quoi picorer salé ou sucré. Très bon accueil.

**Limmat** (zoom 2, E5, **71**) : 41, rue Estelle (à mi-chemin des escaliers qui grimpent vers le cours Julien), 13001. ☎ 04-91-47-49-35. Au déj mar-ven, plus le soir jeu-sam. Plats 10-15 € ; compter 25 € pour un repas complet. Un resto rikiki tenu par Lili, débarquée du pays de Guillaume Tell. Sa cuisine est orientée végétarienne et bio, sans pour autant négliger la pêche du jour. Déco minimaliste (comme la carte d'ailleurs), vin nature et bière brassée localement. On s'y sent vite comme à la maison.

**La Cantinetta** (zoom 2 détachable, E4, **73**) : 24, cours Julien, 13006. ☎ 04-91-48-10-48. • contact@restaurantlacantinetta.fr • Ⓜ Notre-Dame-du-Mont/Cours-Julien. Tlj sauf dim ; service jusqu'à 22h30. Carte env 35 €. Désormais reconnue dans tout Marseille, cette *trattoria* s'anime dans la salle à l'ancienne ou, encore mieux, dans la belle cour du fond aux airs de guinguette. À l'ardoise, l'Italie revue et interprétée par un chef passionné par la gastronomie transalpine, respectueux des saisons, qui se fournit au marché bio voisin. Gage de fraîcheur, les suggestions changent tous les jours, avec en vedettes risotto, *pasta* (aux palourdes notamment), légumes marinés et une *burrata* crémeuse comme il se doit en *antipasti*...

## Quartier de Vauban (proche de Notre-Dame-de-la-Garde)

### Bon marché

**La Bonne Mère** (plan détachable, D6, **96**) : 16, rue du Fort-du-Sanctuaire, 13006. ☎ 04-91-58-22-05. Tlj sauf dim-lun, le soir seulement, plus à midi ven-sam hors saison. Pizzas 15-19 € (moins chères à emporter). CB refusées. La meilleure pizza de Marseille, quasiment à l'unanimité ! Du coup, souvent plein, et ce n'est pas bien grand... Jérémy travaille ses farines bio 24h avant d'enfourner dans son four à bois, voilà l'un de ses secrets. Et on aime les ingrédients de qualité rajoutés après la cuisson, comme la mozzarella de bufflonne, le jambon cru ou les tomates cerises. Résultat : de délicieuses pizzas et des estomacs aux anges !

## Au nord de la gare Saint-Charles (Cinq-Avenues, Longchamp et Belle-de-Mai)

### Sur le pouce

**Le Bar à Pain** (plan détachable, F3, **39**) : 18, cours Joseph-Thierry,

*13001. 06-45-17-37-33. Ⓜ et Ⓣ Réformés/Canebière. Tlj 8h-20h (18h sam), sauf dim-lun.* Discrètement implantée sur le cours Joseph-Thierry, cette petite boulangerie joue la carte de la sincérité et des matières brutes. Très bons pains et petite restauration sucrée-salée pour grignoter, à accompagner d'un thé ou d'un café et à déguster sur la terrasse. Farines et autres ingrédients issus de l'agriculture biologique.

## Bon marché

**La Cantine de Nour d'Égypte** *(plan détachable, F3, **63**) : 10, rue Bernex, 13001. ☎ 09-80-63-06-56. • lacantinenourdegypte@gmail.com • Ⓣ National. Tlj sauf ven midi et dim soir. Plats du jour 12-20 € ; sandwich falafel 6 € ; formule midi, sauf dim, 18 €. Délicieux brunch à volonté à 22 € le dim 10h30-16h30.* Assis à terre sur un pouf ou sur la magnifique terrasse sur le toit, on déguste des assiettes de *mezze* égyptiens ou des plats du jour savoureux : houmous, caviar d'aubergine, falafels aux herbes, soupes froides à la coriandre à accompagner de thé à la menthe ou d'infusion d'hibiscus... Ce resto (et centre culturel) chaleureux allie une déco mi-orientale mi-brocante à un service adorable. Pour la vente à emporter et de bonnes pâtisseries, c'est chez **Balady,** à un jet de pierre de là *(66, rue Consolat, angle Bernex).*

## Prix moyens

**Les Eaux de Mars** *(plan détachable, G3, **101**) : 135, rue Consolat, 13001. ☎ 04-91-07-61-36. • leseauxdemars.restaurant@gmail.com • Ⓣ Longchamp. Tlj 8h-23h, sauf dim-lun. Formule et menu déj 17-20 €. Le soir, tapas 6-12 €.* Installée dans le quartier Longchamp, au calme, cette table discrète s'impose aujourd'hui comme l'une des plus belles adresses marseillaises nouvelle génération. Intérieur chaleureux avec un grand comptoir, où l'on sert de bonnes bières pression, tableaux aux murs et tables en bois. Les quelques propositions à l'ardoise changent tous les jours et les plats sont aussi savoureux que soignés. Priorité aux produits frais et locaux, au goût et au détail, avec toujours une option végétarienne. Le soir, on change de carte avec des tapas à partager dans une ambiance animée. Équipe jeune, tant en salle qu'en cuisine. Une poignée de tables en terrasse dans la rue aux beaux jours.

**Les Grandes Tables de La Friche** *(plan détachable, F-G2, **100**) : 41, rue Jobin, 13005 (accès piétons et voitures 12, rue François-Simon). ☎ 04-95-04-95-85. • friche@lesgrandestables.com • Bus n^os 49 ou 52, arrêt Belle-de-Mai/La Friche. Tlj midi et soir. Plats 13-18 €.* Bienvenue dans le plus sympathique cadre *destroy* qui soit, le long des rails du train. Dans les anciens entrepôts de tabac aux murs de béton ou dans la cour en surplomb des skateurs. Immense salle et agréable terrasse. Cuisine du quotidien fraîche, avec une vraie touche créative. Pour les budgets serrés, petite restauration le midi au café de *La Salle des Machines.* Et si l'envie vous prend de pique-niquer, des tables sont prévues. En fin de semaine, les soirées se déroulent sur le *rooftop,* entre le bar à vins et la scène. Un bouillonnement culturel doublé d'une gastronomie décalée réjouissante !

# Du Pharo aux plages, au fil de la route de la Corniche

## Sur le pouce

**Dame Farine** *(plan détachable, B5, **54**) : 77, av. de la Corse, 13007. • mariechristine@damefarine.fr • Bus n° 81, arrêt Place-du-4-Septembre. Tlj 7h45-13h15, 15h-20h sauf dim-lun. Congés : août. CB refusées.* Cette petite boulangerie fait l'unanimité dans le quartier. Farines de meuniers locaux certifiées bio, œufs frais... Du bon pain, donc, à base de seigle, d'épeautre de Provence, aux fruits, aux figues ! Et puis des fougasses aux olives, des foccacias, du *tomatopain,* etc. Et même des jus de fruits et confitures. Délicieux !

## De bon marché à prix moyens

🍽 ***Le Baron Perché*** *(plan détachable, B6,* ***86****) : 45, rue Châteaubriand, 13007. ☎ 09-51-24-89-52. • lebaronperche@gmail.com • Bus n° 81, arrêt Place-du-4-Septembre. Mer-sam et mar midi. Fermé dim-lun et mar soir. Carte 25-30 €.* Un peu perché, justement, en haut d'une rue au calme non loin du Pharo, ce *Baron* abrite une adorable petite cour abritée où l'on peut déjeuner ou dîner en toute sérénité. Dans l'assiette, une cuisine italo-provençale plutôt créative, servie avec gentillesse.

🍽 🍸 ⛱ ***Chez Marco*** *(plan Marseille – Les plages, I8,* ***105****) : anse des Prophètes, 13007. ☎ 04-91-77-66-89. • restochezmarcomarseille@gmail.com • Juin-sept, tlj sauf lun et dim soir ; le reste de l'année, seulement à midi tlj sauf lun (en mai, ouv le soir jeu-ven). Plats 18-34 €.* Face à la plage, des spécialités italiennes plutôt bien tournées (*antipasti*, thon à la sicilienne, *spaghetti allo scoglio*...). Et en apéro, un *spritz* des familles, dont vous nous direz des nouvelles !

🍽 ***Les Akolytes*** *(plan détachable, B5,* ***41****) : 41, rue Papety, 13007. ☎ 04-91-59-17-10. • contact@lesakolytes.com • Bus n° 82, arrêt Plage-des-Catalans. Tlj sauf dim. Résa conseillée, surtout le soir. Formule déj en sem 18,50 €, plat du jour 12,50 € ; assiettes à partager 22-29 €/pers (2 ou 3 plats).* Ce bistrot moderne à la déco minimaliste (tables en fer et chaises en plastique *seventies*) bénéficie d'une vue superbe sur la baie des Catalans. Idéal pour un apéro au coucher du soleil, accompagné de petits plats servis comme des tapas « à la française », de bonne facture. Service jeune, comme la clientèle.

🍽 ⛱ ***Chez Jeannot*** *(plan détachable, A6,* ***82****) : 129, rue du Vallon-des-Auffes, 13007. ☎ 04-91-52-11-28. • contact@pizzeriajeannot.com • Bus n° 83, arrêt Vallon-des-Auffes. ♿ Tlj midi et soir (fermé dim soir-lun en basse saison). Pizzas 16-28 € ; carte 35-40 €.* Une institution reprise par *Fonfon* (voir plus loin), où l'on vient surtout pour le cadre, absolument pittoresque, avec ses barques amarrées, son vallon et son viaduc... Agréables terrasses, ensoleillées ou couvertes, et grande salle abritée du vent. Bonnes pizzas, mais aussi des poissons grillés et des fruits de mer pas mauvais, le tout servi copieusement.

## Plus chic

🍽 ***Chez Fonfon*** *(plan détachable, A6,* ***84****) : 140, rue du Vallon-des-Auffes, 13007. ☎ 04-91-52-14-38. • contact@chez-fonfon.com • Bus n° 83, arrêt Vallon-des-Auffes. Tlj sauf 23-24 déc. Résa indispensable, env 2 sem à l'avance le w-e. Bouillabaisse et bourride 55 € ; carte 50-60 €.* Un décor élégant pour déguster l'une des bouillabaisses les plus réputées de la ville. Elle régale vos narines dès l'entrée dans la salle. Sinon, craquez pour le poisson (prix au poids, prudence !) ou pour le panier du pêcheur *a la plancha*. Les tables proches de la fenêtre profitent du cadre magnifique du petit port du vallon des Auffes, plein de vie. Accueil et service très prévenants.

🍽 ***Chez Michel*** *(plan détachable, B5,* ***81****) : 6, rue des Catalans, 13007. ☎ 04-91-52-30-63. • restaurantmichel13@gmail.com • Tlj 12h-13h30, 20h-21h30. Résa indispensable. Bouillabaisse ou bourride 78 €.* De Fernandel à Picasso, en passant par Gainsbourg et Zidane, qui ne s'est pas délecté de la bouillabaisse de Michel, la meilleure de Marseille depuis 1946 ? Certes, l'addition n'a plus rien de populaire mais c'est peut-être le prix à payer pour la vraie recette traditionnelle. Dans cette vénérable institution face à la plage des Catalans (ni terrasse ni vue mer malheureusement), les poissons sont toujours sauvages et présentés entiers. Puis mijotés avec les pommes de terre dans un savoureux bouillon safrané, et enfin servis avec un certain tralala. Prévoir 45 minutes d'attente avant de vous taper la cloche. Inutile de prendre une entrée pour patienter (même si les supions sont fameux), la bouillabaisse est très généreuse. À tester au moins une fois dans sa vie !

## Où faire le plein de victuailles marseillaises ?

### Navettes et biscuits

***Le Four des Navettes de Saint-Victor*** *(plan détachable, C5, **189**)* **:** *136, rue Sainte, 13007. Bus nos 55, 60, 80 ou 81, arrêt Saint-Victor. Lun-sam 9h-19h, dim 9h-13h et 15h-19h. Également une autre boutique aux docs.* La plus ancienne boulangerie de Marseille, fondée en 1781, perpétue la tradition des navettes, dont la forme évoque la barque qui aurait amené Marie Madeleine, Marthe et Lazare depuis la Terre sainte. Four originel. Vendues au détail ou dans la traditionnelle boîte métallique.

***Les Navettes des Accoules*** *(zoom 1 détachable, C4, **181**)* **:** *68, rue Caisserie, 13002. Ⓜ Vieux-Port/Hôtel-de-Ville. Lun-sam 9h30-19h, dim 10h-18h.* Mmmh... que ça sent bon ! Chez les Orsoni, le père était cuisinier, la grand-mère boulangère. Il était logique que José, natif de Marseille, fabrique à son tour les traditionnelles navettes à la fleur d'oranger (confectionnées sans levure, elles se conservent longtemps), mais aussi des *canistrelli* (à l'anis, aux amandes, à l'orange, au chocolat), des croquants, de délicieux macarons (pur amande et miel) et des *cucciole* au vin blanc (spécialité d'origine corse).

***Boulangerie Aixoise*** *(zoom 1 détachable, E5, **182**)* **:** *45, rue Francis-Davso, 13001. Ⓜ Vieux-Port/Hôtel-de-Ville. Tlj 6h30-19h30, sauf dim et j. fériés.* Temple couru par les Marseillais, malgré son nom rappelant l'ennemi héréditaire (on plaisante !). Savoureux croquants, tuiles, navettes, pâtisseries provençales aux pignons, fruits secs et/ou fruits confits ! Quelques tables sur la rue.

### Chocolats

***Dromel Aîné*** *(plan détachable, F6, **184**)* **:** *19, av. du Prado, 13006. Ⓜ Castellane. Tlj, sauf dim, 9h-19h (parfois fermé à la pause déj en été).* Les dragées de toutes obédiences et les chocolats de la maison (depuis 1760 !) sont des trésors de finesse et de gourmandise. Ce chocolatier-confiseur à l'ancienne propose aussi navettes, macarons, marseillotes, etc. Pour Noël, on s'arrache les fameux marrons glacés. Choix de cafés torréfiés et de thés.

***Le Temps d'un Chocolat*** *(zoom 1 détachable, E5, **188**)* **:** *14, rue Haxo, 13001. Ⓜ Vieux-Port/Hôtel-de-Ville. Lun 13h-18h30, mar-sam 10h-18h30. Fermé dim. Congés : de mi-juil à mi-août.* Parmi les spécialités de Claude Krajner : les « tablettes marseillaises » qui mélangent au chocolat fruits secs, navettes ou crêpes dentelles. Tout aussi délicate, sa collection de ganaches et pralinés confectionnés à partir de grands crus de cacao et de saveurs fruitées.

### Pastis

***La Maison du Pastis*** *(zoom 1 détachable, C4, **186**)* **:** *108, quai du Port, 13002. Ⓜ Vieux-Port/Hôtel-de-Ville. Tlj avr-déc, 10h-19h (17h dim) ; plus aléatoire en hiver.* Une foultitude de grandes marques et de produits locaux ; en tout, quelque 95 types de pastis artisanaux dont certains maison.



## Où faire une pause sucrée-salée ?

***Teavora*** *(plan détachable, F3, **112**)* **:** *65, bd Longchamp, 13001. • teavora.marseille@gmail.com • Ⓣ Longchamp. Tlj 10h-23h, sauf lun. En été, ouv mar-ven 11h-15h, plus 18h-23h mar-sam.* Une cabane à thé originale, où l'on se sent bien. On sonne, puis on se déchausse pour se mettre les pieds dans le sable, avec du bon son dans les écoutilles et quelques en-cas salés, tapas ou pâtisserie maison dans le gosier. Côté breuvages, 85 références de thé noir, blanc, vert, et même jaune, des infusions et roibos qu'on retrouve en vrac à l'espace boutique mais aussi des bières artisanales et du vin du coin pour l'apéro.

***Torréfaction Noailles*** *(plan détachable, E4, **110**)* **:** *56, La Canebière, 13001. Ⓜ Noailles. Lun-sam*

*7h-19h, dim 10h-18h.* Un beau décor à l'ancienne sur ce boulevard « mythique ». Café moka, arabica, de Colombie ou du Brésil, on trouve de tout dans ce temple de La Canebière, même d'excellents caramels, chocolats, calissons et biscuits à l'achat. Jus de fruits pressés ou artisanaux. Un lieu toujours accueillant, parfait pour le petit déjeuner.

***Cafés Debout*** *(zoom 1 détachable, D5,* ***111****) :* *46, rue Francis-Davso, 13001. Ⓜ Vieux-Port/Hôtel-de-Ville. Tlj 8h45-19h, sauf dim.* Rénové il y a peu pour s'adapter au temps qui passe, ce torréfacteur maintient sa clientèle debout depuis... 1932 ! Une poignée de tables pour déguster cafés, thés, ou un bon chocolat chaud devant quelques douceurs à base de chocolat.

***Maison Blaize – Tisanerie et Herboristerie*** *(plan détachable, E4,* ***113****) :* *3-5, rue Méolan-et-du-Père-Blaize, 13001. Mar-sam 9h-18h30. Fermé dim-lun.* En face de l'herboristerie bicentenaire, la maison *Blaize* a ouvert un comptoir pour découvrir les vertus curatives et gustatives des plantes, cette fois-ci en tisane. À déguster avec une part de gâteau, sur place ou à emporter. Dégustation offerte et bon accueil de passionnés.

***Cup of Tea*** *(zoom 1 détachable, C4,* ***122****) :* *1, rue Caisserie, 13002. • cupoftea@hotmail.fr • Ⓜ Vieux-Port/Hôtel-de-Ville. Tlj 10h-18h sauf mar-mer, cuisine 12h-15h. Fermé entre Noël et Jour de l'an.* Un salon de thé-café-librairie accroché au Panier avec une hotte pleine d'ouvrages locaux et de vinyles. Joli décor intime avec une belle terrasse, abritée et végétalisée. Quiches et salades composées. Une soixantaine de thés des 5 continents, quelques tisanes et un très bon chocolat chaud.

## Où déguster une bonne glace ?

***Vanille Noire*** *(zoom 1 détachable, C4,* ***107****) :* *15, rue Caisserie, 13002. Ⓜ Vieux-Port/Hôtel-de-Ville. Mars-oct, tlj 12h30-19h (jusqu'à 23h ven-sam juin et sept et tlj de mi-juil à fin août).* Face à l'église des Accoules et sur une vaste terrasse, Nicolas vous fait partager son entrain pour la vraie glace maison et des sorbets intenses, comme celui au chocolat noir. Fruits frais et surtout vanille noire légèrement salée, fruit d'une recette secrète, *of course !*

***Le Glacier du Roi*** *(zoom 1 détachable, C4,* ***108****) :* *4, pl. de Lenche, 13002. Ⓜ Vieux-Port/Hôtel-de-Ville. Tlj (sauf mar-mer en hiver) 10h-18h et jusqu'à minuit ven-sam en été.* Au cœur du Panier, sur une jolie place envahie de terrasses, le glacier qui tombe à pic (à glace) quand la canicule est là... Des sorbets aux fruits frais sans conservateur ni colorant et, en *guest star,* la glace aux navettes (très sucrée !). Annexe à la plage des Catalans *(ouv en saison seulement, tlj sauf mar).*

## Où boire un verre en grignotant un bout ?

### *Quelque part in the city...*

***Carry Nation*** *(plan détachable, D5,* ***122****) :* *résas sur • carrynation.fr • On vous confirme par courriel le lieu et le mode d'accès... Tlj 19h-2h (18h ven-sam), sauf dim-lun.* Un extérieur qui n'a rien d'un bar... un code secret pour ouvrir la porte d'une fausse boutique, une penderie factice ouvrant sur un sombre couloir, et on atteint ce bar façon *speakeasy* américain. Carrie Amélia Nation n'était-elle pas cette pourfendeuse de la consommation d'alcool pendant la Prohibition américaine ? Serveurs avec borsalino (on est à Marseille, non ?), ambiance fox-trot, et un faiseur de cocktails inventif autant qu'expert qui s'agite avec brio derrière son bar. Les boissons ne sont pas données mais ne comptez pas sur nous pour balancer aux incorruptibles d'Eliot Ness !

## Quartiers du Vieux-Port et du Panier

**La Caravelle** (zoom 1 détachable, D4, **120**) : 34, quai du Port, 13002. ☎ 04-91-90-36-64. • anthony@hotel-marseille.pro • Ⓜ Vieux-Port/Hôtel-de-Ville. Au 1er étage de l'Hôtel Bellevue. Tlj 7h-2h. Concerts (jazz, blues, soul...) ts les mer et ven à 20h30 env (sauf juil-sept). Chèques refusés. Café offert sur présentation de ce guide. Voici le plus petit mais le plus joli balcon de la ville qu'on se dispute pour admirer la vue sur le port à toute heure de la journée. Salle à l'intérieur dans son jus qui joue une partition jazzy. Ouvert depuis 1938, le décor n'a pas bougé d'un iota.

**Bar de la Marine** (zoom 1 détachable, D5, **125**) : 15, quai de Rive-Neuve, 13007. Ⓜ Vieux-Port/Hôtel-de-Ville. Tlj 7h-3h. Pratiquement en face de l'embarcadère du ferry-boat, une adresse mythique qui traverse la tempête du temps avec ses moulures, son décor pittoresque et son bar en forme de carène de navire.

**Le Bar des Treize Coins** (zoom 1 détachable, C4, **126**) : 45, rue Sainte-Françoise, 13002. • bardes13coins@gmail.com • Ⓣ Sadi-Carnot. Tlj 9h-minuit (vers 21h hors saison), cuisine 12h-16h. Fermé nov et janv. Petit déj env 7 € ; repas env 20 €. Café offert sur présentation de ce guide (si repas pris). Avec son décor de carte postale, pas étonnant que le plus vieux café du Panier ait inspiré le bar de la série « Plus belle la vie ». Du coup, les touristes se mêlent désormais aux habitués qui campent au comptoir du matin jusqu'au soir... Une institution dans le quartier !

**Les Buvards** (zoom 1 détachable, D4, **146**) : 34, Grand-Rue, 13002. • lesbuvards@gmail.com • Ⓜ Vieux-Port/Hôtel-de-Ville. En été, tlj à partir de 17h, sauf dim-lun. Hors saison, ouv mar 10h-19h, mer-ven 10h-2h et sam 16h-2h ; fermé dim-lun, mar soir et sam midi. Congés : 1re quinzaine de janv et 2de quinzaine d'août. Cave à vins, cave à manger, qu'importe le titre. On vient là pour accompagner son vin d'un pied de cochon grillé, d'un jambon à l'os, d'un hareng pomme purée, et de petits plats à l'ardoise qui donnent soif.

**Le Barjac** (zoom 1 détachable, C4, **123**) : 21, pl. de Lenche, 13002. Tlj 16h-2h. Cocktails 6 €, bières 5 €. Qu'elle est chouette, la terrasse qui s'étire sur cette place animée, avec vue sur le port en contrebas et la Bonne Mère en face ! Une halte de choix pour un chicoulon (rasade) à l'heure de l'apéro ou lors des concerts du jeudi, aux côtés des habitués.

**The Babel Community** (zoom 1 détachable, D3, **129**) : 70, rue de la République. Lun-sam 8h30 (11h sam)-23h. Fermé dim. Heures joyeuses lun-sam 17h30-19h ; pintes de bière et cocktails 5 €. Derrière les portes d'un immeuble en pierre de taille situé dans cette large artère qui file jusqu'au Vieux-Port, une résidence de *co-working* très tendance. Bel espace aux larges volumes et plancher d'origine sous les bureaux, à l'étage. Sympa pour un verre dans une atmosphère musicale un poil bling-bling.

## Quartier de l'Opéra, cours d'Estienne-d'Orves, Saint-Victor

**Polikarpov** (zoom 1 détachable, D5, **127**) : 24, cours d'Estienne-d'Orves, 13001. • polikarpovmarseille@gmail.com • Ⓜ Vieux-Port/Hôtel-de-Ville. Tlj 8h-2h. Happy apéro 19h-21h. Le « Poli », peut-être le bar le plus populaire de cette place mythique... Son heure de gloire semble révolue, mais la terrasse séduit encore. À l'origine bar à vodkas, les cocktails se sont diversifiés et coulent à flots en fin de semaine, accompagnés pourquoi pas de tapas. Atmosphère électrique, bonne musique et DJ (*ven-sam*). Bien aussi pour boire un pot en journée.

**Le 143 rue Sainte** (plan détachable, C5, **128**) : 143, rue Sainte, 13007. • le143barabieres@yahoo.com • Bus n° 53, arrêt Sainte-Petit-Chantier. Tlj à partir de 16h30, sauf dim-lun. Au pays du pastis, on appréciera de venir écluser une mousse dans un joli cadre contemporain. À l'ardoise, une dizaine de bières à la tireuse et une vingtaine en bouteille... Parmi la sélection qui tourne, on trouve aussi des locales. Plateau de charcute pour éponger et billard sur la mezzanine.

**La Ruche** *(plan détachable, C5, **130**) : 128, rue Sainte, 13007. • repe respopulaires@gmail.com • Tlj à partir de 18h, sauf dim-lun.* Ça bourdonne de l'apéro jusqu'à tard le soir, dans cette ruche installée dans une ancienne charcuterie ! Le week-end, c'est vite plein à craquer ! Tentez de décrocher une table en mezzanine, on y est sacrément bien pour déguster un délicieux cocktail ! Pour accompagner les breuvages, tapas de qualité et petits plats pas ruineux. Super accueil.

**Le Café de l'Abbaye** *(zoom 1 détachable, C5, **139**) : 3, rue d'Endoume, 13007. Ouv en saison tlj 8h30 (15h30 sam-dim)-22h30.* Ce café de poche se contenterait d'être un tranquille rade de quartier s'il n'avait cette vue en surplomb du Vieux-Port ! Vite, commandez l'apéro au comptoir puis filez en terrasse pour ne rien perdre du coucher de soleil ! En soirée le week-end, c'est bondé et les gens n'hésitent pas à investir la rue tout autour. Belle sélection de bières et quelques petites assiettes pour grignoter à l'ardoise.

**Unic Bar** *(zoom 1 détachable, D5, **124**) : 11, cours Jean-Ballard, 13001. Ⓜ Vieux-Port/Hôtel-de-Ville. Tlj 9h ou 10h-4h (2h en hiver).* Une rade (d'oiseaux) de nuit, des jeunes, des moins jeunes, des voisins hâbleurs ou des marins baroudeurs, des rockers et des marginaux... Mais c'est vrai que le décor est foutraque, avec affiches, tableaux et photos qui racontent quelques chaudes soirées passées... Ambiance parfois un rien interlope.

## Le Vallon des Auffes

**Viaghji di Fonfon** *(plan détachable, A6, **84**) : 138, rue du Vallon-des-Auffes, 13007. 07-82-13-65-80. • contact@viaghjidifonfon.com • Bus n° 83, arrêt Vallon-des-Auffes. Tlj 17h jusque tard. Tapas 9-13 €.* Petit frère du prestigieux *Chez Fonfon*, ce bar à tapas renoue avec le passé populaire de ce délicieux port miniature. Face aux rafiots qui tanguent, on enchaîne volontiers les petits plats à partager à l'heure de l'apéro. La cuisine aux accents de l'île de Beauté, 100 % maison, a les petites imperfections de l'artisanat, mais des élans du cœur que la raison ne saurait renier...

## Réformés, le cours Julien et La Plaine

**La Tasca** *(plan détachable, G5, **132**) : 102, rue Ferrari, 13005. • communlatasca@gmail.com • Ⓜ Notre-Dame-du-Mont/Cours-Julien, puis 500 m à pied. Tlj à partir de 19h, sauf dim-lun. Tapas 4-8 €.* Voici un bar à tapas chaleureux qui s'est refait une beauté il y a peu. Cadre baroque, avec moulures et bougies fondues telles des sculptures. Honnêtes tapas servies au comptoir, en salle ou dans le jardin arboré, à accompagner d'une bouteille de vin espagnol ou sud-américain. Bonne musique de fond et personnel *muy simpático*.

**Vidéodrome 2** *(zoom 2 détachable, F4-5, **138**) : 49, cours Julien, 13006. ☎ 04-91-42-75-41. • video drome2.fr • Ⓜ Notre-Dame-du-Mont/Cours-Julien. Bar tlj sauf lun, 17h-2h (1h mar-mer ; minuit dim) ; projections autour de 20h ; vidéoclub mer et sam 15h-20h. Adhésion obligatoire pour les projections et le vidéoclub, pas pour le bar !* Ce bar rassemble une salle de projection avec un film projeté tous les soirs selon des cycles thématiques, ainsi qu'un fonds d'œuvres cinématographiques du monde entier à la location. Et si vous n'êtes là que pour l'apéro, le lieu est très agréable avec de grandes tablées installées sur le cours. Un endroit rare qui résiste aux envahisseurs... et qu'on se doit d'encourager !

**Café La Muse** *(zoom 2 détachable, F5, **140**) : 2, rue de Lodi, 13006. ☎ 04-91-37-91-79. • contact@cafela muse.fr • Ⓜ Notre-Dame-du-Mont/Cours-Julien. Tlj 7h-1h. Plats 13-15 € le midi et tapas 6-14 € le soir.* À l'angle de la rue des Bergers et de la rue de Lodi, assez passante, ce café dispose d'une terrasse bien sympa pour boire un verre à n'importe quelle heure de la journée. Et si vous avez faim, ça tombe bien, y'a de quoi se rassasier. Service jeune et souriant.

**La Baleine** *(zoom 2 détachable, F5, **135**) : 59, cours Julien, 13006. • labaleinemarseille.com • Ⓜ Notre-Dame-du-Mont/Cours-Julien. Tlj 12h-23h, sauf lun. Programmation et résa sur leur site.* Et pourquoi ne pas se jeter une mousse derrière la cravate après une toile ? Le cinéma d'art et d'essai, doublé d'un bistrot locavore, reste ouvert toute la journée pour la partie bar. Au frais sous les arbres, vous voici aux 1res loges pour mater l'animation du cours Ju !

**Eclectique** *(plan détachable, F3, **137**) : 30, cours Joseph-Thierry, 13001. Ⓜ Réformés/Canebière. Tlj sauf dim, de 8h jusque tard le soir.* En voilà un lieu qui porte bien son nom, tant l'offre est diversifiée du petit déj à l'apéro du soir ! Solides pâtisseries maison, plateaux végétaliens, végétariens ou « flexitariens » à picorer entre amis, cafés chinés chez des producteurs bio, jus requinquants et une offre de bières artisanales à faire baver une escouade de scouts !

**Le Bar à vrac** *(plan détachable, F4, **136**) : 65, allée Gambetta, 13001. Ⓜ Réformés/Canebière. Mar-ven 11h-19h, sam 10h-18h. Fermé dim-lun.* Aussi discrète qu'inattendue, dans un bel immeuble classé, une épicerie conviviale, responsable et solidaire où l'on peut s'assoir casser la croûte ou siroter un chti canon dans un décor d'apparat !

## *Quartiers Cinq-Avenues, Longchamp*

**Longchamp Palace** *(plan détachable, F3, **131**) : 22, bd Longchamp, 13001. ☎ 04-91-50-76-13. • longchamppalace@gmail.com • Ⓣ National. Tlj 8h (9h dim)-0h30 (plus tard jeu-sam). Fermé autour de Noël et du Jour de l'an.* Entre le palais Longchamp et les Réformés, un café-bar-bistrot bien connu dans le quartier. On s'installe au long comptoir le temps que se libère une table dans la superbe salle ou dans la petite cour située à l'arrière. Ambiance volontiers bruyante et animée en soirée ! Et s'il fait faim, on y sert une bonne cuisine bien du sud à prix justes.

**Café Monsieur Madame** *(hors plan détachable par G3, **134**) : 16, av. Maréchal-Foch, 13004. 📱 06-25-35-67-76. Lun-ven 8h-22h. Fermé le w-e.* Dans le quartier Cinq-Avenues, ce café-resto-cave à bières est le refuge d'une clientèle d'habitués. À l'intérieur, sur les murs et les étagères – jusque dans les w-c ! – est exposé un bric-à-brac d'objets chinés. Salon avec fauteuils pour les journées plus fraîches, sinon agréable terrasse dans la rue. Quelques plats pour se restaurer *(service continu ; plats 13-14 €)*, mais on préfère venir y boire un verre à l'heure de la pause. Il faut dire qu'avec 250 références de bières locales et internationales, il y a le choix ! Service peu souriant, on vous l'accorde !



# Où écouter de la musique ? Où sortir ?

Marseille vit plus que jamais à l'heure de l'apéro. Une « heure » qui peut durer une bonne partie de la soirée ! Pastis (dites « fly » pour faire couleur locale) et *kemia* (amuse-gueules) de rigueur. S'il vous reste des envies de prolonger la nuit, faites votre marché de flyers dans les bars : on y pêche l'actualité musicale, branchée ou alternative du moment. La ville regorge de bonnes adresses où écouter de la musique *live*.

**Évidemment, en raison de la période trouble due à la pandémie** du ***coronavirus,*** il se peut bien que certaines des adresses figurant ci-dessous soient fermées ne serait-ce que temporairement pour raison sanitaire. Dans ce cas, un petit coup de fil avant de s'y rendre ne mange pas de pain...

## Les quartiers qui bougent le soir

Sans être parano, ni exagérer la chose non plus, toutes les précautions de sécurité, surtout la nuit, s'appliquent à Marseille, de la même manière que dans toute grande métropole.

– *Autour du Vieux-Port,* le cours d'Estienne-d'Orves, la place Thiars, la place aux Huiles et le quai de Rive-Neuve font dans le mélange des genres, jeunes et moins jeunes, Marseillais et touristes en goguette. Bars, boîtes de nuit, restos, clubs plus ou moins privés, il y en a pour tous les goûts !

– Le *cours Julien* : le « cours Ju », c'est l'un des quartiers les plus vivants de la planète Mars(eille). Tous les styles se côtoient et investissent la rue sur fonds de Street Art et de terrasses prises d'assaut dès les 1^ers^ soleils (toute l'année, peuchère !).

– Les *bords de mer,* des Catalans à la Pointe-Rouge, au fil de la Corniche puis de la promenade Pompidou qui longent la mer, sont plutôt le fief (et davantage l'été) d'une clientèle plus friquée qui aime ce qui brille. Rien n'empêche de se concocter un pique-nique digne de ce nom et de s'installer au bord de l'eau, pour admirer le coucher du soleil !

– La *Joliette* : c'est le quartier des affaires et du shopping avec des immeubles de fadas qui poussent comme des champignons, comme la *Tour CMA-CGM* de Zaha Hadid, la « *Marseillaise* » de Jean Nouvel et le centre commercial des *Terrasses du Port.* Les fêtards y prennent de la hauteur. On y a même trouvé un lapin blanc.

– La *Belle-de-Mai,* avec sa Friche à la programmation culturelle et musicale ultra-dynamique et variée. En saison les week-ends, le toit-terrasse de la *Friche* accueille des soirées-concerts et DJ, ainsi qu'un ciné plein air les dimanches d'été.

### *La Joliette*

**R2** *(plan détachable, C2,* **140***) : Les Terrasses du Port, 9, quai du Lazaret, 13002. ☎ 04-91-91-79-39. • airdemarseille.com • Ⓜ ou Ⓣ Joliette. De mi-avr à oct, tlj 19h-2h. Fermé nov-mars, sauf pour le Jour de l'an.* Le *R2,* un jeu de mots sur « l'air de » Marseille, offre le plus beau toit-terrasse qui soit avec vue sur la mer. En fin de semaine, dès le coucher du soleil, s'y produit le DJ du moment. Coins salons pour les amateurs de *chill.*

**White Rabbit** *(plan détachable, C3,* **142***) : 23, quai de la Joliette, 13002. 07-56-96-65-76. Ⓜ ou Ⓣ Joliette. Tlj sauf dim, à partir de 17h30.* Comme le dit la devise maison : « Vous aimez le rock, les Harley et la bière qui frappe ? » Alors cet endroit est fait pour vous ! Grande terrasse dans un environnement moderne, avec une ambiance de hipsters quadra. Petits concerts de temps en temps.

### *Autour du Vieux-Port*

**Le Pelle-Mêle** *(zoom 1 détachable, D5,* **134***) : 8, pl. aux Huiles, 13001. ☎ 04-91-54-85-26. Ⓜ Vieux-Port/Hôtel-de-Ville. Tlj sauf lun, jusque tard le soir. Concerts en fin de sem. Chèques refusés.* Si New York a ses « clubs de jazz », Marseille a son « bistrot de jazz » historique. Petite scène cernée de photos noir et blanc des musiciens passés par ici. Tapas à l'heure de l'apéro.

### *Le cours Julien*

**L'Espace et le Café Julien** *(zoom 2 détachable, E4,* **141***) : 39, cours Julien, 13006. ☎ 04-91-24-34-10. • espace-julien.com • Ⓜ Notre-Dame-du-Mont/Cours-Julien. Fermé l'été. Concerts payants.* Une institution ! Bonne programmation, totalement éclectique (hip-hop, rock, chanson, etc.). Une grande salle (*L'Espace,* avec son millier de places debout ou 600 assises) pour les têtes d'affiche et un « café » plus intime.

**Lollipop** *(zoom 2 détachable, E-F5,* **143***) : 2, bd Théodore-Thurner, 13006. ☎ 04-91-81-23-39. Ⓜ Notre-Dame-du-Mont/Cours-Julien. Disquaire ouv mar-sam 11h-13h, 13h30-19h. Ts les ven soir, show case à partir de 19h. Music store,* espace culturel et bar associatif. Paul et Stéphane, les maîtres des lieux, font vivre le rock indépendant avec une sérénité toute bienveillante.

♩ **L'Art Hâché** *(plan détachable, F4, **145**)* **:** *14, rue de l'Olivier, 13005. ☎ 04-96-12-45-89. Ⓜ Notre-Dame-du-Mont/Cours-Julien. Ⓣ Eugène-Pierre. De 1h à l'aube, ven-sam uniquement !* Une sorte de jazz-club underground à l'ambiance enfumée. Dans une cave aux murs en crépi style années 1970. Soul, rock'n'roll, rhythm and blues, etc. Fréquenté par tous les noctambules de la Plaine après la fermeture des bars, donc assez marginal, voire interlope.

### *Quartiers de la Belle-de-Mai et de Longchamp*

♩ ⛱ **Cabaret Aléatoire de La Friche Belle de Mai** *(plan détachable, F-G1-2, **160**)* **:** *41, rue Jobin, 13003. ☎ 04-95-04-95-09. • cabaret-aleatoire.com • Bus nos 49 ou 52, arrêt Belle-de-Mai/La Friche. Programmation sur le site. Ven 23h-5h, « club cabaret » ; 5 €.* Place aux cultures électroniques au cabaret aléatoire, à la fois salle de concert et club. Un lieu atypique de 1 100 places avec une architecture de type cathédrale industrielle. Aux beaux jours s'ajoutent les soirées « On Air » sur l'immense terrasse. Découverte de nouveaux artistes le vendredi et certains samedis, jusqu'aux artistes légendaires pour les soirées « one ».

♩ **L'Embobineuse** *(plan détachable, E1, **144**)* **:** *11, bd Bouès, 13003. ☎ 04-91-50-66-09. • lembobineuse.biz • Bus nos 49 ou 52, arrêt Cristofol-Auzias (mais le retour se fera en taxi ou à pied – 20 mn jusqu'à La Canebière). Ouv seulement les soirs de concert. Programmation sur le site internet.* À 2 pas de La Friche La Belle-de-Mai, une salle dédiée à la création musicale, entre musiques expérimentales et performances. Pointu, parfois déroutant.

### *Les bords de mer*

🍷 ♩ ⛱ **The Red Lion** *(plan Marseille – Les plages, J10, **190**)* **:** *231-233, av. Pierre-Mendès-France, 13008. ☎ 04-91-25-17-17. • pub-redlion.com • Bus no 19, arrêt Vieille-Chapelle. Tlj 16h-2h (4h ven-sam et veille de j. fériés).* Happy hours *(17h-21h), concerts et événements musicaux tlj (programmation sur le site et les réseaux sociaux).* Un pub, un vrai, où l'on parle presque plus l'anglais qu'*avé l'assent.* Pour les amateurs de coucher de soleil... il est bien là (presque tous les soirs), et de bains de minuit, la plage est juste en face. Le lieu se prête aux rencontres ou retrouvailles, avec ses grandes tables à partager en terrasse. Tout le temps plein !

## Achats

Pour les spécialités culinaires, voir plus haut la rubrique « Où faire le plein de victuailles marseillaises ? ».

🧺 **Maison Empereur** *(plan détachable, E4, **23**)* **:** *4, rue des Récolettes, 13001. • empereur.fr • Tlj 10h-18h, sauf dim.* La plus ancienne quincaillerie de France (1827) demeure une institution indémodable depuis 7 générations. Difficile de trouver des univers mieux achalandés ! Coutellerie, ustensiles de cuisine, art de vivre, vêtements traditionnels et espadrilles, linge de maison, jouets anciens, savons, jardinage, vaisselle ainsi qu'un petit musée-salon de thé... Un cachet incroyable, dans un espace labyrinthique, jusque dans l'étonnant appartement vintage situé au-dessus *(☎ 09-70-19-43-06 ; • unenuit@empereur.fr • ; env 180 € la nuit)...* rarement libre !

🧺 **Marseille in the Box** *(zoom 1 détachable, D4, **204**)* **:** *13, rue Reine-Élisabeth, 13001. Derrière l'église Saint-Ferréol. Mar-sam 10h-19h (parfois fermé entre 13h et 15h hors saison) ; fermé dim-lun.* Pour les *Marseille lovers,* plein d'idées de cadeaux estampillés « Marseille », parfois vintage *:* savons, pochettes, verres, gabians (mouettes) en peluche, torchons, carafes.... Bref, des trouvailles sympas dans cette boutique pas plus grande qu'une boîte de sardines !

## Savon de Marseille

**Savonnerie Marseillaise de la Licorne** *(zoom 2 détachable, E4, **208**) : 34, cours Julien, 13006. • savon-de-marseille-licorne.com • Ⓜ Notre-Dame-du-Mont/Cours-Julien. Tlj 9h (10h sam)-19h, sauf dim et j. fériés. Visite gratuite des ateliers à 11h, 15h et 16h.* Une savonnerie artisanale qui travaille avec des parfums et colorants naturels. À l'issue de la visite de l'atelier, le savon n'aura plus de secrets pour vous ! Accueil sympathique. *3 autres boutiques sur le Vieux-Port : au 26, quai de Rive-Neuve (zoom 1 détachable, C-D5, **208**), attenante au musée. Ⓜ Vieux-Port/Hôtel-de-Ville. Également au 112, quai du Port et au 240, quai du Port, au pied du Mucem.*

**72 % Pétanque** *(zoom 1 détachable, C3, **61**) : 10, rue du Petit-Puits, 13002. • philippechailloux.com • Ⓣ Sadi-Carnot. Tlj 10h-13h, 14h-18h.* Ne cherchez pas de boules de pétanque ici. Le nom rappelle le taux d'huile nécessaire au savon de Marseille... et la forme de certains savons créés par Philippe Chailloux. Ce fondu de savon passe son temps à en inventer de nouveaux : melon, chocolat, romarin, feuille de tomate, et même un au pastis ! Belle collection de vieux savons.

**La Compagnie de Provence** *(zoom 1 détachable, C4, **202**) : 1, rue Caisserie, 13002. Ⓜ Vieux-Port/Hôtel-de-Ville. Tlj 10h-19h en été (18h dim et pause déj 13h-14h en hiver).* Un magasin branchouille proposant du savon de Marseille sous toutes ses formes (traditionnel ou liquide). *Une autre boutique au 18, rue Francis-Davso (zoom 1 détachable, E5, **202**).*

## Boules de pétanque

**La Boule Bleue : boutique** *(zoom 1 détachable, C3-4, **203**), 4, pl. des Treize-Cantons, 13002. • laboulebleue.fr • Ⓣ Sadi-Carnot. Tlj (sauf dim en hiver) 10h-19h (18h en hiver). **Usine** (hors plan détachable par G4, **203**) au 57, montée de Saint-Menet, Z.I. Delta La Valentine, 13011. ☎ 04-91-43-27-20. Tlj, sauf w-e, 9h-12h, 14h-18h (17h ven en saison, fermé l'ap-m en hiver).* Dernière fabrique artisanale, qui commercialisa les 1res boules de bois cloutées et créa en 1947 la fameuse boule en acier bleuté. Cette entreprise familiale fait encore du sur-mesure et grave à votre nom (sur commande, une semaine à l'avance) la triplette de vos rêves : de compétition, haut de gamme en Inox (ne rouillent pas !) ou en acier au carbone. On peut même s'entraîner à pointer sur le terrain de démonstration ! Un diaporama présente cette saga commencée en 1904.

## Santons

**Santons Marcel Carbonel** *(zoom 1 détachable, C5, **205**) : 47, rue Neuve-Sainte-Catherine, 13007. • santons marcelcarbonel.com • Ⓜ Vieux-Port/Hôtel-de-Ville. Boutique-atelier ouv tlj sauf dim, 9h (10h sam)-13h, 14h-18h. Visite de l'atelier avec les artisans à l'œuvre, lun-jeu 9h-13h, 14h-17h15. **Le musée, au n° 49, sera peut-être encore fermé pour travaux lors de votre passage.*** Santonnier depuis 1935. Figurines pastorales classiques.

**Arterra** *(zoom 1 détachable, C3, **206**) : 15, rue du Petit-Puits, 13002. • santons-arterra.com • Ⓣ Sadi-Carnot. Tlj, sauf dim (plus sam parfois), 9h-13h, 14h-18h (17h ven).* Pour ceux qui veulent découvrir une nouvelle génération de santons. La technique reste traditionnelle, mais le style est plus moderne que les autres. Belles créations originales : les personnages d'Arlésiennes, les danseuses de farandole et les crèches blanches (tons blanc, or et ficelle). Atelier et boutique.

# À voir. À faire

Pour les adeptes des marathons culturels, il faudra prévoir plusieurs jours pour espérer tout voir de cette ville dont la seule façade maritime s'étend sur 57 km et qui compte quelque 240 km² de superficie. En ce qui concerne les musées, tous les renseignements pratiques sont accessibles sur le site : *• musees.marseille.fr •*

Pour réaliser des économies :
– Le ***CityPass Marseille,*** valable pour les expos permanentes et temporaires des musées (inclut aussi les transports en commun et d'autres avantages). *• marseilleexperience.com • Compter 27 € pour 24h, 37 € pour 48h et 43 € pour 72h. Réduc enfants 7-15 ans. Également un* ***City Pass Marseille-Provence*** *à 46 € (durée 72h) donnant droit à des réduc à Aubagne (maison natale de Marcel Pagnol), à Allauch (Moulin), à La Ciotat (Musée ciotaden) et à Marignane (musée Raimu). En vente à l'office de tourisme.*

Depuis 2020, ***les collections permanentes des musées municipaux sont gratuites.*** Reste à voir si cette mesure va être aussi pérenne qu'on le dit... Les collections permanentes du Mucem sont gratuites le 1er dimanche du mois.

***Bon à savoir : presque tous les musées sont fermés le lundi, à l'exception du Mucem qui ferme le mardi.*** Les lieux sacrés, eux, sont généralement ouverts le lundi. Enfin, pour ceux qui préfèrent économiser leurs mollets :
– ***Circuits commentés :*** avec la compagnie de bus touristiques **Colorbüs** *(agence au 86, quai du Port ; ouv tlj 9h30-17h30 ; départ du Vieux-Port, devant l'hôtel de ville : tlj 10h-17h, ttes les 30 mn env ; pass 1 ou 2 jours. Forfaits familles incluant 2 adultes et 2 enfants. Durée d'un tour complet : env 1h15. Rens : ☎ 04-91-52-89-39 ; • colorbus.fr •).* À bord d'un bus à impériale, tour commenté avec arrêts possibles. Le principe : on descend, on visite et on enchaîne en prenant le bus suivant. Parfois plusieurs itinéraires possibles, se renseigner.

## DU CÔTÉ DU VIEUX-PORT

➢ ***Accès :*** *Ⓜ Vieux-Port/Hôtel-de-Ville. De là, possibilité de longer le quai du Port par les bus nos 60 et 82 (jusqu'au Mucem) ; le quai de Rive-Neuve par les bus nos 82 et 83 (jusqu'au Pharo et au-delà).*

**Le Vieux-Port** *(zoom 1 détachable, C-D4)* **:** si un Marseillais prétend que c'est le plus beau du monde, vous le trouverez chauvin. Mais il faut dire qu'il y a de quoi s'ébaudir face à cette myriade de bateaux striant la magnifique calanque du Lacydon où débarquèrent les Phocéens quelque 600 ans av. J.-C. Une calanque bénie par une sainte trinité : Notre-Dame-de-la-Garde, l'abbaye Saint-Victor et le clocher des Accoules. Une calanque gaillardement gardée par les forts Saint-Nicolas et Saint-Jean dont la pierre rose de la région du cap Couronne (à l'ouest de Sausset-les-Pins) prend de magnifiques teintes au soleil couchant. Alors, sincèrement, vous connaissez au monde un port plus beau que celui-ci ?

### SARDINE OU SARTINE ?

*Les Marseillais seraient-ils « exagérateurs », comme le laisse supposer la légende largement répandue de la « Sardine » qui aurait bouché le port de Marseille ? Que nenni : un navire appelé* La Sartine *a effectivement coulé, après avoir été attaqué par les Anglais, mais surtout à la suite d'une mauvaise manœuvre dans la passe du Vieux-Port au XVIIIe s. Du coup, il en a obstrué l'accès pour quelque temps. Depuis, les Marseillais prétendent que c'est un poisson qui a bouché le port !*

***Le marché aux poissons*** *(zoom 1 détachable, D4)* **:** *chaque mat à partir de 8h.* Là, rascasses, congres, girelles, daurades, poulpes ou galinettes sont vendus à la criée. Le marché est devenu touristique, bien sûr, mais il faut y faire un tour au petit matin, rien que pour aller à la rencontre de celles et ceux qui le font vivre.

MARSEILLE

Comment oublier cette marchande de poisson qui, le soleil commençant à faire des siennes, apostrophe les passants qui regardaient ses moules avec méfiance : « Hé, elles sont fraîches, qu'est-ce que vous croyez... elles bâillent un peu, les pauvrettes, mais c'est de fatigue ! »

**Les quais :** ils ont été bâtis sous Louis XIV. Les nazis, qui considéraient Marseille comme « un foyer d'abâtardissement pour le monde occidental », en ont largement modifié l'aspect, le long du *quai du Port.* Hitler lui-même décida, début 1943, la destruction à l'explosif de près de 2 000 maisons, faisant évacuer par la force 20 000 personnes. Quelques rares monuments en réchappèrent, comme l'***hôtel de ville*** (XVIIe s) et sa belle architecture d'inspiration génoise ou, juste derrière, le ***pavillon Daviel*** (du nom du 1er oculiste à avoir opéré la cataracte, en 1745), ancien palais de justice, avec son élégant balcon en ferronnerie. De là, on observait la guillotine installée en face...
C'est l'architecte Fernand Pouillon qui reconstruisit entre 1947 et 1953 une bonne partie du quai au pied du Panier. Plus récemment, l'agitation frénétique des quais qui anime les tableaux de jadis s'est éteinte dans le cadre d'un projet de semi-piétonisation pensé par le Britannique Norman Foster et le paysagiste Michel Desvigne. Finies les multiples baraques qui donnaient raison aux Parisiens venus chercher ici plus de désordre que dans leur métro...
Une « ombrière », ma chère, abrite un bout du quai des Belges, reflétant les bateaux et les... touristes, adeptes des selfies. Notez que le quai du Port héberge aussi THE figuier rescapé des travaux de restructuration du Vieux-Port, qui se sent un peu moins seul désormais en compagnie des plantes en pots et espaces fleuris installés sur le quai dans le cadre de la végétalisation du Vieux-Port... En 2021, d'ailleurs, cette partie du port a été réservée aux piétons pendant tout l'été, une première à Marseille !

Le ***ferry-boat*** relie les 2 rives (en 2 mn environ !) à la hauteur de l'hôtel de ville. *Tte l'année, tlj 7h30-20h30, ttes les 10 mn. Prévoir 0,50 € pour une traversée (gratuit avec le CityPass Marseille et un Pass RTM 24h et 72h).* La croisière la moins chère du monde...

**CAPITAINE AU LONG... COURT**

*Le « féri-boâte » (avec l'accent) relie les 2 rives du Vieux-Port, espacées d'à peine 250 m. C'est la ligne maritime la plus courte au monde ! Immortalisé par Marcel Pagnol dans son film* Marius, *le bateau était piloté par Escartefigue... capitaine au long cours à la retraite.*

***Petit train touristique*** *(zoom 1 détachable, C4)* **:** *départ au 174, quai du Port (en face du restaurant Au Doyen). ☎ 04-91-25-24-69. • petit-train-marseille.com • Tlj, 10h-12h20, 13h40-18h20 (16h déc-mars). Départ ttes les 20-30 mn (40-45 mn déc-mars). Tarif : 8 € ; réduc (achat en ligne ou sur place).*
2 circuits pour arpenter Marseille sans efforts. Pratique et bien conçu, notamment pour optimiser son temps :
– une grimpette jusqu'à **Notre-Dame-de-la-Garde** (arrêt de 20 mn prévu sur place) via le bord de mer et la corniche Kennedy. Durée : 1h15 ;
– le circuit ***Vieux Marseille – Terrasses du Port*** *(avr-déc seulement)* arpente les quais vers le fort Saint-Jean, le Mucem et jusqu'à la Joliette puis sillonne le quartier du Panier avec une halte soit au Panier, soit aux Terrasses du Port (soit les 2 !). Durée : 1h15-1h45.

**L'église Saint-Ferréol-les-Augustins** *(zoom 1 détachable, D4)* **:** *au pied de la rue de la République, sur le port.* Sa façade blanche (de 1875) étincelante au soleil, se détache au bout du bassin du Port. Ce fut l'une des plus grandes églises de Marseille, construite à l'emplacement du couvent des Augustins (XIVe s). Au XIXe s, 2 travées sont rasées pour construire la rue de la République tout en gardant l'église dans son alignement. Large nef voûtée d'ogives.

## *Au sud du Vieux-Port*

Derrière le quai de Rive-Neuve, l'***îlot Thiars,*** site de l'ancien arsenal des Galères, réaménagé à la fin du XVIIIe s, présente une unité architecturale sans égale dans la ville. Envahi par les bars et les restos, le lieu est particulièrement animé en soirée les week-ends. Flânez sur la ***place Thiars*** *(zoom 1 détachable, D5),* qui dégage une atmosphère de *campo* vénitien. Du temps des galères, un canal en L occupait les actuels ***place aux Huiles*** et ***cours d'Estienne-d'Orves.*** Comblé au début du XXe s, le canal a d'abord été remplacé par un parking aérien monstrueux puis, de nos jours, par cette vaste place à l'italienne avec ses terrasses. C'est l'heure de la pause, non ?



***L'Opéra*** *(zoom 1 détachable, D5)* **:** Ⓜ *Vieux-Port/Hôtel-de-Ville.* Reconstruit en 1924, après un incendie, dans le pur style Art déco, il reste une référence en France pour tous les amoureux du lyrique, qui apprécient tout autant les prestations des chanteurs que l'intérieur, superbe, où admirateurs comme détracteurs n'hésitent pas à donner de la voix, les grands soirs.

***Le musée du Savon de Marseille*** *(zoom 1 détachable, C-D5)* **:** *25, quai de Rive-Neuve. ☎ 04-96-12-00-91. Ouv tlj (sauf lun en basse saison) 10h-18h (boutique 9h-20h). En été, nocturnes jusqu'à 19h pour le musée, 23h pour la boutique. Entrée : 2,50 € (savon offert) ou 5,50 € avec la visite de l'atelier de fabrication et le savon personnalisé.* La Savonnerie de la Licorne a son musée, attenant à l'atelier et à la boutique. Un bel espace qui expose publicités anciennes, statues de cire, machines et objets liés à l'histoire du savon. Espace sensoriel ludique pour tester son odorat. Mais le plus instructif se passe à l'atelier : on décortique avec un guide les différentes étapes de confection du savon de Marseille avec démonstrations à la clé.

***Le fort Saint-Nicolas*** *(plan détachable, B-C5)* **:** *2, bd Charles-Livon. Visite lors des Journées du patrimoine.* Cet ouvrage en étoile fut érigé sur ordre de Louis XIV. Il avait moins pour objet de défendre la ville que de mater ses révoltes. En effet, les canons du fort étaient tournés vers la ville ! Ce symbole de l'absolutisme royal fut partiellement démantelé en 1790 ; il fut ensuite reconstitué et coupé en 2 par le boulevard Charles-Livon. Le mess des officiers occupe la partie haute. Au pied du fort se trouvait le mythique pont transbordeur, détruit (en 2 fois !) en 1944-1945.

***Le jardin et le palais du Pharo*** *(plan détachable, B4-5)* **:** *58, bd Charles-Livon. Bus nos 82 ou 83. Le palais se visite seulement pdt les Journées du patrimoine. Jardin ouv 7h-21h (20h en hiver). GRATUIT.* Napoléon III lança la construction du palais en 1858. Il ne fut achevé qu'après sa chute. Il est bâti sur le promontoire de la Tête de More, qui domine l'entrée du port. L'impératrice Eugénie fit un procès à la ville de Marseille pour le récupérer, gagna son procès et... finalement le donna à la Ville en 1883. Du jardin autour du palais on bénéficie d'une vue admirable sur le Vieux-Port et la cité d'un côté, de l'autre la Méditerranée et au loin les îles du château d'If et du Frioul. Espace jeux pour les enfants, pelouses. Ambiance familiale.

***L'abbaye Saint-Victor*** *(plan détachable, C5)* **:** *3, rue de l'Abbaye. ☎ 04-96-11-22-60. • saintvictor.net • Bus no 55, arrêt Saint-Victor. Tlj 9h (8h30 w-e)-19h (parfois fermée à la pause déj). Entrée (cryptes) : 2 € ; gratuit moins de 12 ans. Visite guidée mar ap-m et le 1er sam du mois, et sur rdv.* Sur un site vraisemblablement occupé par l'un des 1ers monastères des Gaules, fondé au début du Ve s en l'honneur de saint Victor, martyr du IIIe s. Détruite par les Sarrasins, l'abbaye sera reconstruite au XIe s, puis fortifiée au XIVe s par le pape Urbain V, avant d'être sécularisée au XVIIIe s. N'en subsiste aujourd'hui que cette basilique où sont exposés le sarcophage d'une jeune fille trouvé en 1971 avec une croix en or, un autel paléochrétien et un tableau de l'école du Caravage. Dans la superbe crypte, vestiges (a priori) de la 1re église (Ve s) enterrée lors de la construction de l'abbaye au XIe s et remarquable ensemble de sarcophages antiques, païens et chrétiens.

– Devant l'abbaye, esplanade avec quelques bancs pour admirer la superbe vue sur le Vieux-Port en 1er plan.

**Notre-Dame-de-la-Garde** (plan détachable, D6) : *☎ 04-91-13-40-80. ● notredamedelagarde.com ● Bus n° 60 depuis le quai des Belges (Vieux-Port). À pied, compter 30-40 mn depuis le Vieux-Port par le cours Puget et le jardin de la Colline. Basilique et crypte ouv 7h-18h.* Sur un piton calcaire culminant à 161 m, la « Bonne Mère » surplombe magnifiquement la cité phocéenne et protège depuis toujours marins et pêcheurs. Symbole de l'identité marseillaise par excellence, la basilique constitue un fidèle repère qu'on ne perd jamais de vue. La 1re chapelle fut construite en 1214 par l'ermite maître Pierre, sous l'autorité de l'abbé de Saint-Victor. À la mort de l'ermite, la chapelle devint un prieuré, reconstruit au XVe s et agrandi au XVIe s. Après la visite de François Ier, en 1516, on adjoignit un fort au site de Notre-Dame-de-la-Garde ; enfin, en 1853, on détruisit la vieille chapelle pour édifier une basilique, capable d'accueillir les pèlerins qui, depuis les 1res épidémies de choléra, affluèrent en nombre.

Si elle reste aujourd'hui un haut lieu de pèlerinage (plus de 2,5 millions de visiteurs chaque année), c'est aussi un lieu de vie rassemblant des visiteurs de tous horizons et de toutes confessions. Même les nouveau-nés issus de familles non pratiquantes ont droit à leur bénédiction, une cérémonie unique en France !

De style romano-byzantin, dans un déploiement de marbres et de mosaïques, la « Bonne Mère » est surmontée d'une statue de la Vierge étincelante de 11,20 m de hauteur réalisée en cuivre et dorée à la feuille d'or en 1870. À l'intérieur, l'architecte Espérandieu a conçu un escalier autour d'une flèche en acier. S'il était encore possible d'y grimper au siècle dernier, seuls les services techniques ont aujourd'hui le privilège d'admirer la vue par les yeux de la Vierge. Extraordinaire collection d'ex-voto (tableaux souvent d'une naïveté confondante), maquettes de bateaux ou d'avions suspendues à la nef... qui témoignent d'une expression de la foi très méditerranéenne comme, dans la crypte, les plaies d'un christ en croix, creusées à force d'avoir été touchées.

### LE POIS DE LA RELIGION

*Pour faire acte de contrition, les ouailles qui ont un « service particulier » à demander à la Bonne Mère y grimpent à pied depuis le pied de la colline, en ayant pris soin de garnir leurs chaussures de... pois chiches. Mieux vaut en avoir dans les chaussures que dans la tête !*

## Au nord du Vieux-Port

***La rue de la République*** *(zoom 1 détachable, D3-4)* **:** petite incursion sur cette artère héritée des ambitions urbanistiques de la fin du XIXe s, quand on n'a pas hésité à faire une percée dans la colline pour relier le Vieux-Port et le nouveau port. Depuis, elle a été plusieurs fois la cible de spéculations immobilières, dans le but de rénover ses appartements pour les revendre au prix fort et de lui donner des airs de « Champs-Élysées » marseillais. Tout cela au détriment de bon nombre d'habitants de la rue, alors populaire, qui n'ont eu d'autre choix que de quitter les lieux à cause de l'augmentation des loyers. Et c'est vrai, aujourd'hui, son allure parisienne ne trompe pas, avec ses bâtiments haussmanniens joliment ornés et ses quelques boutiques et adresses concept. Pourtant, le projet n'a jamais vraiment pris : beaucoup de boutiques ont fait faillite, et nombre d'appartements demeurent vides.

***L'hôtel de ville*** *(zoom 1 détachable, D4)* **:** *quai du Port. Visites guidées payantes (voir avec l'office de tourisme).* Face au bassin du Vieux-Port, cet édifice du XVIIe s en pierre rose de la Couronne en impose. Juste derrière, la place Villeneuve-Bargemon, une vaste esplanade ombragée par des platanes, avec vue sur le Vieux-Port et Notre-Dame-de-la-Garde, grimpe directement jusqu'au quartier du Panier.

**Le musée des Docks romains** *(zoom 1 détachable, C4)* **:** *28, pl. Vivaux. ☎ 04-91-91-24-62 (accueil) ou 04-91-55-36-00 (résas). Tlj (sauf lun et certains j. fériés) 9h30-18h. GRATUIT.* En 1947, avant la reconstruction du Vieux-Port détruit par les Allemands, des fouilles ont mis au jour les vestiges d'un entrepôt commercial romain, un des rares connus et visitables, avec celui d'Ostie près de Rome. Un ensemble de *dolia* (grosses jarres à huile et à vin, à l'intérieur enduit de poix, dont la contenance atteignait les 2 000 l, voire plus), conservé en place et en l'état, constitue l'élément central de ce musée. S'y trouvent également nombre de découvertes archéologiques sous-marines illustrant les liens commerciaux de Marseille avec le reste de la Méditerranée dans l'Antiquité. Les vitrines centrales sont le résultat des fouilles de Cousteau. Voir, entre autres, un très beau manche de patère à tête de panthère en bronze, les amphores marseillaises, les restes de la « galère de César » et les pièces de monnaie du IIIe s trouvées au large de La Ciotat. Également la mosaïque polychrome de la Baigneuse datant du IIIe s apr. J.-C., provenant des thermes découverts sous la place Villeneuve-Bargemon.



**La Maison diamantée** *(zoom 1 détachable, C4)* **:** *2, rue de la Prison. Tlj 11h-18h, sauf lun.* Cette maison construite par de riches négociants italiens à la fin du XVIe s, est l'une des plus anciennes de Marseille. Observez sa façade de pierres taillées en pointe de diamant, et vous comprendrez l'origine de son nom. Et poussez la porte pour jeter un coup d'œil à l'escalier classé.

**L'hôtel de Cabre** *(zoom 1 détachable, D4)* **:** *à l'angle de la Grande-Rue et de la rue Bonneterie.* C'est **la plus ancienne maison** de Marseille (1535), au décor médiéval et Renaissance assez chargé. Lors de la reconstruction du quartier, cette maison a carrément été soulevée d'un bloc puis tournée à 90° pour être dans l'alignement des nouveaux bâtiments ! Une trace de cet événement est visible : au-dessus de la « Grande-Rue » figure toujours la vieille inscription de la « Rue de Bonneterie », qui est la rue perpendiculaire aujourd'hui !

## Le quartier du Panier

➢ **Accès :** Ⓜ *Vieux-Port/Hôtel-de-Ville.* Ⓣ *Sadi-Carnot ou bus n° 49 pour l'approcher, mais la visite se fait à pied (et ça grimpe !).*

**Le Panier** *(zoom 1 détachable, C-D3-4)* **:** *l'office de tourisme propose des visites guidées du quartier plusieurs fois/sem.*

Drôle de nom de quartier, non ? Origine religieuse (une statue de Vierge au panier qui recueillait les fleurs accompagnant parfois les prières des paroissiens) ou profane du nom d'un cabaret, les historiens hésitent encore. Mais peu importe. Enserré entre le quai du Port, la place de la Major et la rue de la République, c'est le plus vieux quartier de Marseille, et celui où subsiste encore un certain esprit marseillais. Et c'est un rescapé : il a échappé à la destruction qui allait de pair avec le projet immobilier prévoyant le percement de la rue de la République ! La chute de l'Empire lui a évité ce triste sort... Ici se sont installés pendant longtemps les immigrés débarquant par vagues : les Italiens, les Corses, puis les Algériens et les Vietnamiens, entre autres... Beaucoup de marins y habitaient, du moins quand ils n'étaient pas sur les mers du globe (une coutume voulait que l'on garde, dans les maisons, un lit fait pour pouvoir accueillir

### LE MILIEU DU MILIEU

*Le film* Borsalino *avec Delon et Belmondo racontait les aventures rocambolesques de 2 « sympathiques » malfrats : Carbone et Spirito. La réalité est moins aimable, car ils aidèrent la Gestapo et fournirent des armes à Franco. D'ailleurs, Carbone fut tué par la Résistance en 1943.*

à l'improviste tout marin débarqué qui se présenterait). C'était un quartier interlope de petits truands, de voyous et de grands bandits, comme le célèbre Carbone dont la famille, venue de Corse, habitait là. Hitler prendra prétexte de sa mauvaise réputation pour le faire raser en 1943 (il se limita heureusement à la partie basse du Panier).

Aujourd'hui, c'est un quartier rénové que l'on découvre au gré des déambulations à travers escaliers et ruelles pittoresques bordées de boutiques branchées et de plantes vertes. Des coups de pinceaux ont aussi donné bonne mine aux façades repeintes, et le *street art* s'affiche sur les murs du quartier, désormais habillé de toutes sortes de fresques colorées. Si la population s'est progressivement gentrifiée, au fur et à mesure que la cote de l'immobilier continuait à grimper, l'âme populaire du quartier perdure. Certainement car l'étroitesse des rues ne permet pas de rénovations immobilières bourgeoises...



➢ Voici une suggestion d'itinéraire : abordez le quartier par la ***place Daviel,*** derrière le Vieux-Port et au pied des arcades de l'***hôtel-Dieu,*** un ancien hôpital reconstruit au XVIIIe s et transformé en sublime hôtel. Jetez un coup d'œil à la ***place des Augustines,*** vestige du couvent des religieuses ursulines créé en 1632. Au n° 6, porte centrale avec balcon Régence et décor à la marguerite. En 1786, Bonaparte aurait habité au n° 4...

Il est temps de prendre la délicieuse ***montée des Accoules*** (son clocher médiéval est le dernier vestige d'une importante église du XIe s, détruite à la Révolution). Tournez ensuite dans la ***rue des Moulins*** qui grimpait vers l'acropole. Le temple se trouvait ***place des Moulins,*** qui a conservé son ambiance de village avec son école. Quant aux moulins qui servaient à moudre le grain, la place en a compté jusqu'à 15 au XVIe s ; leurs rares vestiges sont difficiles à identifier. Cherchez bien la tour ronde dissimulée dans les habitations... Les immeubles bas sont construits sur une citerne. Au bout de la rue des Moulins, prendre à gauche la ***rue du Panier,*** ancienne voie antique et véritable colonne vertébrale du quartier. Après avoir traversé la place entre les rues des Pistoles et Rodillat, on débouche sur la ***Vieille-Charité,*** magistral ensemble architectural du XVIIe s (voir plus loin). Un peu plus haut dans la *rue du Petit-Puits,* plusieurs ateliers-boutiques (céramique, santons, tourneur sur bois, savonnerie...). En empruntant la rue du Refuge, gagnez la bibliothèque du Panier au 1, rue des Honneurs, ancien ***couvent du Refuge*** aujourd'hui entièrement réhabilité. Ce fut un couvent-prison pour filles « de mauvaise vie ». Elles y entraient par cette rue (anciennement baptisée rue du Déshonneur) et en sortaient par la rue des Repenties !

En poursuivant vers le sud et la mer, la ***rue de l'Évêché,*** avec le commissariat central (justement surnommé « l'évêché » par les Marseillais). On débouche ensuite sur la villageoise ***place de Lenche,*** vraisemblablement siège de l'agora antique. À l'extrémité de la ***rue Saint-Laurent,*** un des rares bâtiments rescapés des bombardements de 1943 : la jolie petite église du même nom, de style romano-provençal *(ouv en sem 14h-18h)* et qui fut amputée de sa façade orientale lors de la construction du fort Saint-Jean. C'était la paroisse des pêcheurs et des gens de mer. La chapelle Sainte-Catherine, construite par les pénitents blancs au XVIIe s, est contiguë à l'église. Du parvis, belle vue sur le Vieux-Port et le fort Saint-Nicolas ; de là on peut accéder au ***Mucem*** par la passerelle. La balade se termine par l'***esplanade de la Tourette,*** au pied de la cathédrale de la Major.

*** ***La Vieille-Charité*** *(zoom 1 détachable, C3) : 2, rue de la Charité. ☎ 04-91-14-58-80. • musees.marseille.fr • Accès* ***chapelle*** *GRATUIT.* ***Musées*** *dans les galeries autour de la chapelle. ☎ 04-91-14-58-97 (musée d'Archéologie) et 04-91-14-58-86 (MAAOA). ♿ Tlj 10h-18h sauf lun (excepté Pâques et Pentecôte) ; fermé le 1er janv, 1er mai, 1er et 11 nov et 25 déc. Billets : GRATUIT pour les collections permanentes, sinon compter 6-12 € pour les expos temporaires. Visites commentées : 3 €/pers (programme sur • musees.marseille.fr •).*

La Vieille-Charité, l'une des plus belles œuvres de Pierre Puget, est aussi l'une des rares qui lui aient survécu. Superbe témoignage de l'architecture civile du XVIIe s, pourtant utilisée pour l'enfermement des vagabonds jusqu'au siècle suivant. Elle fut ensuite convertie en hospice au XIXe s, puis en caserne au XXe s, avant d'être finalement abandonnée à son triste sort. Elle menaçait de tomber en ruine lorsque Le Corbusier attira l'attention des autorités sur ce chef-d'œuvre qui fut classé Monument historique en 1951. La chapelle centrale à la façade classique est l'un des plus beaux édifices baroques français. Admirez sa lumineuse pierre rose, sa coupole ovoïde (bien visible depuis les galeries du 1er étage), ses harmonieuses proportions et son portique de style corinthien. Ce bijou est serti par 4 bâtiments identiques, parcourus sur 2 étages par des galeries à arcades. Un ensemble admirable, lieu de nombreuses expositions temporaires de qualité et événements culturels tout au long de l'année.

*Le musée d'Archéologie méditerranéenne (1er étage)*
– *Département égyptologie :* un ensemble de pièces archéologiques de grande qualité font de cette collection marseillaise un des bastions de l'égyptologie en France. Grâce à une ingénieuse scénographie, on se croirait à l'intérieur d'une pyramide de la vallée du roi Khéphren. Plus de 1 200 objets présentés dans des salles en enfilade évoquent plusieurs thèmes : la vie quotidienne, le monde des dieux, les cultes funéraires, de l'époque prédynastique (IVe millénaire av. J.-C.) à l'époque romaine (Ier s av. J.-C.-IIIe s apr. J.-C.) : amulettes, sarcophages, momies humaines ou animales, vases, coffrets à khôl, délicats petits bronzes... Quelques pièces rares, voire uniques au monde, comme les 4 stèles orientées du général Kasa, qui servaient à protéger son caveau contre toutes les forces hostiles, ou encore un livre des Morts en écriture hiératique.
– *Salle Proche-Orient, Bassin méditerranéen :* une scénographie moderne met en valeur les collections du Proche-Orient et du Bassin méditerranéen. Parmi les 800 objets exposés, un superbe lion en terre cuite du IIe millénaire av. J.-C. (Iran) accueille les visiteurs. Panorama des civilisations à travers la naissance des villes au Proche-Orient. Une multitude d'objets (stèles, bronzes, terres cuites, verrerie...), chypriotes, étrusques et romains évoquent les échanges commerciaux. Des vidéos intéressantes, notamment sur le soufflage du verre.

*Le MAAOA (musée d'Arts africains, océaniens et amérindiens – 2e étage)*
Des collections vraiment extraordinaires. À ne pas manquer.
– *La salle Léonce-Pierre-Guerre :* collection d'Afrique. Parmi les objets rituels (superbement présentés sur fond noir), signalons notamment les statues de reliquaire fang et les masques guerzé et baoulé de Côte-d'Ivoire, le masque marka du Mali, un masque-heaume de Sierra Leone ou encore l'étonnant masque bwa du Burkina Faso. Intéressantes statuettes et poids pour peser l'or.
– *La salle Henri-Gastaut :* collections océanienne et amérindienne. La plus étonnante des collections reste celle du professeur Gastaut, centrée sur le crâne humain, sans doute unique au monde. Têtes réduites shuar, crânes décorés ou surmodelés du Vanuatu (ex-Nouvelles-Hébrides), d'Irian-Jaya, de Papouasie-Nouvelle-Guinée... Ne pas manquer l'impressionnante tête-trophée munducuru du Brésil ! Également des parures de plumes amérindiennes. De la culture hopi, de superbes poupées Kachina. Et puis, un beau masque apouema (kanak). Enfin, une collection presque complète de masques de cérémonie ramenée du Vanuatu. Un film raconte le voyage dans cet ancien condominium franco-britannique à 500 km au nord de la Nouvelle-Calédonie et la négociation qui s'y déroula pour que le musée puisse acheter ladite collection...
– *La salle François-Reichenbach :* collection d'art populaire du Mexique, dans une explosion de couleurs. C'est François Reichenbach qui a légué cette foisonnante collection de masques de danse et de carnaval, ainsi que de remarquables *alebrijes,* des monstres de papier mâché, créés par Pedro Linares.
***Le Charité Café,*** pour une pause sucrée-salée en terrasse *(tlj 10h-18h, sauf lun).*

## La nouvelle façade portuaire : du Mucem au Silo

➢ **Accès :** *depuis le Vieux-Port, bus nos 49 ou 60, ou Ⓜ ou Ⓣ Joliette.*

C'est l'opération de restructuration urbaine la plus ambitieuse d'Europe. Désormais 3e quartier d'affaires de l'Hexagone, ***Euroméditerranée*** ne se contente pas d'afficher ses 650 000 m² de bureaux. Aujourd'hui, c'est un gigantesque puzzle qui ne cesse de se développer, avec des équipements publics (200 000 m²), des structures commerciales, des immeubles résidentiels (18 000 neufs et 7 000 rénovés) et des espaces publics et culturels (dont le Mucem). Un vaste complexe interdisciplinaire qui tente aujourd'hui de prendre le relais d'une activité maritime sur le déclin, embrassant une superficie de 480 ha sur 2,7 km de front de mer *(plan détachable, B-C2-3-4).* • *euromediterranee.fr* •



**Le fort Saint-Jean** *(plan détachable, B4)* **:** *entrée soit depuis l'extrémité du quai du Port (niveau bas), soit depuis le Panier ou le Mucem par les passerelles. GRATUIT. Horaires, accès aux expos et coordonnées identiques à celles du Mucem, voir juste après. Plan, support de visite, distribué à l'entrée.*
Ce splendide ouvrage défensif initié au XIIe s par la commanderie des Hospitaliers de Saint-Jean de Jérusalem abrite des vestiges de la 1re occupation grecque (non visibles) et se compose d'une chapelle, d'une tour défensive carrée, dite « du roi René » (XVe s), d'une entrée possible pour le Mucem, et d'une autre érigée par les armateurs au XVIIe s pour éclairer l'entrée du port... Bref, un lieu pour déambuler tranquillement à travers galeries et terrasses. Projection audiovisuelle dans la salle du corps de garde et expositions temporaires dans la *salle Georges-Henri-Rivière.* Sur les terrasses, d'où les points de vue sur la passe et la ville sont inégalables, un agréable parcours botanique méditerranéen, le *jardin des migrations,* complète la visite. Ne manquez pas le beau chemin de ronde avec vue sur la mer. Une gracieuse passerelle suspendue au-dessus de l'eau vous permet de rallier le Mucem.

**Le Mucem** *(musée des Civilisations de l'Europe et de la Méditerranée ; plan détachable, B4)* **:** *esplanade du J4. ☎ 04-84-35-13-13. • mucem.org • ♿ Nombreux accès possibles : via l'esplanade du J4 ou par la tour du Roi René et la passerelle Saint-Laurent (Fort Saint-Jean) depuis le Vieux-Port ou le Panier. Tlj sauf mar ; mai-juin et sept-oct, 10h-19h ; juil-août, 10h-20h ; nov-avr, 10h-18h. Gratuit pour les espaces extérieurs. Entrée : 11 € ; tarif réduit 7,50 € ; famille (2 adultes + 5 enfants max) 18 € ; accès gratuit le 1er dim du mois. Audioguide gratuit, à télécharger sur son smartphone depuis • visit.mucem.org • Librairie. Munissez-vous du plan. Espace familles pour les enfants 4-12 ans au rdc du J4, 11h-17h. Tarif : 4,50 €, gratuit pour les adultes accompagnants sur présentation d'un billet du Mucem.*
*Le Mucem englobe un autre site, dans le quartier de la Belle-de-Mai (expos régulières).*
– Le projet architectural combine la restauration réussie du vieux fort Saint-Jean qui surplombe l'entrée maritime de la ville, et l'édification du bâtiment ultra-contemporain imaginé par Rudy Ricciotti. L'architecture et son environnement, presque sur l'eau, constituent d'ailleurs à nos yeux la raison essentielle de la visite, avec les grandes expos temporaires. Une grande partie du bâtiment est ceinte par une élégante résille de béton, au style très moucharabieh (qui protège du soleil), derrière laquelle une rampe permet d'accéder au toit-terrasse. Notez que les piliers porteurs arborescents, tout comme les passerelles, sont en BFUP (Béton fibré à ultra-haute performance), un matériau innovant. Voici donc une agréable déambulation d'environ 15 mn, aérée et à l'abri du soleil, entre terre et mer.
– Plus qu'un musée, le Mucem propose une riche programmation culturelle : films, débats, concerts, spectacles, parfois en plein air ; sans compter les 3 espaces de restauration proposés par Gérald Passedat, allant du buffet au resto gastronomique (voir plus haut « Où manger ? »).

– Le musée est tourné vers le large, comme pour mieux illustrer sa vocation de passerelle entre les civilisations des différentes rives de la Méditerranée. Une bonne partie des collections provient de l'ancien musée parisien des Arts et Traditions populaires et du musée de l'Homme.
*Outre l'expo semi-permanente (roulement ts les 3 ans) de la galerie de la Méditerranée, 2 espaces sont consacrés aux 4 expos temporaires annuelles et un dernier à la Médinathèque (projection de films de l'INA).*
La ***galerie de la Méditerranée*** se compose de 2 salles. Une 1re expo, ***Le grand Mezzé,*** est consacrée à la diète méditerranéenne. Organisée selon 2 grands axes, elle explore les fondements de l'alimentation méditerranéenne et les grands enjeux alimentaires du territoire. Selon l'Unesco, qui l'a inscrite au Patrimoine culturel immatériel de l'Humanité, la diète méditerranéenne rassemble plusieurs pays du bassin méditerranéen (Italie, Espagne, Portugal, Maroc, Grèce, Croatie et Chypre) autour d'une alimentation « commune » mais aussi de savoir-faire agricoles et traditions culturelles similaires. Ce modèle de diète, né de l'étude d'un chercheur américain dans les années 1950 à propos des liens entre alimentation et santé (à l'époque où, aux États-Unis, les maladies coronariennes avaient atteint un stade démentiel), fait face aujourd'hui aux grandes contradictions de l'industrie alimentaire dans un monde ultra-globalisé, à l'image d'un gigantesque « mezze ». Comment préserver l'authenticité d'un régime alimentaire culturel et géographique, alors qu'il est aujourd'hui devenu un modèle globalisé, dont les denrées s'exportent en masse dans le monde entier ? Sans oublier que se développe depuis plusieurs années une tendance caractérisée par un retour à une forme de diète bio, locale et végétarienne...
Voilà quelques-uns des questionnements exposés ici, de même que la présentation de nombreux objets utilisés dans les préparations alimentaires des pays méditerranéens, de vieux outils agricoles et des projections vidéo de recettes en préparation. Et si l'expo vous a donné faim, quelques recettes jalonnent le parcours.
La 2de exposition, intitulée ***Connectivités,*** propose 2 parcours : à droite, les mégapoles et métropoles méditerranéennes du XXIe s ; à gauche, l'histoire des grandes cités portuaires de Méditerranée aux XVIe-XVIIe s : Lisbonne, Séville, Gênes, Venise, Alger ou encore Istanbul. Le Bassin méditerranéen voit alors naître une forme de globalisation grâce aux empires, dont les grandes villes sont les points d'ancrage du pouvoir et des échanges commerciaux. L'expo explore le monde méditerranéen de Philippe II jusqu'à notre époque contemporaine, comme un saut dans le temps, afin de comparer l'évolution des mégapoles et en revenant sur l'âge d'or de l'empire ottoman. Quelques objets ponctuent le parcours, comme ces céramiques d'Iznik ou encore ce canon algérois voyageur. Pris par Charles Quint à François Ier à Pavie, puis dérobé par les Ottomans lors de l'attaque espagnole d'Alger, il fut finalement repris par l'armée française en 1830.

***La Villa Méditerranée*** *(plan détachable, B4)* **:** *esplanade du J4.* Le bâtiment conçu par Stefano Boeri représente une prouesse technologique en soi. Il se déploie en fer à cheval, avec des espaces situés sous la mer et une avancée en porte-à-faux longue de 40 m, à 19 m de haut. ***Fermée*** à cause de frais de fonctionnement exorbitants, ***elle devrait rouvrir courant 2022 pour exposer une réplique de la grotte sous-marine préhistorique Cosquer (Parc national des calanques).***

***Le musée Regards de Provence*** *(zoom 1 détachable, C4)* **:** *allée Regards-de-Provence. ☎ 04-96-17-40-40. • museeregardsdeprovence.com • Tlj 10h-18h, sauf lun ; fermé le 1er janv, le 1er mai, le 15 août et le 25 déc. Entrée expositions temporaires : 6,50 € ; réduc. Entrée « Mémoire de la Station » : 4 € ; réduc. Billet jumelé : 8,50 € ; réduc ; gratuit moins de 12 ans.* Créée en 1998, la Fondation Regards de Provence – Reflets de Méditerranée a installé son musée dans l'ancienne station sanitaire maritime, au style « paquebot », construite par Fernand

Pouillon en 1948, dont la façade est classée au patrimoine du XXe s. En fait, c'était un édifice de détection et de prophylaxie pour les rapatriés des colonies, après-guerre. Il présente des expositions temporaires modernes et contemporaines liées à Marseille, la Provence et la Méditerranée et une exposition multimédia permanente sur la mémoire de la station sanitaire.

**Regards Café** *(zoom 1 détachable, C4,* ***45****) : av. Vaudoyer, 13002. ☎ 04-96-17-40-45. • resa@museeregardsdeprovence.com • Entrée côté boulevard, face au Mucem, au 2e étage du musée. Tlj 10h-18h sauf lun. Prix moyens.* Le resto-salon de thé comme on les aime, avec vue, avec vie, et à des prix corrects pour une bonne prestation. Plats dans l'air du temps, aux saveurs méditerranéennes ou plus exotiques. Toit-terrasse et grandes baies vitrées pour profiter de la fabuleuse vue sur la rade. Pour ceux qui aiment faire la fête face au coucher de soleil, soirée DJ une fois par semaine en été...



***La Vieille-Major*** *(zoom 1 détachable, C3-4) : ne se visite pas.* C'est l'ancienne cathédrale, édifiée au XIIe s à l'emplacement d'une 1re église du Ve s. La « Nouvelle-Major » (voir ci-dessous) lui fait tant d'ombre qu'on peine à la remarquer. La Vieille, un bel exemple de style roman provençal avec coupole octogonale, se vit amputée de sa façade et de 2 travées lors de la construction, au XIXe s, de sa colossale voisine.

***La cathédrale de la Major*** *(zoom 1 détachable, C3-4) : ouv tlj (sauf mar) 10h-18h (17h30 oct-mars).* En pierre verte de Florence et blanche de Calissane, cette impressionnante cathédrale du XIXe s domine l'entrée du port. 1re cathédrale édifiée en France après 2 siècles d'abstinence, ses dimensions spectaculaires sont comparables à l'église Saint-Pierre-de-Rome. C'est dire ! Elle n'est pas orientée est-ouest, selon la tradition, mais nord-sud. Le projet de Vaudoyer reposait sur l'idée d'un syncrétisme entre gothique, roman et byzantin, au grand dam de Viollet-le-Duc. Et en effet, elle est byzantine par sa décoration intérieure ; à l'extérieur, romane par son élévation, et gothique par son plan. Un mélange vraiment réussi. La 1re pierre fut posée par Napoléon III en 1852, mais les travaux demandèrent plus de 40 ans. Très belle cathédrale qui, même si elle a moins la cote que la très chère Bonne Mère, mérite amplement une visite.

***Le boulevard du Littoral*** *(plan détachable, C1-2-3) :* rebaptisée « boulevard Euroméditerranée », cette voie fait partie du grand projet urbain mené sur la façade portuaire de Marseille depuis le début des années 2000 et concrétisé en 2013. Il court du Vieux-Port jusqu'à l'impressionnante tour CMA-CGM. Au passage, jetez un coup d'œil aux ***Voûtes de la Major,*** un centre commercial ouvert dans les soubassements de la cathédrale. Puis aux anciens ***docks de la Joliette,*** bel exemple d'architecture industrielle fin XIXe s, devenus les *Docks Village* (boutiques, restos...). En face, le centre commercial les ***Terrasses du Port,*** classieux docks des temps modernes d'où vous pourrez toujours avoir une belle vue et la ***grande jetée,*** bâtie en 1884 pour protéger alors les nouveaux bassins de la Joliette. Au loin, le ***Silo,*** ancien réservoir à grains transformé en salle de spectacle.

***Le Frac Provence-Alpes-Côte d'Azur*** *(Fonds régional d'art contemporain ; plan détachable, C2) : 20, bd de Dunkerque. ☎ 04-91-91-27-55. • frac-provence-alpes-cotedazur.org • Mer-sam 12h-19h, dim 14h-18h. Fermé lun et j. fériés. Entrée : 5 € ; réduc ; gratuit pour les moins de 18 ans ainsi que le dim et en nocturne pour ts.* Le Frac, on le sait, a pour mission de soutenir et de sensibiliser les publics à l'art contemporain. À partir de sa riche collection (plus de 1 300 œuvres), il conçoit une dizaine d'expositions par an dans le bâtiment dessiné par l'architecte Kengo Kuma, ainsi que de nombreuses expositions dans les 6 départements de la région. La programmation est accompagnée toute l'année de rencontres, conférences, projections, performances, concerts, et d'ateliers. Sur place, le café-restaurant *Arrosoir.*

# DU CÔTÉ DE LA CANEBIÈRE

## La Canebière, les quartiers Belsunce et de Noailles

**UN PEU DE CULTURE**

*On l'a oublié, mais Canebière vient du latin* cannabis *qui signifie... chanvre. En effet, autrefois, les terrains étaient plantés de chanvre, dont on faisait les cordages pour les bateaux.*

**La Canebière** *(plan détachable, D-E-F4)* **:** *Ⓜ Vieux-Port/Hôtel-de-Ville. De là, possibilité de remonter la Canebière à pied. Sinon, plus haut, Ⓜ Noailles.*
C'est l'avenue la plus célèbre de Marseille, popularisée en 1935 par une chanson d'opérette de Vincent Scotto (« Elle part du Vieux-Port, et sans effort, elle va jusqu'au bout de la terre, notre Cane-Cane-Cane-Canebièreuuuu... »). Ce boulevard a inspiré bien des artistes et écrivains. Joseph Conrad, qui vécut 3 ans et demi à Marseille, l'évoque dans ses souvenirs : « Pour moi, La Canebière a été une rue qui menait vers l'inconnu. » Aujourd'hui, ce qui était l'un des symboles marseillais par excellence a perdu de sa superbe. Rendue agréable par la récente piétonisation de sa partie basse, la Canebière n'a guère retrouvé son âme d'antan. Pour les habitants, c'est avant tout un lieu de passage. Tout en bas de La Canebière s'élève la ***Bourse,*** pur exemple de l'architecture du 2d Empire, qui abrite la plus ancienne chambre de commerce et d'industrie du pays et même du monde, paraît-il. Jetez un œil dans le hall principal : les noms des comptoirs sont gravés dans la pierre. Devant ce monument, le roi Alexandre de Yougoslavie fut assassiné par des oustachis croates en 1934. Un peu plus haut, en remontant La Canebière sur le trottoir de gauche, le magasin *C & A* est installé dans l'***ancien grand hôtel du Louvre et de la Paix*** que les anciens Marseillais continuent d'appeler ***hôtel de la Marine,*** car réquisitionné par la Marine française en 1941 puis occupé par la *Kriegsmarine* allemande. Les cariatides de la façade représentent les 4 continents. Une plaque rappelle que, le 29 février 1896, la 1re projection marseillaise des frères Lumière eut lieu dans cet hôtel. Sur le trottoir d'en face, achetez une écharpe à la ***boutique officielle de l'OM,*** ou faites une pause à la célèbre *Torréfaction Noailles,* au nº 56. Plus haut, belle restauration de l'ancien ***hôtel Noailles*** (devenu un commissariat).

**Le musée d'Histoire de Marseille** *(zoom 1 détachable, D4)* **:** *2, rue Henri-Barbusse, au rez-de-jardin du centre commercial Centre-Bourse. ☎ 04-91-55-36-00. • musee-histoire-marseille-voie-historique.fr • ♿ Tlj 9h-18h, sauf lun et certains j. fériés. Entrée : GRATUIT pour les collections permanentes ; supplément en cas d'expo temporaire. Audioguide inclus, visites commentées possibles (se renseigner) ou appli téléchargeable en ligne sur le site • musees.marseille.fr •*
La plus ancienne ville de France possède évidemment son musée, qui tisse un fil d'Ariane long de 2 600 ans en retraçant l'histoire maritime et portuaire de Marseille, à travers 14 séquences, de 600 av. J.-C. à aujourd'hui. De la plus petite pièce de monnaie aux immenses navires, les objets présentés ont tous une valeur historique inestimable, mis en valeur par une muséographie bien du XXIe s : audioguide, écrans tactiles, maquettes de la cité aux différentes époques...
Ne ratez pas le film présenté en début d'exposition, qui évoque l'occupation humaine à l'époque de la grotte Cosquer, il y a près de 30 000 ans. C'est ensuite l'arrivée des Phocéens (voir les incroyables épaves antiques) qui fondèrent Massalia la Grecque avec ses temples, ses drachmes, ses objets de la vie quotidienne. Au détour des sépultures présentées, notez que certains squelettes ont une pièce de monnaie dans la bouche : une pratique courante alors pour que le défunt puisse payer Charon, ce batelier chargé de leur faire traverser le Styx vers le royaume des morts. Puis c'est

Massilia la Romaine, conquise par César, qui donnera durablement un prénom à plein de petits Provençaux. Plus loin, le Moyen Âge dont on découvre les ateliers d'artisans aujourd'hui disparus. Le rattachement de Marseille au royaume de France, puis Louis XIV et les grandes réalisations architecturales (la Vieille-Charité, l'arsenal des Galères, les forts Saint-Jean et Saint-Nicolas...), la grande peste et la période industrielle moderne avec le pont transbordeur qui barrait l'horizon à l'entrée du port, avant de finalement s'en laver les mains au fameux savon de Marseille. Le site archéologique attenant au musée, appelé « ***Port Antique*** » et découvert accidentellement en 1967 lors de la construction du centre commercial, est une véritable « salle à ciel ouvert » : c'est tout simplement le port antique de Massalia où a accosté le 1er bateau grec au VIe s av. J.-C. Ce parc archéologique de 1 ha vient d'être réaménagé afin de valoriser les vestiges antiques, notamment les remparts.



***Le mémorial de La Marseillaise*** *(plan détachable, E4)* **:** *23-25, rue Thubaneau. ☎ 04-91-55-36-00. Ⓜ Noailles. Mar-dim 9h-12h30, 13h30-18h. Fermé lun et certains j. fériés. GRATUIT.* C'est de Marseille que partirent, le 2 juillet 1792, les Fédérés, ces fameux bataillons de volontaires pour Paris. Ils s'emparèrent comme d'un hymne du *Chant de guerre pour l'armée du Rhin* signé Rouget de Lisle en avril de la même année. Il leur faudra près d'un mois pour traverser la France, entonnant cet hymne pour se donner du courage. Arrivée triomphale à Paris qui est conquise par ce nouveau chant, vite rebaptisé *La Marseillaise.* On connaît la suite... La scénographie est réussie, tout à la fois ludique, pédagogique et interactive. Extraits de documents d'époque, banque audio des multiples versions de *La Marseillaise,* diorama mettant en scène des acteurs de cette période révolutionnaire... Bon, ça ira, ça ira !

## LA MARSEILLAISE : QUI A PLAGIÉ QUI ?

*L'histoire veut que Rouget de Lisle ait imaginé l'hymne national en une nuit, à Strasbourg, en 1792. Prouesse de plus en plus contestée... On constate en effet d'étranges similitudes avec* Esther, *un oratorio d'un certain Grisons, compositeur à Saint-Omer. Faut dire que Rouget de Lisle fut capitaine de garnison à Saint-Omer. Tiens, tiens... Attendez, ce n'est pas tout : la ressemblance est tout aussi frappante avec* Tema e Variazioni *(1781), du compositeur italien Viotti ! À écouter sur Internet, c'est édifiant. Alors, qui a copié au fond de la classe ? Rouget, rouge de honte !*

***Le quartier Belsunce*** *(plan détachable, D-E3-4)* **:** Ⓣ *Belsunce-Alcazar.* Tout autour du cours Belsunce, où les dames chics venaient exhiber leurs toilettes, le quartier est aujourd'hui celui des immigrés. Les Arméniens y arrivèrent en 1915, les Italiens (dont des antifascistes) dans les années 1930, les Maghrébins lors du boom économique d'après-guerre. Bon nombre de pieds-noirs s'y installèrent aussi après 1962. C'est l'un des poumons économiques de Marseille. On vient de loin pour y faire ses achats. Ainsi, origines diverses, ethnies et religions cohabitent : grossistes juifs, travailleurs africains, Maghrébins (dont beaucoup de commerçants mozabites (région de Ghardaïa en Algérie), exerçant dans le détail et demi-gros, Libanais pratiquant l'import-export et Arméniens œuvrant comme tailleurs, horlogers ou cordonniers. La liste serait longue... et avec tout ça, n'oublions pas que le quartier porte le nom de l'évêque resté au chevet des Marseillais lors de la peste de 1720.

– ***La bibliothèque de l'Alcazar*** *(zoom 1 détachable, E4)* **:** *58, cours Belsunce. ☎ 04-91-55-90-00. Tlj 11h-19h (13h-18h en été), sauf dim-lun.* Un superbe lieu qui a donné un coup d'accélérateur intellectuel au quartier. La bibliothèque se trouve à l'emplacement même de l'ancien Alcazar, bâti en 1857 et décoré en « fantaisie mauresque » pour ressembler à l'Alhambra de Grenade ou pourquoi pas à l'Alcázar de Cordoue. Après un incendie en 1873, il est rebâti en 1889 et son entrée surmontée d'une monumentale marquise. Seul vestige restant aujourd'hui de ce haut lieu de la culture marseillaise de jadis. Ambiance populaire savoureuse : de vieux Maghrébins lisant le journal, des retraités visionnant des comédies musicales des années 1950 et des minots révisant leurs cours...

– ***La halle Puget*** *(zoom 1 détachable, D3-4)* **:** *juste à l'arrière de la rue Colbert.* À l'allure de temple grec et à la très belle pierre blonde, elle porte le nom de son très marseillais architecte, Pierre Puget.

**UNE PÉPINIÈRE DE JEUNES TALENTS**

*Parmi une foultitude d'artistes accomplis, l'Alcazar a vu quelques jeunot(e)s y débuter leur carrière ou s'y révéler. Des novices du music-hall soumis à la pression d'un public marseillais impitoyable. Quelques-un(e)s s'en sont sorti(e)s, avec, à la clé, une carrière pas trop mauvaise... Yves Montand, Tino Rossi, Dalida... mais aussi Fernandel ou Maurice Chevalier !*

***Le quartier de Noailles*** *(plan détachable, E4-5)* **:** Ⓜ *Noailles.* Le ventre éternel de Marseille. Un lieu qui fascine toujours autant, qui bouillonne en permanence. Empruntez la rue des Feuillants jusqu'à la place du Marché-des-Capucins, en forme de triangle, pour respirer les bonnes odeurs d'épices d'un ***marché*** *(tlj 8h-19h, sauf dim)* qui attire toujours une foule dense. Il faut dire que les prix y sont imbattables. Pour la curiosité, faites un arrêt à la ***Maison Empereur*** *(4, rue des Récolettes),* la plus ancienne quincaillerie de France (1827). Voir plus haut la rubrique « Achats ».

***La rue d'Aubagne*** *(plan détachable, E4-5)* **:** Ⓜ *Noailles.* L'axe le plus animé de cette partie de la ville. Du moins jusqu'au drame de novembre 2018, quand 2 immeubles vétustes se sont effondrés, causant la mort de 8 personnes. Ce terrible choc a causé une immense colère citoyenne contre la municipalité. Les épices et autres marchandises débordent des échoppes, restos font à nouveau le plein, la rue grouille... Rue Méolan, l'***herboristerie du Père Blaize*** est ouverte depuis 1815. Plus haut, de l'autre côté du cours Lieutaud percé en 1864, on grimpe à La Plaine.

## *Le quartier de La Plaine et du cours Julien*

Drôle de « plaine » en réalité que ce plateau en pleine ville, à une centaine de mètres au-dessus du niveau de la mer... Pas étonnant, puisque « La Plaine » vient en fait d'une mauvaise traduction de l'ancien nom provençal « plan Saint-Miquèu », qui veut en fait dire « plateau ». Alors, « montons à La Plaine », comme disent les Marseillais !

Tout s'ordonne autour de la ***place Jean-Jaurès*** *(zoom 2 détachable, F4),* complètement rénovée depuis peu, après de longs travaux pour le moins controversés. Cette place continue aujourd'hui d'accueillir nombre d'événements spontanés et populaires. La Plaine est en quelque sorte l'antichambre du ***cours Julien,*** lieu de rassemblement de la jeunesse marseillaise, entre bobos en goguette et zonards de tous poils. Tout autour, sur fond de *street art* plus ou moins accompli et de boutiques alternatives, vibrionne l'âme festive de la cité phocéenne, surtout en fin de semaine. C'est clairement un des quartiers de la « Nuit marseillaise ». Ne pas y passer serait l'erreur fatale ! Car dans ce périmètre restreint pullulent les restos branchés, les cafés, les bars de nuit.

## *La préfecture, le cours Pierre-Puget, la rue Paradis*

Perpendiculairement à La Canebière s'allongent des rues très commerçantes et tracées au cordeau. Les longues ***rues Paradis*** et ***de Rome*** – cette dernière

MARSEILLE

débouche sur la ***place Castellane*** *(plan détachable, E-F6),* où trône l'allégorique ***fontaine Cantini*** – se partagent la mode. Remonter la tout aussi longue et semi-piétonne ***rue Saint-Ferréol*** (ici on dit « Saint-Fé ») jusqu'à l'imposante ***préfecture,*** édifiée en 1861. Les rues voisines regorgent d'***hôtels particuliers*** des XVIIIe et XIXe s *(visite possible avec l'office de tourisme).*

***Le musée Cantini*** *(zoom 1 détachable, E5)* **:** *19, rue Grignan. ☎ 04-91-54-77-75. Ⓜ Estrangin-Préfecture. Tlj 9h-18h, sauf lun (excepté Pâques et Pentecôte) et certains j. fériés. Entrée : GRATUIT pour les collections permanentes ; supplément en cas d'expo temporaire ; réduc. Visites commentées (se renseigner).* Un musée dédié à l'art moderne installé dans un hôtel particulier du XVIIe s. Édifié à l'origine pour la Compagnie du Cap-Nègre, il porte aujourd'hui le nom d'un marbrier marseillais, Jules Cantini (1826-1916). Au gré des accrochages (les œuvres sont exposées par roulement) et des expos, vous pourrez redécouvrir les avant-gardes qui ont marqué le XXe s autour d'André Derain, Raoul Dufy, Albert Marquet, Camoin, les œuvres majeures des surréalistes, Max Ernst, André Masson. L'occasion de balayer les grands courants artistiques de 1900 à 1960 : postimpressionnisme (Signac), fauvisme, cubisme...

***Le cours Pierre-Puget*** *(plan détachable, D-E5)* **:** *Ⓜ Estrangin-Préfecture.* Ouvert en 1800 à l'emplacement de l'ancien rempart de l'époque Louis XIV, ce cours ombragé se termine par une butte rocheuse, le jardin Puget, qui permet de rejoindre tout là-haut Notre-Dame-de-la-Garde.

***La rue Sylvabelle*** *(plan détachable, D-E5-6)* **:** *Ⓜ Estrangin-Préfecture.* Cette rue « bourgeoise » assez étroite relie la Préfecture au boulevard Notre-Dame. Elle est encore bordée de beaux immeubles (bien conservés) datant du 2d Empire et du début de la IIIe République. Vers 1880-1900, de nombreux consulats de pays étrangers y avaient pignon sur rue. Le jeune marin Joseph Conrad y aurait même vécu dans ses années marseillaises (vers 1875) : l'auteur de *La Flèche d'or* et d'*Au cœur des ténèbres* aurait habité au no 82, un très bel immeuble.

***L'église Saint-Nicolas-de-Myre*** *(plan détachable, E5-6)* **:** *19, rue Edmond-Rostand.* ***Sera peut-être fermée pour travaux de restauration.*** La construction de cette église à Marseille témoigne de l'importance de « la porte de l'Orient » dans les relations avec les pays méditerranéens. Érigée en 1821 par l'archevêque de Myre (actuelle Turquie) à la demande des réfugiés catholiques venus d'Égypte et de Syrie, Saint-Nicolas-de-Myre est la plus ancienne église orientale d'Europe et l'une des 1res églises grecques catholiques (de rite melkite) du monde. Un vrai dépaysement d'y découvrir une architecture et une décoration mêlant l'Orient et l'Occident.

**LA PORTE DE L'ORIENT**

*En 1669, un édit promulgué par Colbert érigea Marseille en port franc et lui donna le monopole du commerce maritime vers le Levant. C'est ainsi que l'importation des « indiennes », ces cotons imprimés venant d'Orient, fit la fortune de la ville, mais aussi son malheur lorsqu'en 1720 elle introduisit... la peste.*

## Au nord de La Canebière, autour du palais Longchamp

***Le palais Longchamp*** *(plan détachable, G3)* **:** *pl. Henri-Dunant. Ⓜ Cinq-Avenues/Longchamp. Ⓣ Longchamp.* Un édifice assez spectaculaire, dominant Longchamp, inauguré en 1869 pour célébrer l'acheminement de l'eau de la Durance jusqu'à Marseille via un canal de 85 km de long. La fontaine monumentale symbolise celle-ci et ses affluents, entourés de la vigne et du blé. Du haut des escaliers, belle vue sur les toits de la ville et sur Notre-Dame-de-la-Garde, au loin. Agréable parc classé, où les Marseillais viennent volontiers s'étaler au soleil. Divers événements culturels prennent place dans le parc tout au long de l'année.

*Les 2 musées suivants ont des horaires et tarifs identiques. Tlj 9h-18h, sauf lun (excepté Pâques et Pentecôte) ; fermé 1er janv, 1er mai, 1er et 11 nov et 25 déc. Entrée : GRATUIT pour les collections permanentes ; supplément en cas d'expo temporaire ; réduc ; gratuit moins de 18 ans et le 1er dim du mois. Visites commentées possibles, y compris en famille.*

– ***Le musée des Beaux-Arts :*** *aile gauche. ☎ 04-91-14-59-20.* Même si l'escalier, orné de 2 imposantes peintures de Puvis de Chavannes (*Marseille, colonie grecque* et *Marseille, porte de l'Orient*), tient à lui seul autant de place que les salles. Monumentalité des espaces, éclairage naturel grâce à une verrière, le musée des Beaux-Arts présente des œuvres des écoles italienne, française et flamande des XVIIe au XIXe s. Le rez-de-chaussée fait la part belle aux peintures italiennes et sculptures. À l'étage, quelques toiles mineures de Corot, Ingres et David. On s'intéressera plutôt aux régionaux de l'étape : grandes et très évocatrices *Vue du cours pendant la peste de 1720* et *Vue de l'hôtel de ville de Marseille pendant la peste,* signées Michel Serre (XVIIIe s). Également des toiles de Ziem, Guigou, Monticelli...

– ***Le Muséum d'histoire naturelle de Marseille :*** *aile droite. ☎ 04-91-14-59-50.* Une infime partie des collections naturalistes bicentenaires du Muséum sont installées dans cette aile dédiée aux sciences depuis son ouverture en 1869. Le hall en pierre de Cassis est orné de 2 peintures d'Auburtin (*Pêche au gangui* et *La Calanque*).

Sur un niveau, la nouvelle exposition permanente ***« Terre d'évolution »*** mêle biodiversité passée et actuelle, invitant au questionnement sur la nature. Bienvenue pour un safari à travers une scénographie dense, riche de plus de 1 800 spécimens exposés (animaux naturalisés, fossiles, coquillages, insectes et impressionnants squelettes).

***Le musée Grobet-Labadié*** *(plan détachable, G3)* **:** *140, bd Longchamp, 13001. ☎ 04-13-94-83-80. Ⓜ Cinq-Avenues/Longchamp. Bus no 81. Ⓣ Cinq-Avenues/Longchamp. Tlj 9h-18h, sauf lun. Entrée : 6 € ; réduc ; gratuit moins de 18 ans et le 1er dim du mois.* ***Sous réserve de fermeture pour travaux en 2022.*** C'est en 1919 que Marie Grobet, née Labadié, légua à la Ville de Marseille le bel hôtel particulier construit en 1873 par son père, un riche négociant en drap et amateur d'art éclairé. Les collections que l'on peut y admirer sur 3 niveaux illustrent admirablement l'éclectisme artistique de la famille. Elles reflètent les goûts d'une société bourgeoise raffinée, séduite par toutes les formes d'art et constituent des ensembles d'œuvres de 1re importance : élégantes pièces de réception au rez-de-chaussée avec bow-window face au Palais Longchamp, mobilier du XVIIIe s, peintures, sculptures, céramiques, tapisseries d'Aubusson...

Au 1er l'étage, dans les appartements privés, on déambule entre la salle des primitifs, le salon des portraits qui donne sur le jardin, un cabinet de curiosités et une salle de bains équipée du confort moderne de l'époque ! Au 2e étage, au salon de musique, une intéressante collection d'instruments, notamment des violons utilisés par Marie Grobet. Si le XVIIIe s occupe une place privilégiée au sein des collections, avec notamment le Salon Louis XV, le haut Moyen Âge, la Renaissance et le XIXe s n'en demeurent pas moins représentés.

## LA BELLE-DE-MAI

➢ ***Pour s'y rendre :*** *depuis le Ⓜ Réformés-Canebière, bus nos 33 ou 34 arrêt Belle-de-Mai-Loubon, ou no 49 arrêt Belle-de-Mai/La Friche. Depuis la gare Saint-Charles, bus no 56 arrêt Belle-de-Mai/La Friche.*

Circonscrite par le boulevard National à l'ouest, la rue Guibal à l'est et le boulevard Plombières au nord, la Belle-de-Mai fut le plus important point de chute de l'immigration italienne à la fin du XIXe s. Ouvrier, de gauche (longtemps communiste), c'est l'un des quartiers populaires les plus emblématiques. La Belle-de-Mai fut longtemps réputée pour sa riche vie sociale et associative, et l'atmosphère conviviale, quasi familiale, de ses rues.

### PLUS BELLE LA VIE

*300 personnes toute l'année, 130 intermittents, un budget de 30 millions d'euros, quelque 6 millions de téléspectateurs chaque soir. Un succès d'audimat pour Marseille ! Il n'y a pas que les extérieurs de la série* Plus belle la vie, *sur France 3, qui sont tournés à Marseille... Les intérieurs le sont en studio, à la Belle-de-Mai, sur un site visible par tous ceux qui arrivent en train. Mais les scénaristes restent parisiens !*

## Chronique d'un vieux quartier marseillais

Le quartier se développe véritablement avec l'ouverture de la gare Saint-Charles et l'apparition des 1res industries : une fabrique d'allumettes (en 1847), une manufacture des tabacs, rue Guibal (en 1868), puis des raffineries de sucre et autres industries alimentaires.

En mars 1871, le bataillon de la Belle-de-Mai prend la direction de la Commune de Marseille, la plus importante après Paris. En 1881, ***élection*** à la Belle-de-Mai de Clovis Hughes (1851-1907), 1er député socialiste en France (ici, on prononce « Clovizugues »). Cet ancien communard, poète à ses heures, deviendra ensuite député de Montmartre, à Paris. À partir de cette époque, la Belle-de-Mai élira systématiquement des députés de gauche et se révélera une pépinière d'hommes politiques de grande importance régionale. Le 27 mai 1944, lors du bombardement américain sur la gare Saint-Charles, le quartier reçut son lot de bombes. Beaucoup de morts ; l'église et de nombreuses maisons furent alors détruites.

En dehors de La Friche elle-même, ses jardins, ses lieux de vie et de spectacles (voir plus bas), jetez un œil à la ***caserne de Muy*** *(plan détachable, F2),* d'un luxe architectural inouï, reflet de la mégalomanie de Napoléon III. Longez le cinéma ***Gyptis*** *(plan détachable, F1),* puis la ***maison natale du sculpteur César*** *(plan détachable, E1)* et, si vous êtes dans le coin un jour de marché *(lun, mer et ven mat),* redescendez par la ***place Cadenat*** *(plan détachable, F1).*

★★★ ***La Friche La Belle-de-Mai*** *(plan détachable, F-G1-2) : entrée piétons 41, rue Jobin ; accès véhicules et parking 12, rue François-Simon. Bus nos 49, 56 et 582 (de nuit). ☎ 04-95-04-95-95. • lafriche.org • ♿ Tlj 8h30-22h30 (plus tard les soirs de spectacle). Expos mer-dim 14h (13h w-e)-19h. Tarif 5 €/pers ; réduc ; gratuit moins de 18 ans et familles nombreuses ; entrée à la galerie « salle des machines » gratuite. Point info.*

C'est dans le cadre d'une ancienne manufacture de tabac que La Friche s'est installée en 1991, réunissant sur 45 000 m² toutes les disciplines artistiques émergentes à travers plus de 70 associations : théâtre, musique, danse contemporaine, cirque, marionnettes, arts plastiques, cinéma, photographie, vidéo, multimédia, etc. Marseille bouge : ici, ça se sent, ça se voit. Toute l'année, des résidences d'artistes. Mais aussi des expos qui dynamisent la scène de l'art contemporain. Il se déroule ici quelque 700 événements par an ! Cours de skate, festivals de musiques électroniques comme Le Bon Air, salon d'art contemporain Art-o-rama ou encore soirées culinaires avec le festival Kouss-Kouss ; aussi bien sur le plan architectural que pour son volet « programmation », La Friche La Belle-de-Mai a réussi en 2013 une spectaculaire transformation, dont la construction de l'imposante *Tour Panorama.* Bref, non pas un, mais plusieurs lieux grands ouverts sur la vie et sur la ville, devenus incontournables. La Friche abrite également, un skate-park, une crèche, des potagers urbains, Radio-Grenouille (88.8 FM), un immense bar-restaurant ouvert à tous (voir plus haut

« Où manger ? ») et des jeux pour enfants. Les week-ends d'été, soirées (gratuites) sur l'immense toit-terrasse : on profite du coucher de soleil avec vue mer, de DJ set et concerts les vendredis et samedis et du cinéma en plein air les dimanches. Bon à savoir : lors de ces soirées, les expositions sont visibles gratuitement !

# MARSEILLE CÔTÉ PLAGES

• Plan Marseille – Les plages *p. 94-95*



Enfilez le maillot de bain : de l'Estaque (au nord) aux calanques (au sud), Marseille déroule près de 57 km de littoral et une bonne cinquantaine de spots de baignade, plus ou moins secrets.

## *DU STADE (ORANGE) VÉLODROME À LA... POINTE-ROUGE*

***Le Stade Orange Vélodrome*** *(plan Marseille – Les plages, K8) : bd Michelet. ☎ 04-84-45-38-00. • orangevelodrome.com • ♿ Ⓜ Rond-Point-du-Prado. Visites guidées ou autonomes en cas d'expo, tlj (sauf dim hors saison) 10h-18h (pause 12h-13h30), dernière visite 17h ; compter 18 €/pers ; familles (2 adultes, 2 enfants) 48 € ; gratuit moins de 6 ans.*
Le stade, désormais marié avec Orange, peut, grâce à ses tribunes en forme d'oreilles de Mickey, accueillir 67 400 personnes : c'est le 2e plus grand stade de France. On a tout écrit ou presque sur l'OM, sur ses affaires ou sur ses aspects sociologiques. Pour se remémorer les exploits du club au cours du XXe s, ceux que le ballon rond démange s'offriront une visite (chère) ou feront un pèlerinage au ***musée-boutique de l'OM*** (sous le virage sud), avec en prime la possibilité d'acheter gadgets et souvenirs à la boutique officielle. Mais c'est surtout à l'occasion d'un match qu'il faut s'imprégner de l'ambiance des grands soirs.

***La Cité radieuse Le Corbusier*** *(plan Marseille – Les plages, K9) : 280, bd Michelet, 13008 (prolongement de l'av. du Prado). Ⓜ Rond-Point-du-Prado, puis bus nos 21 ou 22, arrêt Le Corbusier. Résa obligatoire à l'office de tourisme ou sur • marseille-tourisme.com/experience • Visite guidée lun-sam à 14h et à 16h (1h30) : 10 €/pers ; réduc. Sinon, possibilité de visiter librement et gratuitement la « rue des commerces » au 3e étage, ainsi qu'une partie du toit-terrasse, tous les jours de l'année !*
Visite passionnante de l'une des œuvres les plus célèbres de l'architecte Le Corbusier, classée Monument historique. Lors de sa construction, en 1952, la Cité radieuse fut surnommée ironiquement « la maison du fada » par des Marseillais dubitatifs. Une « unité d'habitation » par laquelle « Corbusier » prétendait répondre au problème du logement collectif tout en anticipant celui des transports. Quoi qu'on en pense, l'œuvre de Le Corbusier (17 sites dont la Cité radieuse de Marseille) a été inscrite au Patrimoine de l'Unesco en 2016, pour sa « contribution exceptionnelle au Mouvement moderne ».

### *MODULOR* N'EST PAS MODULABLE

*Le Corbusier réinterpréta le fameux nombre d'or utilisé depuis l'Antiquité grecque. Il modélisa un homme type, le modulor, de 1,83 m, pour dimensionner toutes ses unités de vie : la hauteur des plafonds (2,26 m) est celle de ce modulor qui lève le bras, l'évier (86 cm) est juste à hauteur de main, le comptoir du bar (1,13 m) entre cuisine et salle de vie est celle du modulor accoudé... Bon, malheureusement, n'est pas modulor qui veut !*

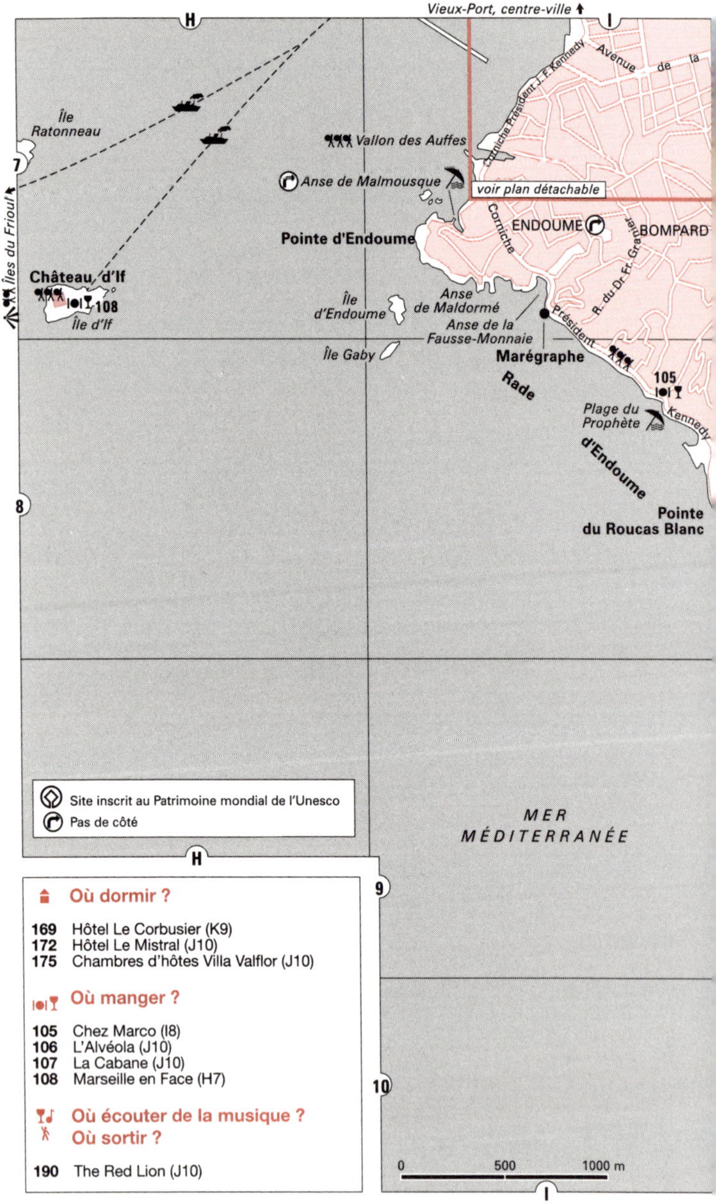


## Où dormir ?

169 Hôtel Le Corbusier (K9)
172 Hôtel Le Mistral (J10)
175 Chambres d'hôtes Villa Valflor (J10)

## Où manger ?

105 Chez Marco (I8)
106 L'Alvéola (J10)
107 La Cabane (J10)
108 Marseille en Face (H7)

## Où écouter de la musique ? Où sortir ?

190 The Red Lion (J10)

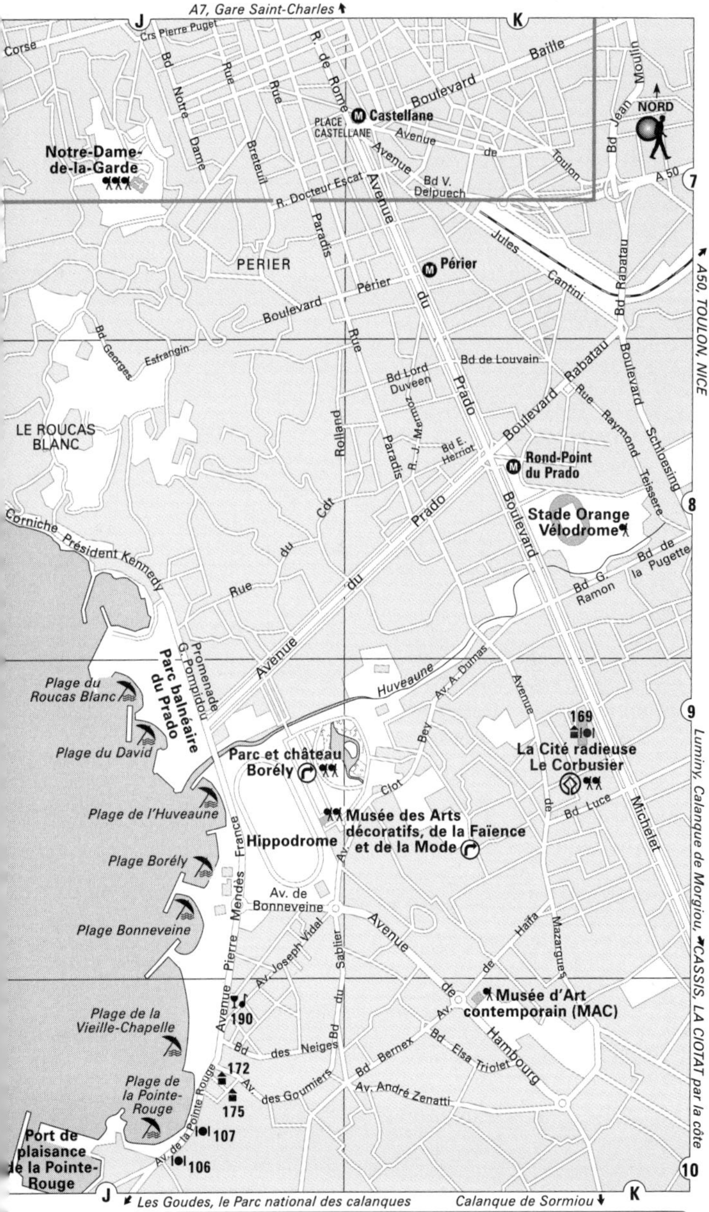


## MARSEILLE – Les plages

Ce diable d'homme foisonnait d'idées sur la société (certaines paraissent aujourd'hui un brin machos... femme au foyer, famille modèle avec 2 enfants...), sur l'architecture (des plafonds bas, à dimension humaine, des pièces qui anticipent l'usage qu'en feront leurs occupants : cuisine avec tout « sous la main », chambre des parents avec meuble à langer, celle des enfants avec espace hygiène, espace repos, espace jeux et espace étude), sur la technique (des pilotis utilisés pour évacuer les eaux usées, mais aussi tous les déchets, des systèmes de ventilation intégrés...). Le Corbusier s'inspirait de la vie monacale des chartreux, à la fois reclus (les appartements sont parfaitement isolés les uns des autres) et communautaires (tous les services et activités dont l'homme « moderne » pouvait avoir besoin pour s'épanouir socialement sont accessibles au sein même de l'immeuble : commerces, école, équipements sociaux et sportifs, et même un hôtel pour recevoir les amis de passage ; voir « Où dormir ? »).
Les 330 appartements ne sont pas très hauts de plafond, mais la plupart sont en duplex et disposent d'une double exposition vers la mer et vers les collines (ce qui explique cet aspect non aligné du bâtiment par rapport au boulevard). Des matériaux nobles ont été utilisés (escalier en chêne massif...). On y trouve aussi des gadgets inédits pour l'époque, comme le tapis à ordure ou les boîtes de livraison et les glacières, de grosses boîtes dans les couloirs où étaient livrées des provisions et de la glace tous les matins. Voir aussi les douches et les cuisines, révolutionnaires à l'époque. Au 8e étage, une petite école maternelle pour les enfants du quartier. Au 9e, sur le toit-terrasse, on trouve une minipiscine autour de laquelle, les soirs d'été, les habitants viennent boire l'apéro, et un ancien gymnase qui accueille le ***MAMO,*** dédié au design et à l'art contemporain, sous la baguette du designer marseillais Ora-Itö *(ouv seulement si expo, tlj 11h-18h sauf lun (et mar en été) ; ☎ 01-42-46-00-09 ; ● mamo.fr ● ; GRATUIT).*

**Le château Borély – *Musée des Arts décoratifs, de la Faïence et de la Mode*** *(plan Marseille – Les plages, J-K9)* **:** *132, av. Clot-Bey, 13008. ☎ 04-91-55-33-60. Ⓜ Rond-Point-du-Prado puis bus n° 44, arrêt Clot-Bey-Paul. ♿ Tlj 9h-18h, sauf lun (excepté Pâques et Pentecôte) ; fermé 1er janv, 1er mai et 25 déc. GRATUIT pour les collections permanentes. Un jeu/mois 18h-20h, découverte des collections ou de l'expo en cours avec un artiste ou un spécialiste.*
Ce beau château, implanté dans l'immense parc du même nom, fut construit entre 1767 et 1778 par le négociant-armateur Louis Borély. Désigné comme la plus belle bastide de Marseille dès sa construction, il se distingue par son élégante façade classique qui contraste avec la richesse de son décor intérieur, inspiré des palais romains. Fait rare, il conserve la majeure partie de ses salles d'origine (salon doré, bibliothèque, chambre, chapelle).
La bastide abrite aujourd'hui un musée dédié à la mode, aux arts décoratifs et à l'art de vivre. Sont déployés sur 2 niveaux : céramiques, mobilier, verres, tapisseries, objets d'arts du XVIIIe s à nos jours. La collection de faïences des XVIIIe et XIXe s permet de se rappeler qu'à cette époque, Marseille était l'un des plus prestigieux centres faïenciers de France.
Dans un accrochage régulièrement renouvelé, le département Mode permet d'admirer les créations de prestigieuses maisons de haute couture (Chanel, Alaïa, Dior, Lacroix, etc.) mais également de jeunes créateurs. Enfin, quelques œuvres contemporaines s'insèrent dans le parcours.
Le pavillon Est héberge le *Café Borély,* un resto-salon de thé *(☎ 04-91-22-46-87 ; tlj 9h-16h sauf lun),* proposant des brunchs le dimanche et un atelier de pratique artistique pour les enfants.
– **Le jardin botanique :** *☎ 04-91-55-25-05. Mar-ven 12h-19h ; w-e et j. fériés 10h-19h. Fermé 1er janv, 1er mai, 1er et 11 nov, 25 et 26 déc. Visite libre et gratuite, mais inscription obligatoire sur ● jardinbotanique.marseille.fr ● ou par tél au ☎ 3013.*
– **Le parc :** *Ⓜ Rond-Point-du-Prado, puis bus n° 83 arrêt Parc-Borély. Tte l'année, 6h-21h. GRATUIT.* En juillet, il devient le rendez-vous mondial de la pétanque, pour un concours placé sous l'égide du journal *La Marseillaise.*

Belle piste pour rollers et vélos, manèges, location de rosalies, de voitures électriques et de barques.

**Le musée d'Art contemporain** *(MAC ; plan Marseille – Les plages, K10)* **:** *69, av. de Haïfa, 13008. ☎ 04-91-25-01-07. Ⓜ Rond-Point-du-Prado puis bus nos 23 ou 45, arrêt Hambourg-Haïfa.* ***Ouv sous réserve de travaux en 2022.*** Ne manquez pas le gigantesque *Pouce* de César sur le rond-point tout proche, ni les sculptures du petit parc derrière, signées Jean-Michel Alberola et Erik Dietman.

## DU VIEUX-PORT À LA POINTE-ROUGE, PAR LE BORD DE MER



Outre l'agréable découverte des quelques perles qui ponctuent ce bout de côte, notre petit doigt nous dit que vous trouverez un tas de raisons objectives de piquer une tête dans la mer. Pour rassurer les plus inquiets, les plages sont surveillées de juin à début septembre : les Catalans, le Prophète, le Prado, Borély, la Vieille-Chapelle et la Pointe-Rouge. Accessibles à pied, à vélo ou en bus, elles sont aux portes de la ville. Sous les pavés, la plage !

## La corniche Kennedy

➢ **Accès :** *bus n° 83 depuis le Vieux-Port, sur les 5 km de la corniche Kennedy jusqu'aux plages du Prado.*

**La corniche Kennedy** *(plan détachable, A5-6)* **:** la corniche (rares sont les Marseillais qui la complètent du nom de feu JFK) est dotée du ***plus long banc du monde*** (homologué par le *Guinness Book* en 1965) décoré de jolies mosaïques par endroits, et désormais d'une piste cyclable protégée de la circulation automobile, longue de près de 2 km, du marégraphe aux plages du Prado. Été comme hiver, elle offre l'un des plus beaux panoramas maritimes qui soient : la rade de Marseille et ses îles. C'est aussi l'itinéraire préféré des joggeurs, sauf les jours de tempête, et encore.

**La plage des Catalans** *(plan détachable, A5)* **:** son nom vient des pêcheurs catalans qui étaient autrefois rejetés par ceux du Vieux-Port. À quelques centaines de mètres seulement du palais du Pharo, cette toute petite plage est la plus proche du centre-ville. Idéale avec des enfants. Son petit côté années 1960 n'était pas déplaisant, mais elle a pris un coup de jeune en 2016, quand elle a été en partie privatisée. À l'occasion, 2 restaurants ont été démolis, pour faire (enfin !) respecter la loi littorale.

**Musée subaquatique de Marseille** *(plan détachable A5)* **:** *plage des Catalans. 📱 06-24-82-27-01. • musee-subaquatique.com • Tlj. GRATUIT.* Immergées à 5 m de profondeur et à 100 m au large de la plage des Catalans, une dizaine de statues en béton, formant un récif artificiel, n'attendant plus qu'à être colonisées par les coraux et autres espèces sous-marines. Pour les voir, point nécessaire de s'équiper comme Cousteau, une simple paire de palmes, un masque et un tuba suffisent. Et si vous ne possédez pas du tout d'équipements, passez donc au « GRASM », le club de plongée partenaire du musée situé dans l'anse du Pharo *(☎ 04-91-59-37-00).*

**Le vallon des Auffes** *(plan Marseille – Les plages, I7)* **:** situé juste en contrebas du ***monument aux morts d'Orient,*** c'est l'un des lieux magiques dont Marseille a le secret (bien qu'il ne soit plus si bien gardé aujourd'hui !). Ce petit port de pêche de carte postale a un viaduc en fond de décor. Laissez la corniche tout là-haut et descendez vers ce lieu hors du temps qui a gardé son âme d'antan. Tout ça évoquera, aux anciens, Fernandel dans *Honoré de Marseille...* Romantique à souhait, même si on s'arrache les tables en terrasse (voir plus haut le resto *Chez Jeannot* dans la rubrique « Où manger ? » et le bar à tapas *Viaghji di Fonfon* dans « Où boire un verre en grignotant un bout ? »).

**Malmousque** *(plan Marseille – Les plages, I7)* **:** un mini-quartier ponctué de criquettes de galets et de rochers, secret, planqué au pied du quartier-village d'***Endoume,*** avec son lacis de ruelles grimpantes, d'escaliers hasardeux et de jardins suspendus.

**La plage du Prophète** *(plan Marseille – Les plages, I8)* **:** blotti sous la corniche, un petit îlot de sable blanc, entouré de rochers. Terrain de volleys, consignes et un petit restaurant avec terrasse, *Chez Marco* (voir « Où manger ? »).

### MARSEILLE, ALTITUDE ZÉRO

*C'est dans le bâtiment du marégraphe installé à Endoume, près de l'anse de la Fausse-Monnaie, qu'en 1884 a été fixé, après plusieurs années d'étude du niveau des marées, le point zéro (référence des altitudes pour toute la France métropolitaine). L'appareil d'époque fonctionne toujours, même s'il est désormais secondé par une palanquée d'appareils numériques.*

***Les villas de la corniche :*** la corniche est parsemée de somptueuses villas du XIXe s. Le *château Berger* (centre de thalassothérapie), qui se croit dans la Loire, la *villa Valmer* et son agréable parc public, le *castel Alléluia* et sa tour médiévale en miniature, la *villa Gaby* et, enfin, le *château Talabot,* qui domine superbement le site. Derrière cette partie de la corniche s'étend le très, très chic quartier du ***Roucas-Blanc.*** En continuant, avant de redescendre vers les plages du Prado, l'immense sculpture de César en bronze (haute de 9 m), en forme de pale de bateau, fut érigée en 1970 comme ***mémorial aux rapatriés d'Algérie*** : 8 ans avant, le maire socialiste, Gaston Deferre, déclarait d'eux « Qu'ils aillent se réadapter ailleurs »... Ambiance !

## Des plages du Prado à la Pointe-Rouge

➢ **Accès :** Ⓜ *Rond-Point-du-Prado, puis bus n° 19 pour rejoindre les plages. Navette maritime Vieux-Port/Pointe-Rouge : avr-sept, 8h-19h (22h fin juin-fin août) ; traversée : 5 €.*

**Les plages du Prado** *(plan Marseille – Les plages, J8-9)* **:** promenade Georges-Pompidou. Au débouché de l'avenue du Prado, statue de David, fidèle reproduction de l'œuvre de Michel-Ange à Florence. Et là s'étend la ***plage Gaston-Defferre,*** 45 ha de pelouses pour les footballeurs du dimanche et les amateurs de cerfs-volants. 5 plages de sable et de petits galets aménagées dans les années 1980. Ambiance tranquille le matin, plus animée l'après-midi. Située le long de l'avenue Mendès-France, la ***plage Borély*** (ou Escale Borély) est une plage de sable aménagée avec transats, parasols et matelas (à louer), restos et bars branchés. La ***plage de l'Huveaune*** (près du champ de courses) est ouverte aux surfeurs et aux baigneurs. Puis la ***plage Bonneveine*** aligne pas mal de véliplanchistes. Elle dispose d'une zone de jeux.

Plus loin, la ***plage de la Vieille-Chapelle*** *(plan Marseille – Les plages, J9-10)* **:** est équipée d'un skate-park, appelé ici le « Bowl », le plus beau de France selon les amateurs.

**La plage de la Pointe-Rouge** *(plan Marseille – Les plages, J10)* **:** devant le port de la Pointe-Rouge, plage de sable restée familiale et populaire. Très recherchée par les débutants en planche à voile. Après le port de la Pointe-Rouge, le ***Bain des Dames*** et le ***Fortin,*** 2 minuscules plages de galets, avec de bien typiques cabanons... anciens hangars à bateau.

Si vous êtes à la recherche d'une petite adresse pour grignoter un morceau près de la plage de la Pointe-Rouge, on vous conseille l'**Alvéola** *(plan Marseille – Les plages, J10, **106** ; 39, av. de Montredon ; ☎ 04-91-34-95-10 ; tlj 8h-23h sauf lun ; portions de pizza 3,60-6,30 €)* qui propose des pizzas à pâte épaisse à la coupe, garnies de manière fort originale, ainsi que des focaccias et arancini. Sinon, on a aimé aussi ***La Cabane*** *(plan Marseille – Les plages, J10, **107** ; 21, av. de Montredon ; 06-02-69-75-56 ; tlj au déj ; moins de 10 € ; CB refusées).* Ce minuscule kiosque à emporter propose des casse-croûte sains réalisés à base de bons produits, mais également du sucré pour le dessert.

En suivant le bord de la côte jusqu'à la Madrague de Montredon, vous découvrirez quelques petites plages nichées dans des anses comme celle de ***Bonne Brise*** ou des ***Phocéens.*** Par-delà commencent les calanques, mais c'est déjà une autre histoire : voir plus loin...



## LES ÎLES AU LARGE DE MARSEILLE

➢ ***Pour y aller :*** *compagnie **LeBateau** (Métropole Mobilité), 1, quai de la Fraternité, 13001. ☎ 04-91-22-41-22. • lebateau-frioul-if.fr • Fonctionne tte l'année ; en été 1er départ à 6h30 (Port Frioul), 9h50 (château d'If) ; dernier retour du château d'If à 17h50 (17h10 hors saison). Billet A/R château d'If : 11,10 €. Billet combiné avec les îles du Frioul : 16,70 € (transport seulement). Env 21 départs/j. (11-12 seulement pour le château d'If). Pour le château d'If seulement, également la compagnie **Croisières Marseille Calanques,** 1, La Canebière, 13001 Marseille. ☎ 04-91-58-50-58. • croisieres-marseille-calanques.com • Départ 10h15 ; dernier retour 18h (17h hors saison). Billet (transport seulement) : 11 €.*

***Le château d'If :*** *06-03-06-25-26. Tlj 10h30-18h (17h15 oct-mars). Fermé 1er janv, 1er mai et 25 déc, et selon la météo. Accès : 6 € ; réduc ; gratuit moins 26 ans. Résa en ligne possible sur le site • ticket.monuments-nationaux.fr • Pour la visite, appli gratuite téléchargeable sur • chateau-if.fr • Prévoir de bonnes chaussures.*

L'île d'If est la plus petite de l'archipel : 300 m de long sur 180 m de large (3 ha). C'est son château qui l'a rendue célèbre. Il fut édifié sur ordre de François Ier. Celui-ci fit une 1re visite sur l'île en 1516 afin d'y admirer un rhinocéros offert par un maharadjah des Indes au roi du Portugal, lequel l'offrit au pape. Ayant noté l'importance stratégique du site, le roi ordonna sa fortification dès 1524. Le château devint prison d'État en 1634 : on y enferma des princes, des protestants, des gentilshommes turbulents (Mirabeau y fut incarcéré 6 mois sur ordre de son père), des insurgés de 1848 et des communards de 1871. Contrairement à la légende, le Masque de fer et le marquis de Sade n'y ont jamais été emprisonnés. Mais Alexandre Dumas s'empara du lieu et y enferma Edmond Dantès, le héros de son roman *Le Comte de Monte-Cristo.* La réalité a rejoint la fiction : sa supposée cellule se visite aujourd'hui !

***Marseille en Face :*** *(plan Marseille – Les plages, H7, **108**) Au pied du château. 06-64-91-20-09. • barcache@yahoo.fr • Avr jusqu'au w-e de la Toussaint, tlj (sauf météo défavorable) 9h-jusqu'au dernier bateau. Formule 24 € ; menu 27 € ; plats 16-18 €.* Vous rêviez du château d'If lorsque votre regard courait sur la mer ? Eh bien vous y voilà, dans l'ancien logis du gouverneur, face à Marseille, à siroter une boisson ou à grignoter un petit plat (pâtes maison, loup bio du Frioul), tout en savourant le panorama.

***Les îles du Frioul*** *(îles de Pomègues et Ratonneau) :* reliées entre elles par une digue depuis le début du XIXe s, ces îles sont devenues un quartier « maritime » de Marseille, suite à la construction, dans les années 1970, d'un projet immobilier jamais mené à terme. Le roi François Ier y chassa, paraît-il. Mais les forêts d'alors ont laissé place à la roche quasi nue et à quelques arbustes couchés par le vent. Relativement plates, elles sont parfaites pour aller passer la journée, pique-nique en poche, dans de petites criques secrètes aux eaux limpides, quasiment désertes, et d'où l'on découvre une vue panoramique sur tout Marseille.

Sur l'***île Ratonneau,*** on peut voir les ruines de l'hôpital Caroline, destiné à l'isolement des malades contagieux (fièvre jaune), construit en plein vent pour l'évacuation des miasmes. On peut visiter le chantier de l'ancien hôpital pendant les Journées du patrimoine.

L'***île de Pomègues*** servait aussi de port de quarantaine.

**ON Y CROIX...**

*Sur l'île Ratonneau, pendant la 2de Guerre mondiale, l'armée allemande bâtit d'énormes blockhaus. Pour se protéger des attaques aériennes, les occupants construisirent un faux cimetière en érigeant de gigantesques croix. Elles sont toujours visibles aujourd'hui.*



## Plongée sous-marine au large de Marseille

Avant même de savoir shooter dans un ballon, Marseille était une plongeuse émérite. Ses 1res bulles remontent aux années 1930. Depuis, Marseille la Bleue s'impose comme la Mecque de la plongée sous-marine française. On y trouve, entre autres, le siège de la Fédération française d'études et de sports sous-marins (FFESSM), la fameuse Comex et encore le Centre océanologique de Marseille (COM). Marseille est une étape incontournable dans la vie d'un plongeur. De tombants colorés en épaves luxuriantes, ses eaux cristallines livrent richesses et curiosités fabuleuses. Côté météo, les plus belles plongées sont accessibles par mistral ; mais le choix sera limité si le vent d'est se met à souffler.

### Clubs de plongée

Pour obtenir des informations sur la plongée à Marseille (les clubs, ce qu'il faut savoir, l'achat de matériel, etc.), consulter le site *• plongeemarseille.fr •*

■ ***Marseille Côté Mer Plongée (association Les Plaisirs de la Mer) :*** *1, quai Marcel-Pagnol, 13001. ☎ 04-91-33-03-29. • mcmplongee.fr • Bus nos 82 ou 83, arrêt Fort-Saint-Nicolas. En contrebas du fort Saint-Nicolas, sous la balise verte marquant l'entrée du Vieux-Port. Tlj juil-août ; seulement les w-e et j. fériés le reste de l'année. Résa obligatoire. Baptême 50 € ; plongée 35-47 € selon équipement ; forfait dégressif à partir de 6 plongées.* Depuis le Vieux-Port, sur un chalutier et 2 vedettes de transport de passagers, baptêmes, formations jusqu'au niveau IV et encadrement sur les meilleurs spots du coin. Pour sortir des plongées classiques, demandez-leur donc de vous emmener sur un petit tombant de derrière les fagots : c'est leur grande passion ! Initiation enfants à partir de 8 ans.

■ ***Atoll Club :*** *31, traverse Prat, 13008. ☎ 04-91-72-18-14. • atollplongee.com • Bus n° 19, arrêt Pointe-Rouge. Tlj, mars-nov. Résa obligatoire. Baptême 75 € ; plongées 36-85 € selon équipement et technicité.* Au départ du port de la Pointe Rouge, 2 plongées par jour dans les calanques sur les 5 embarcations rapides de cette école (FFESSM, ANMP, PADI, FSI). Moniteurs brevetés d'État proposent baptêmes, formations jusqu'au niveau IV et brevets PADI, ainsi que des explorations sur des épaves en petite et grande profondeur selon son niveau, dont vous garderez le plus vif souvenir. Initiation enfants dès 8 ans. Équipements complets fournis. Hébergement possible en chambres de 2 à 6 personnes et restauration sur place.

## Nos meilleurs spots

### *Autour de l'île de Riou*

***Les Impériaux*** *(niveau I min ; 15-60 m)* **:** la plongée phare de la côte marseillaise. Vie sous-marine luxuriante et très sauvage sur ces 3 « cailloux » magnifiquement découpés au sud-est de l'île de Riou. L'Impérial du large, ouvert sur la pleine mer, offre parfois d'impressionnantes rencontres avec les grands pélagiques (sérioles, thons...).

***La grotte à corail*** *(tous niveaux)* **:** sur la face sud de l'île Maïre, une balade fabuleuse au pays de « l'or rouge ». Par seulement 15 m de fond, vous déclencherez un incendie sans précédent en braquant votre lampe torche sur les parois de cette arche recouverte de corail rouge. Surtout, ne touchez à rien et faites attention à l'amplitude de votre palmage.

***Le Liban et les Farillons*** *(niveau II min ; 24-37 m)* **:** au sud-est de l'île Maïre, cette plongée surréaliste débute par l'exploration du *Liban,* sombré en 1903. Le paquebot – brisé en 2 – a revêtu un somptueux manteau de gorgones rouges et jaunes, où se pelotonnent les nouveaux passagers de la *first class* : congres pépères, murènes craintives et langoustes curieuses. Les classiques castagnoles accompagnent cette visite généreuse en curiosités (hélice de bronze, proue majestueuse...). Puis vous remonterez tranquillement le long du proche tombant des Farillons, où 3 arches poissonneuses et colorées – véritables cathédrales – garnies de corail rouge et d'anémones encroûtantes achèveront de vous émerveiller... Évitez toute incursion dans l'épave. Site exposé.

***Les Moyades*** *(niveau II min ; 20-40 m)* **:** à la pointe ouest de Riou, la plongée bénie des photographes ! Vous dévalez un superbe tombant où les gorgones éclatantes dissimulent de nombreuses langoustes (repérez leurs antennes !). Les rascasses, cigales de mer et congres placides ont trouvé refuge dans les failles, survolées par des nuages de castagnoles et de mendoles (rayures bleues). En zone de « non-prélèvement », du parc national des Calanques, vous apercevrez sûrement des barracudas disputer le terrain aux mérous.

***La pointe Caramassaigne*** *(niveau II min)* **:** à l'est de Riou, la plongée marseillaise par excellence. Incendie de couleurs sur ce tombant (60 m maxi) littéralement recouvert de gorgones rouges, d'anémones jaunes et d'éponges rose et orange éclatantes. Dans ce grand « jardin à la marseillaise », vous croiserez loups, sars, dentis, ainsi que des mérous très attachants. Courant souvent violent. « À 2 brassées de palmes », le tombant du ***Grand Conglué*** (60 m) offre des beautés sous-marines qui n'ont – bien heureusement – rien de fatal ! Cousteau y a fouillé plusieurs épaves antiques dans les années 1950...

### *Autour de l'île de Planier*

Un haut lieu de la plongée méditerranéenne réputé pour ses épaves. Le cargo ***Chaouen*** (de 8 à 36 m ; niveau I confirmé) coulé en 1970 révèle une silhouette enchantée. Équipage charmant et paisible (congres, rascasses...) camouflé parmi les gorgones du ***Dalton*** (niveau II ; de 15 à 32 m), un autre cargo sombré en 1928, vedette du film de Cousteau, *Épaves,* dans les années 1950. Par 45 m de fond, les plongeurs – aguerris – surprendront un poisson-lune et survoleront murènes, congres et homards qui se partagent le cockpit du ***Messerschmitt 109*** (niveau III confirmé), avion allemand de la 2de Guerre mondiale. Les eaux cristallines de l'île offrent également d'éblouissants tombants peuplés de poulpes, loups, dentis, daurades, castagnoles, et même quelques liches.

### *Au nord de la rade*

***Le Saint-Dominique*** *(niveau II)* **:** plongée « coup de cœur » sur ce 3-mâts coulé en 1897 par 33 m de fond devant le port autonome de Marseille.

Son immense coque métallique – intacte et dénudée – affiche encore toute l'élégance de la marine à voile (sans les mâts !). Coup d'œil spectaculaire à la proue, où des nuées de castagnoles se livrent à de vastes mouvements « gymnasticatoires » sous l'œil perçant des congres, murènes et rascasses, tapis dans les cales vides. Attention aux filets.

***La Drôme***

**La Drôme** *(niveau III confirmé)* **:** ce transporteur de munitions repose depuis 1918 au beau milieu de la rade de Marseille. Par 51 m de fond, le navire – coupé en 2 – livre une très jolie silhouette et des locataires de taille (congres, langoustes...). Surprenante pièce d'artillerie sur l'arrière. Évitez toute incursion à l'intérieur. Pour votre sécurité, cette plongée délicate ne doit pas excéder 15 mn.



## MARSEILLE, UN PEU PLUS LOIN

### CHÂTEAU-GOMBERT

Connu pour son technopôle, Château-Gombert est resté un charmant petit village qui défend farouchement son identité provençale comme l'illustre le fronton de l'ancien bureau de poste avec son buste de Frédéric Mistral, sa cigale et l'imparable devise « *lou souleù me fai canta* »... on traduit ?
Sur la place des Héros, face à la fontaine glougloutante, une jolie petite église du XVIIe s avec clocher-campanile, et bien sûr un musée étonnant, créé en 1928 par Jean-Baptiste Julien-Pignol, un félibre passionné, décidé à poursuivre l'œuvre de Mistral. Comme à l'époque on faisait aussi dans le social, le bâtiment de style Renaissance accueillit en même temps un hospice de vieillards et un dispensaire pour les nourrissons !
➢ ***Pour y aller :*** Ⓜ *La Rose puis bus n[os] 5 ou 5T, arrêt Palama-Château-Gombert.*

## À voir

***Le musée provençal*** *(hors plan détachable par G3)* **:** *5, pl. des Héros, 13013.* ☎ *04-91-68-14-38.* • *museeprovencal.fr* • *Sur rdv uniquement. Entrée : 10 € (visites guidées ; se renseigner auprès du musée qui reste ouvert pdt les travaux) ; réduc ; gratuit moins de 5 ans.*
Ce musée présente de riches collections ethnographiques réparties dans plusieurs salles de la maison de maître de la famille Julien-Pignol ou de sa pittoresque extension néo-Renaissance. Cadre un rien suranné, particulièrement chaleureux et familial. Vêtements et costumes traditionnels, mobilier provençal, faïences de Moustiers et de Saint-Jean-du-Désert, une souillarde reconstituée. Également des santons (dont certains qui sont les plus vieux connus en France), jouets anciens, broderies, maquettes de bateaux. Belle collection de tambourins provençaux et de santons, bien sûr. Des mannequins costumés font revivre l'intimité d'une chambre bourgeoise et une scène du foyer familial à la veille de Noël. Ici, la reconstitution d'un cabanon, la « destination week-end » des

**COUP DE POMPE**

*Tradition provençale oblige, le 24 décembre, la messe de minuit est précédée du rituel « gros souper ». Un repas composé de 7 plats évoquant les 7 douleurs de la Vierge et, plus réjouissant, les 13 desserts rappelant la Cène. Parmi eux, la pompe, une délicieuse brioche plate à l'huile d'olive, symbole du pain partagé par le Christ. Elle se rompt aujourd'hui encore, en famille et même chez les plus laïques.*

Marseillais. Là, une salle agraire qui permet de découvrir les techniques agricoles modifiées par la création des canaux d'irrigation au XIXᵉ s.

## ALLAUCH

Allauch (prononcez « Allo »), c'est un peu Marseille-village. Sauf que ce village-ci a pris des accents « astérixiens », en résistant depuis des lustres aux sirènes de l'absorption par sa grande voisine. Et le résultat est admirable. Quelques virages suffisent à oublier l'urbanisme des banlieues de la 2ᵉ ville de France pour trouver à Allauch des ruelles tortueuses et un véritable village-crèche, avec une tradition de confiseurs qui ravira les gourmands, et d'où l'on jouit de la plus admirable vue qui soit sur Marseille, la rade et les îles.

➢ ***Pour y aller :*** *La Rose puis bus nº 144, arrêt Allauch-Village.*

***Office de tourisme :*** *esplanade Frédéric-Mistral. ☎ 04-91-10-49-20. • allauch.com • Juin-sept : tlj 9h-12h30, 14h-18h ; oct-mai : tlj 9h-12h, 13h30-18h.* Accueil très pro et documentation complète sur toute la région.

MARSEILLE

### Où manger ? Où boire un verre ?
### Où acheter des douceurs et prendre un thé ?

***Les Saveurs d'Enrica :*** *8, rue des Moulins. 06-26-12-73-31. • lessaveursdenrica@outlook.fr • Mar-sam, midi et soir. Formule déj 15 € ; carte env 40 €.* Une adresse qui a bien des atouts : une terrasse panoramique et une cuisine sincère à base de produits frais, bien réalisée. La carte est courte (mignon de veau, saumon gratiné à l'aïoli...). Vue à couper le souffle sur le massif de l'Étoile, un bout de Marseille et un bout de mer.

***Le Moulin bleu :*** *7, cours du 11-Novembre. ☎ 04-91-68-19-06. • contact@au-moulin-bleu.com • Tlj 8h30-12h30, 14h30-19h30 (19h hors saison), sauf lun mat.* Une confiserie flanquée d'un petit salon de thé désuet, comme chez grand-mère, plus une terrasse ombragée en été. On y vend tout ce qui résonne comme autant de souvenirs d'enfance gourmands pour les Marseillais : les chiques, suce-miel, casse-dents et autres calissons, nougats, etc. Pour un petit déj, croissants aux pignons, navettes, frangipanes et *menelik* (gâteaux chocolat-pistache), à tremper dans un fameux chocolat chaud. À grignoter éventuellement au bar voisin *Le Panorama* pour son joli point de vue.

## À voir

***Le village*** *(hors plan détachable par G3)* : l'office de tourisme en propose un plan commenté très bien fait. Sur l'esplanade devant l'office de tourisme, 5 ***moulins à vent*** ont résisté au temps. 2 ont retrouvé leurs ailes, dont un datant de 1729, que des meuniers font fonctionner chaque dimanche *(10h-12h, 14h-17h ; 2 € ; réduc).* Au bout de l'esplanade, une ***table d'orientation*** agrémente le superbe panorama. On vous laisse ensuite déambuler dans les rues du village, en notant au passage l'église, chapeautée par un toit de tuiles vernissées multicolores (une tradition bourguignonne qui a séduit quelques rares clochers en Provence). Après quoi, on recommande la grimpette jusqu'au sommet de la colline, aux restes très ruinés du château et à la chapelle de ***Notre-Dame-du-Château*** *(ouv dim et j. fériés, l'ap-m seulement, ainsi que pdt la crèche de Noël).* Panorama exceptionnel ! Au passage, histoire de faire une pause à mi-hauteur, notez la ***poterne*** (ancienne porte d'entrée du château). Un ***musée consacré à Marcel Pagnol*** doit ouvrir en... 2025.

## Fête et manifestation

– ***Fête de l'Âne :*** *en principe 1er dim de déc.* Éleveurs d'ânes et de mules, métiers d'antan dont un incontournable maréchal-ferrant, promenades à dos d'âne...
– ***Crèche de Noël :*** *déc-janv.* La crèche la plus réputée de Marseille et de ses environs demeure celle de Gilbert Orsini, avec ses quelque 800 santons, à ne surtout pas rater si vous êtes par là à cette période. On ne la trouve pas dans l'église, mais dans la galerie de l'ancienne usine électrique (entrée payante, se renseigner à l'office de tourisme).



## *LA TREILLE ET LE PAYS DE MARCEL PAGNOL*

Une belle balade à faire à l'est, aux confins du 11e arrondissement de Marseille, autour de La Treille, charmant petit village perché où Marcel Pagnol (1895-1974) repose, et jusqu'aux limites d'Aubagne, où il est né. Pagnol, qui a sorti le cinéma des studios pour l'exposer aux superbes lumières de Provence, qui a rendu cet art parlant... avec l'accent de Marseille, qui s'est mis à raconter tout haut des histoires faussement « provinciales » aux résonances quasi universelles... Pagnol qui est, pourtant, parfois mal vu ici : beaucoup ne lui pardonnent pas d'avoir donné d'eux une image de Marseillais hâbleurs, tricheurs, fainéants, plus portés sur la galéjade que sur le travail.
Et pourtant voyez-les, aux beaux jours, partir voir Marseille d'en haut, à travers la garrigue parfumée, sur les pas des personnages de Pagnol, pour découvrir des sites et des paysages que ses films ont rendus célèbres. Car dans le fond, les Marseillais lui ressemblent comme 2 gouttes d'eau !
➢ ***Pour y aller :*** Ⓜ *La Timone ou* Ⓣ *Les Caillols, puis bus n° 12 S, arrêt La Treille.*

## Où dormir ? Où manger autour de La Treille ?

### De prix moyens à plus chic

***Chambres d'hôtes La Bastide des Escourches :*** *6, chemin des Escourches, 13011* ***Marseille.*** *06-09-84-39-83. • bastide.des.escourches@orange.fr • bastidedesescourches.com • À 3 km au sud-est de La Treille. Doubles 75-85 € ; suites 120-140 €. Table d'hôtes 25 €.* Pour ceux qui recherchent le calme et un peu de nature. Élégante bastide du XIXe s offrant la jouissance d'un parc et d'une forêt de 13 ha. 3 chambres d'hôtes un rien rustiques, spacieuses et bien entretenues ainsi que 2 suites avec 2 chambres communicantes dans l'une, salon et une vue soit côté vallon (salle de bains privée à l'étage inférieur), soit côté Garlaban. Piscine. Bon accueil.
***Les 3 Frères :*** *pl. Saint-Christophe, Les Accates, 13011* ***Marseille.*** *☎ 09-50-33-12-09. • brasserieles3freres@gmail.com • À 3,5 km au sud-ouest de La Treille ; c'est au centre du village. Tlj midi et soir. Résa ultra-conseillée. Plat du jour midi en sem env 13 €, carte 30-35 €.* Au pied des sentiers de randonnée, à l'ombre de la charmante église, l'impression d'être à mille lieues de Massalia. Sur la petite terrasse donnant sur la rue, ou dans une charmante petite salle, vous allez vivre une heureuse expérience culinaire. Cuisine traditionnelle pleine de soleil à partir d'excellents produits locaux. Parmi les spécialités, le sauté de veau aux olives. Famille hyper accueillante, addition raisonnable : un authentique moment de félicité !
***Le Cigalon :*** *9, bd Louis-Pasteur, La Treille, 13011* ***Marseille.*** *☎ 04-91-43-03-63. • restaurantlecigalon.latreille@gmail.com • Ouv tlj sauf dim soir, lun et mer. Résa conseillée. Menu-carte 35,50 € ; plats 20-26 €.* On y vient surtout pour sa belle terrasse au cœur du village offrant une vue bien reposante sur la région, mais aussi pour le cadre rustique et authentique

d'une auberge ouverte depuis plus de 120 ans. Pagnol y a d'ailleurs tourné. À table, plats provençaux fort honnêtes. Vins un peu chers, cela dit.

## À voir. À faire à La Treille et dans les environs

**Le village :** au milieu de la garrigue, sur un flanc de colline miraculeusement préservée, La Treille est un adorable village. Pagnol tourna plusieurs films dans les collines alentour : *Manon des sources, La Fille du puisatier, Regain, Cigalon* et *Angèle.* Installez-vous à la terrasse du *Cigalon,* café-restaurant qui servit de cadre au film de Marcel Pagnol du même nom et qui n'a guère changé depuis 1935, et profitez de ce panorama (presque) intemporel.



**La tombe de Marcel Pagnol :** l'écrivain-cinéaste repose dans le petit cimetière à droite de la route principale, en entrant dans le village quand on vient de Marseille. Pas de croix, juste une inscription latine extraite des *Bucoliques* de Virgile, dont Pagnol avait, dans sa jeunesse, livré une traduction : « Il avait aimé les sources, ses amis et la femme. » Ou « sa » femme... dans une version plus politiquement correcte, qui oublie ses nombreuses conquêtes... À ses côtés repose Estelle Pagnol, sa fille disparue très jeune.

**La Bastide Neuve :** située à un bon kilomètre au nord du village (en fait sur la commune d'Allauch). On suit à pied une route goudronnée et étroite. Dépasser le panneau du *Relais de Passe-Temps.* Juste après la buvette *Les Bartavelles* se trouve, sur la gauche, la *Bastide Neuve.* C'était la maison de vacances familiale. Tout autour poussent des oliviers à flanc de colline. Pour les fans de Pagnol, des circuits (fléchés) partent à travers les vallons, la garrigue parfumée de thym et de romarin à la recherche des souvenirs de son œuvre.

**La Maison des cinématographies de la Méditerranée :** *château de La Buzine, 56, traverse de La Buzine, 13011* **Marseille.** ☎ *04-91-45-27-60.* • *labuzine.com* • Ⓜ *La Timone, puis bus nos 12, 12a ou 12s jusqu'à La Valentine-Centre-Commercial, et enfin bus no 51, arrêt Château-de-la-Buzine. Tlj (sauf lun oct-mai) 10h-13h, 14h-18h. Visite complète : 7,70 € ; réduc ; pass famille 22 €. Séance de cinéma : 6,90 € ; réduc.*
À l'origine, La Buzine est un souvenir d'enfance évoqué par Marcel Pagnol dans son livre *Le Château de ma mère.* En 1941, Pagnol l'acheta pour réaliser son rêve de jeune garçon : en faire une Cité du cinéma, une sorte de Hollywood en Provence. En 1942, le château, réquisitionné, servit de maison de repos pour les Allemands. Après avoir été longtemps squattée, La Buzine devint inhabitable. En 1995, le château est racheté par la mairie de Marseille, mais il faut attendre 2011 pour que la demeure rouvre ses portes au public. Aujourd'hui, La Buzine est devenu un lieu culturel dédié à toutes les formes d'expressions artistiques. Un parcours interactif vous propose un voyage en 9 étapes au cœur de la nouvelle « cité du cinéma » (mystère, suspense...). Salles immersives à 360° avec effets spéciaux, réalité augmentée... On y trouve évidemment une belle salle de cinéma avec orchestre et balcon, comme autrefois, dans laquelle passent les sorties nationales et quelques rétrospectives. Festivals, concerts, animations... ponctuent en outre l'année. Le grand salon de réception, véritable galerie d'art, accueille quant à lui des expos sur l'art contemporain.

### LE CHÂTEAU DE MA MÈRE

*Ayant confié la recherche du site et son achat à l'un de ses collaborateurs, Marcel Pagnol acquit le château de La Buzine sans le visiter. C'est au moment de son installation qu'il reconnut la propriété qu'il traversait clandestinement, dans son enfance, en guise de raccourci et qui inspira son fameux roman,* Le Château de ma mère. *Pagnol venait d'acheter l'édifice mythique de sa jeunesse, sans le savoir.*

Un autre étage vous plonge dans la vie de Marcel Pagnol avec la reconstitution d'une salle de classe d'époque. Une bibliothèque, une vidéothèque et une boutique (on s'en doutait !) complètent le lieu.

**Les circuits Pagnol :** *rens à l'office de tourisme d'Aubagne. ☎ 04-42-03-49-98. ● tourisme-paysdaubagne.fr ●* À ne pas rater et, pour cela, voir la rubrique « À faire » à Aubagne !



# L'ESTAQUE ET LES « QUARTIERS NORD »

**Au-delà des spots les plus connus de Marseille, il serait dommage de ne pas arpenter d'autres coins moins fréquentés, comme l'authentique quartier-village de l'Estaque ou les polémiques « quartiers nord » qui réservent parfois quelques surprises.**

## L'ESTAQUE

À une dizaine de kilomètres au nord-ouest du Vieux-Port, l'Estaque est un quartier de Marseille assez mythique. Au nord, certes, mais pas l'un des « quartiers nord » du parler marseillais ! De la route, on ne devine pas vraiment que ce village, outre son port, abrite un pittoresque lacis de ruelles et de demeures à tuiles rouges dégringolant de la colline... Il faut s'y plonger pour saisir ce qui fascina Cézanne, Braque, Dufy et tant d'autres.

**AMOUR SECRET**

*Cézanne vécut avec l'un de ses modèles, Hortense Fiquet, dont il eut un fils. Il cacha longtemps cette naissance hors mariage, craignant que son banquier de père, à cheval sur les conventions, ne vînt à lui serrer les cordons de la bourse !*

### Un peu d'histoire

La vocation maritime de l'Estaque est certainement liée à sa situation privilégiée, celle d'être abritée du mistral, comme le Vieux-Port. C'était donc un idéal « point d'attache du bateau » (l'***Estaco*** en provençal). Au cours des siècles, le port de pêche se spécialisa dans la sardine. Quant aux pentes de Saint-Henri, il y poussait des vignes donnant un fameux vin du temps des Grecs et des Romains. L'Estaque connut donc la noria des galères venues charger les amphores de ce précieux nectar. Puis on découvrit que l'argile du sous-sol était une source de richesse bien supérieure.

### Les tuiles

Ici, on était pêcheur ou tuilier, l'argile de Saint-Henri se prêtant parfaitement à la fabrication des tuiles. Un incessant ballet de tartanes les apportait au port de la Joliette d'où elles partaient coloniser les toits un peu partout en France et dans le monde. C'est ainsi que les maisons des colons de Saigon ou de Hanoi, en Indochine, prirent un air si méditerranéen... Aujourd'hui, il ne reste qu'une tuilerie, à Saint-André.

### Un quartier populaire

Les fameuses joutes de l'Estaque (d'avril à septembre), la fête de l'Estaque (le 1er week-end de septembre) où l'on honore saint Pierre-ès-Liens, patron des pêcheurs, et le pèlerinage de la Galline (le 2e dimanche de septembre) restent des grands moments de l'année. Et pendant longtemps, le dimanche vit arriver les flots de citadins venus manger du bon poisson frais, se détendre et faire la fête.

Aujourd'hui encore, l'Estaque a su conserver une âme forte et un caractère populaire bien ancré. Et ce n'est pas le cinéaste Robert Guédiguian qui le démentira, lui qui s'en est tant inspiré dans ses films...

## L'Estaque et les peintres

La situation privilégiée du village, sa merveilleuse lumière, ses couleurs et son authenticité attirèrent de nombreux artistes. Avec Collioure et Menton, l'Estaque fut ainsi le lieu qui séduisit le plus de peintres. Les raisons du succès : un panorama sur le golfe de Marseille tout simplement fascinant à l'époque, une conjonction de formes, de lignes et de couleurs assez unique. À un peintre sensible, il ne pouvait échapper cette combinaison de verticalité (les cheminées d'usine), d'horizontalité (la mer) et de courbes harmonieuses (les collines, les arches des viaducs). En prime, le jeu des couleurs (toutes ces teintes d'ocre, cette avalanche de rouges, de verts et de bleus). Pas étonnant, dans ces conditions, qu'on retrouve l'Estaque immortalisé par 3 périodes fondamentales de la peinture : l'impressionnisme, le fauvisme et le cubisme (avec même un zeste d'expressionnisme). Quelques noms ?

– ***Paul Cézanne*** *(1839-1906)* **:** véritablement amoureux du site, il y vint régulièrement et réalisa de 1870 à 1886 plus de 30 tableaux et de nombreux dessins, lançant la mode...

– ***Pierre-Auguste Renoir*** *(1841-1919)* **:** il vint peindre aux côtés de Cézanne en 1882. Malade, il dut aller en Algérie se refaire une santé et ne laissa que 4 toiles représentant l'Estaque.

– ***André Derain*** *(1880-1954)* **:** c'est le 1er à venir après Cézanne et Renoir (en 1905-1906). Il nage alors en plein fauvisme et signe une quinzaine de toiles, principalement des vues du port et du vallon de Riaux.

– ***Georges Braque*** *(1882-1963)* **:** il séjourna ici 4 fois, à des périodes artistiques différentes : de fin 1906 à début 1907, le style fauve ; en septembre 1907, les balbutiements du cubisme ; l'année suivante, de vrais tableaux cubistes. En 1910, dernier séjour.

– ***Raoul Dufy*** *(1877-1953)* **:** il débarque à l'Estaque en 1908 pour dire bonjour à Braque et tombe, lui aussi, sous le charme. Il y produira une dizaine de toiles dont quelques-unes sont heureusement restées à Marseille.

– ***Adolphe Monticelli*** *(1824-1886)* **:** un vrai peintre marseillais, lui, élève de Ziem et ami de Cézanne. Considéré comme l'un des précurseurs de l'expressionnisme du XXe s, son œuvre fut étudiée par Van Gogh.

– ***Albert Marquet*** *(1875-1947)* **:** il y séjourna plusieurs fois en 1916-1918 et peignit souvent la terrasse de Château Fallet.

## Comment y aller ?

➢ ***En voiture :*** depuis le Vieux-Port, prendre la rue de la République, pl. de la Joliette, bd de Dunkerque, puis l'autoroute du Littoral (A 55 ; sortie l'Estaque).

➢ ***En bus :*** depuis le métro La Joliette, bus n° 35. Tlj 2-5 bus/h.

➢ ***En train :*** depuis la gare Saint-Charles. Le 2e arrêt du train de la Côte Bleue, après Arenc-Euroméditerranée. 5h50-19h50, une trentaine de trains/j.

➢ ***En bateau :*** depuis le Vieux-Port avec ***LaNavette,*** fonctionne avr-sept. En été ttes les heures 8h30-22h30. Trajet env 35 mn pour 5 € (combiné avec 1h30 de transport sur le réseau terrestre de la Métropole Mobilité).

## Où dormir ?

**Chambres d'hôtes Ose Iris :** *5, montée des Iris, 13016.* *06-22-04-36-20. • co.oseiris13016@gmail.com • hoteldunord.coop • Tte* *l'année sauf fév. Doubles 60-75 €.* Dans une de ces ruelles pentues typiques de l'Estaque, une coquette maison blanche aux volets bleus que ne renieraient ni Marius ni Jeannette. 3 petites chambres bricolo-déco avec salle de bains commune, simplement jolies et à prix d'amis. D'ailleurs, vu l'accueil de Brij et Vincent, quand on boucle sa valise, on a vraiment l'impression de quitter des amis. Et puis, depuis les terrasses, il y a cette vue somptueuse sur la Méditerranée...

Notez que cette adresse chez l'habitant fait partie de la très chaleureuse ***coopérative Hôtel du Nord*** *(• hoteldunord.coop •)* qui propose de nombreux hébergements chez l'habitant dans d'autres quartiers, ainsi que d'authentiques balades urbaines (voir plus loin « Les quartiers nord de Marseille »).



## Où manger ?

### Sur le pouce

***Kiosques de chichi-fregis :*** *plage de l'Estaque (en fait, le port). Chichis 2,50-4 €. Panisses 3,50 € la douzaine.* Ne repartez pas de l'Estaque sans avoir fait un tour ***Chez Freddy, Magali*** ou à ***Lou Goustado de l'Estaco*** où l'on déguste, le dimanche en famille (mais le reste du temps aussi), le fameux *chichi-fregi,* un roboratif mais délicieux beignet sucré local, ou les panisses, des beignets frits et salés, confectionnés avec de la farine de pois chiches.

### De prix moyens à chic

Malheureusement, la cuisine locale connaît des hauts et des bas ces derniers temps...

***L'Estaca :*** *110, chemin de la Nerthe, 13016. 06-01-85-04-48. Lun-sam à midi, plus le soir mar-sam. Fermé dim. Plats 4-15 €.* Un tout petit resto sans chichis, ancienne cantine de Robert Guédiguian quand il venait tourner dans le coin. Désormais repris, l'endroit sert une cuisine asiatique (Japon exclu) bien ficelée, concoctée avec des produits achetés sur le marché le matin même.

***Le Bistrot du CAM :*** *1, plage de l'Estaque, 13016. ☎ 09-83-75-48-66. Lun-ven à midi, plus le soir jeu-sam. Fermé dim et sam midi l'été. Congés : 21 déc-7 janv et 15-30 août. Résa indispensable par tél. Menus midi 32-34 €, le soir 36-39 €.* Carrément sur le port, la vue sur une forêt de mâts de voiliers, cet établissement dont le menu change tous les jours (pas de carte), ne cuisine que du frais. Pêche de la nuit, viandes sélectionnées avec attention, légumes des fermes maraîchères locales, vins élevés en biodynamie, pain au levain maison... Tout est fait pour séduire vos papilles. Bon accueil.

## Où boire un verre ? Où déguster une glace ?

***Au Bord de l'Eau :*** *parc de l'Espace-Mistral, plage de l'Estaque. Avr-sept, tlj, selon la météo.* Tout est dit dans le nom de ce lieu qui trempe les pieds de ses verres directement dans les flots, en vis-à-vis de la sortie du port, avec une jolie vue sur la chaîne de la Nerthe.

Sur la route principale, quelques bars avec terrasse font aussi office de ***glaciers.***

# À voir. À faire

À partir du ***Syndicat des initiatives de l'Estaque et du bassin de Séon*** *(seulement sam-dim 10h-13h),* celles et ceux qui possèdent un smartphone scanneront le code QR et partiront sur les traces de Cézanne et de Braque. C'est l'occasion de parcourir les ruelles du bourg et les hauteurs (un chemin des peintres présente

des lutrins reproduisant tel ou tel tableau face au paysage qui l'a inspiré). Au passage, on hume les chaleureuses atmosphères des films de Robert Guédiguian, même si certaines scènes furent tournées à Saint-Henri (au sud-est de l'Estaque).
– Visite guidée possible via l'office de tourisme de Marseille et la coopérative *Hôtel du Nord* (● hoteldunord.coop ● ; 📱 06-09-87-98-75). Cette dernière connaît parfaitement le terrain.

## À L'ESTAQUE, ON NE SE LA JOUE PAS !

*C'est une blague classique qui montre que pour ses habitants, l'Estaque, c'est presque le centre du monde ! À la gare de Pékin, un Chinois, ayant entendu parler du chemin des peintres Braque et Cézanne et des films de Guédiguian, voulut acheter un billet de train pour l'Estaque. L'employé lui demanda alors : « L'Estaque-gare ou l'Estaque-plage ? »*

Le ***port*** inspira beaucoup Derain (plusieurs déclinaisons de *Barques de pêcheurs,* 1906), ainsi que Braque et Marquet. Une partie a été joliment réaménagée en ***parc de l'Espace Mistral.***

***Les vieilles demeures :*** depuis le parc de l'espace Mistral en bas de la colline, on admire au n° 126 la belle ***villa Palestine*** de 1905, au style oriental. Plus haut, on aperçoit le ***château Fallet,*** situé sur le chemin de la Nerthe. Cette ancienne bastide rose, où Paganini résida en 1839, fut transformée en *Hôtel de la Falaise* au début du XXe s. Il inspira la plume de Zola ou d'André Suarès, puis les pinceaux de Cézanne, Braque (*Terrasse à l'Estaque,* 1908, au musée d'Art moderne de Paris), Dufy et Marquet (*La Terrasse,* 1918, au Statens Museum for Kunst de Copenhague).

***La place Malleterre :*** *prendre la tortueuse montée des Écoles.* Cézanne y fit de nombreux séjours entre 1870 et 1882. Sa mère y louait une maison (plaque sur la façade). Place toujours paisible et charmante qu'aimait beaucoup Zola ; il y resta 5 mois en 1877. La rue des Jumelles présente de jolies maisons précédées de courettes et jardinets.

***Point de vue de Château-Bovis :*** au-dessus de la gare de l'Estaque se trouve le « plateau du peintre ». Par la traverse Bovis, montez jusqu'au long bâtiment jaune, tout en haut du chemin, avec devant ses joueurs de boules du dimanche. Autour de vous, rien n'a changé : les ocres, rouilles, verts et bleus de la palette cézannienne sont tous là, superbement réunis.

***Les Riaux :*** *accès par la montée Antoine-Castejon.* Les Riaux, proche de l'Estaque, est parfois considéré comme faisant partie de ce dernier. C'est en fait un quartier administratif à part entière, traversé par un petit ruisseau.
– ***Le vallon des Riaux en haut :*** Cézanne y peint *Maisons à l'Estaque.* Le viaduc du chemin de fer inspire grandement Braque. Il le peint tantôt dans des teintes cézanniennes, tantôt dans des camaïeux de bleus (*Viaduc à l'Estaque,* 1907, au Minneapolis Institute of Art). Derain y traîne également ses pinceaux. Plus haut, les tout derniers témoignages de la ***cimenterie Lafarge,*** lieu de scènes importantes du film *Marius et Jeannette,* aujourd'hui démantelée.
– ***Le vallon des Riaux en bas :*** émouvant, c'est exactement ici que fut signé l'acte de naissance du cubisme. En effet, en 1908, lors de son 3e voyage, Braque fait une fixation sur un petit groupe de maisons accrochées à la colline. 2 ans auparavant, il les a peintes à la manière fauve. Pourtant, cette fois-ci, il les dépouille de leurs portes et fenêtres, et tout détail est gommé... Elles n'apparaissent plus que comme de gros cubes. On dit qu'un journaliste écrit à propos de ce tableau (*Maisons à l'Estaque,* au Kunstmuseum à Berne) : « Qu'est-ce donc que cette peinture tout en cubes ? » Le terme « cubisme » est lancé.

***Notre-Dame-de-la-Galline*** (chapelle de la Nerthe) **:** *on y parvient par le sinueux (et étroit) chemin de la Nerthe.* ***Généralement fermée.*** Beaux points de vue après la montée des Iris. Dans sa dernière partie, itinéraire délicieusement rocheux, bucolique et sauvage dans ce mini-hameau secret. Quelques privilégiés y résident encore. Chapelle datant du XIe s et longtemps lieu de pèlerinage très populaire des Marseillais. On y honore la Madone « à la poule ». Fête le 2e dimanche de septembre.

***Les plages de Corbières :*** *au nord de l'Estaque, bien indiqué depuis la route. Bus no 35, juin-sept.* Gazons en pente, buissons et aires de pique-nique appréciées des familles avec en prime l'une des eaux les plus limpides de Marseille. Faites une pause avant de poursuivre votre route sur la Côte Bleue.



## LES « QUARTIERS NORD » DE MARSEILLE

Hormis l'Estaque, les autres secteurs composant les quartiers nord ne se visitent pas avec la démarche touristique habituelle. Entre usines, logements sociaux, villas bourgeoises et anciennes terres des bastides, voici une urbanisation totalement chaotique, qui compose un paysage urbain particulier. Ils possèdent aussi leur propre histoire, des lieux culturels bien vivants et des dizaines de milliers d'habitants fiers et heureux d'y vivre. Visites thématiques avec la formidable coopérative *Hôtel du Nord* (voir ci-dessous). Osez donc le trek urbain !

### Où dormir ? Où manger ?

***Coopérative Hôtel du Nord :*** *06-62-41-55-32. • info@hoteldunord.coop • hoteldunord.coop •* Cette chaleureuse coopérative a eu l'idée géniale de constituer un réseau d'hébergements chez l'habitant dans les quartiers nord, dits « défavorisés » mais plus complexes que les clichés habituels. Vous trouverez donc sur leur site de bonnes bouilles bien sympathiques prêtes à vous loger chez elles pour pas cher et vous expliquer la vie du quartier. Une trentaine de chambres aux Aygalades, à Mourepiane, à Saint-Antoine, à La Cabucelle, à Saint-André et même autour de l'Hôpital Nord, à La Belle de Mai et le long du GR 2013, un sentier de 365 km qui traverse la métropole de part en part. Car la coop organise aussi de vraies balades urbaines, historiques, horticoles, voire poétiques (consulter leur site internet)... Une belle initiative, à encourager !

***O2Sens, Restaurant pédagogique de l'E2C Marseille (École de la 2e chance de Marseille) :*** *360, chemin de la Madrague-Ville, 13015. Résa : 06-15-09-25-57. Ⓜ Bougainville puis bus no 70, arrêt Les Abattoirs. Dans le quartier Saint-Louis-la-Calade. Le midi seulement : self tlj, resto mar-jeu. Congés : 1 sem Noël-Jour de l'an et fin juil-fin août. Menu 12 € au resto et 7,50 € au self.* Ce restaurant-école est destiné à l'insertion sociale et professionnelle des jeunes prématurément sortis du système scolaire et œuvre à leur transmettre la passion d'une cuisine d'excellence. Dans le superbe cadre des anciens abattoirs remarquablement rénovés (ouverts au public). 2 formules : le self, proposant un très bon repas (entrée-plat-dessert) pour une poignée d'euros et, à côté, le restaurant, dans une salle agréable et lumineuse, offrant une vue imprenable sur Notre-Dame-de-la-Garde. Plats goûteux et copieux. Les mardi et mercredi, cuisine traditionnelle française ; le jeudi, menu à thème (bouillabaisse chaque dernier jeudi du mois). Réservez et laissez-vous surprendre par ce cadre atypique.

## À voir. À faire aux Aygalades et dans les quartiers voisins

Pour découvrir la fabrication traditionnelle du savon de Marseille fortement ancrée dans ce quartier, on peut suivre la ***route du Savon*** proposée par un groupe de savonneries toujours en activité dans les 14e et 15e arrondissements.

### LE SAVON DE MARSEILLE

*La 1re savonnerie date de 1370. Le procédé nous est venu d'Alep (Syrie) par le biais des croisades. Colbert en réglementa la fabrication. Composé à 72 % exactement d'huiles végétales (surtout de l'huile d'olive pour les savons verts), sans colorant ni additif chimique, il a des vertus tant pour l'hygiène corporelle que pour l'entretien ménager.*

***La Savonnerie du Midi et le musée du Savon de Marseille :*** *72, rue Augustin-Roux, 13015, Les Aygalades. ☎ 04-91-60-54-04. • savonneriedumidi.fr • Ⓜ Gèze, puis bus n° 30, arrêt Cité-des-Arts-de-la-Rue, et enfin 400 m à pied par la traverse du Cimetière en longeant l'autoroute. Visites guidées sur résa par tél ou mail : • musee@savonneriedumidi.fr • Tarif : 7 €/pers ; réduc. Durée : 1h. Boutique d'usine La Corvette lun-ven 10h-17h.* Située le long du ruisseau des Aygalades, cette ancienne minoterie de la fin du XIXe s abrite la dernière des savonneries du cru. Avec ses pierres usées, elle témoigne de l'histoire locale. Fondée en 1894, la Savonnerie du Midi s'appuie toujours sur l'expérience d'un maître savonnier et cuit son savon dans ses chaudrons selon les règles fixées par Colbert (voir l'encadré). La visite permet d'accéder aux salles de cuves, des chaudrons, de séchage et de façonnage des cubes. Répartis sur 3 salles d'exposition, près de 250 objets historiques jalonnent le parcours et vous livrent tous les secrets du savon de Marseille.

***La Savonnerie Le Sérail :*** *50, bd Anatole-de-la-Forge, 13014. ☎ 04-91-98-28-25. • savon-leserail.com • À 500 m de la station de TER Sainte-Marthe. Visites guidées seulement le ven ap-m 14h15-16h (30 mn), sur rdv. Boutique : lun-ven 9h-12h, 13h-17h. GRATUIT.* Au cœur du quartier-village de Sainte-Marthe, la Savonnerie du Sérail, créée en 1949 par Vincent Boetto, a conservé toute son authenticité et son caractère. La fabrication artisanale du savon de Marseille est réalisée entièrement au chaudron à l'ancienne. Cette méthode traditionnelle nécessite près de 20 étapes et manipulations pour arriver à un produit fini irréprochable. La visite permet de découvrir le processus de transformation de l'huile en savon dans les chaudrons, puis on assiste à l'estampillage, ainsi qu'aux divers processus de séchage du savon. Ces étapes de fabrication sont effectuées par des machines qui fonctionnent depuis plus d'un siècle !

– ***L'Alhambra :*** *2, rue du Cinéma, Saint-Henri, 13016, Marseille. ☎ 04-91-46-02-83. • alhambracine.com • Compter 5 mn de marche depuis la gare SNCF de l'Estaque. En voiture : autoroute du Littoral (A 55), sortie Saint-André-Saint-Henri. Suivre Saint-Henri, puis c'est fléché. Programme sur le site.* Il faut se payer une toile dans ce vénérable et superbe cinéma Art déco, dernier représentant des populaires salles de quartier des années 1930. À l'abandon, il fut sauvé en 1990 sous l'égide de René Allio et de l'actrice Catherine Rouvel. Aujourd'hui, il est doté des nouvelles technologies et propose aussi débats, expos diverses, rencontres et échanges avec les étudiants du cinéma. Et dehors, l'atmosphère unique du quartier Saint-Henri, une place méditerranéenne intacte et des cafés hors du temps (où vous rencontrerez peut-être Marius et Jeannette, qui sait !)...

## LA CÔTE BLEUE

**À l'ouest de l'Estaque et au nord de Marseille, la chaîne de l'Estaque (ou de la Nerthe) fait barrage entre l'étang de Berre et la Méditerranée, sur 25 km entre rade de Marseille et golfe de Fos. Les Marseillais aiment venir s'oxygéner sur les plages de sable de gentilles stations balnéaires comme**

**dans de minuscules criques ourlées de cabanons. Quant à la Côte Bleue, la petite « riviera » des Marseillais, elle a été sérieusement endeuillée par le gigantesque incendie du mois d'août 2020 qui ravagea plus de 1 000 ha sur la commune de Martigues, réduisant en cendres 2 campings et plusieurs habitations.**

➢ ⚡ Ⓒ ***Le train de la Côte Bleue :*** *très nombreux départs/j. (réduit le w-e), 5h57-19h57 ; rens TER : ☎ 0800-11-40-23 (gratuit depuis un poste fixe).* Les Marseillais l'appellent « train de la Couronne ». Au départ de la gare Saint-Charles ou de la gare Arenc-Euroméditerranée (Ⓣ Arenc-le-Silo), il circule en surplomb du littoral (superbe vue sur la baie et Marseille) et s'arrête dans de petites gares à Niolon, Ensuès-la-Redonne, Carry-le-Rouet, Sausset-les-Pins et La Couronne. ***Attention,*** ne traversez en aucun cas la voie ferrée, ne la longez pas et n'empruntez pas les tunnels. Tous les ans, des accidents sont à déplorer, dus à l'imprudence.



## *NIOLON (13740)*

Minuscule port de pêche niché dans une calanque. Un certain charme, une ambiance « cabanonnière », en ce lieu devenu aujourd'hui un important centre de plongée. Pour ceux qu'un peu de marche ne rebute pas, les calanques du Jonquier et de l'Érevine (juste en face de l'île du même nom) sont des lieux propices à la baignade. Compter une demi-heure de marche vers le sud-ouest.

– Un conseil à nos lecteurs automobilistes : n'essayez surtout pas d'accéder au port en voiture ; garez-vous sur le parking avant la descente. De toute façon, l'accès à Niolon est interdit aux véhicules les week-ends et jours fériés de juillet et d'août entre 10h et 22h. Et ce, même avec une réservation dans l'un des restos de la calanque.

### LA FAMEUSE BROUSSE DU ROVE

*Dans les collines autour de Niolon paissent les chèvres du Rove, auxquelles on doit une célèbre et superbe brousse. Ce fromage frais doit son nom au vinaigre blanc que l'on incorpore au lait en ébullition pour le faire « brousser » : une crème floconneuse remonte ainsi à la surface.*

## Où dormir ? Où manger dans le coin ?

### Bon marché

🏠 🍽 ⛱ ***Auberge du Mérou :*** *3, chemin du Port, calanque de Niolon, 13740* ***Le Rove.*** *☎ 04-91-46-98-69. 📱 06-65-14-79-81. • contact@aubergedumerou.fr • aubergedumerou.fr • Tte l'année, tlj midi et soir. Double 55 €. Menus 29,50-45 €. Poisson sauvage 8-9 € les 100 g.* Évidemment, on y vient surtout pour la vue panoramique imprenable sur Marseille et ses îles du Frioul. Dans l'assiette, du poisson frais, mais se faire préciser le poids pour bien contrôler la note finale. Sinon, une honnête cuisine, entre terre et mer, typique d'aujourd'hui. 5 petites chambres sous la terrasse, dans un style passe-partout, pour qui voudrait prolonger le séjour.

🍽 ⛱ ***La Pergola :*** *13, chemin de la Pergola, calanque de Niolon, 13740* ***Le Rove.*** *📱 07-87-96-56-11. • lapergola.niolon@outlook.fr • Tlj midi et soir. Fermé de déc à mi-fév. Carte 40-50 €. Poisson sauvage env 9 € les 100 g (attention, portion 400-500 g !).* Comme son nom l'indique, une grande pergola surplombant la calanque. Aux menus comme à la carte, du poisson, sauvage le plus possible (se le faire préciser), à faire descendre avec un p'tit vin de Provence. Fromages du coin et glaces artisanales. Malgré le nombre de couverts, c'est souvent bondé, alors mieux vaut réserver.

## *ENSUÈS-LA-REDONNE (13820)*

On y débarque du petit train de la Côte Bleue, pour faire un plouf dans l'une des criquettes situées vers l'est : calanque des Anthénors, calanques des Figuières (véritable réservoir à hommes-grenouilles) et jusqu'à la calanque de Méjean, lieu de tournage de *La Villa* de Robert Guédiguian.
– Chaque année de mai à mi-septembre, l'accès en voiture est réglementé pour accéder aux calanques les week-ends et jours fériés de 9h (ou 10h) à 20h. Il faut laisser son carrosse et finir à pied (compter 20 mn environ, un peu sportif). Hors saison, prévoyez une bonne partie de « Tetris » si vous vous avancez jusque-là en voiture !

### Où manger ?

**Le Mange-Tout :** *8, chemin du Tire-Cul. ☎ 04-42-45-91-68. Mai-oct, tlj sauf mer, midi et soir. Résa fortement conseillée, dans ce cas-là accessible en voiture en saison. À la carte 25-30 €.* Pratiquement les pieds dans l'eau, la terrasse de ce resto familial sans prétention attire les amateurs de friture, de supions ou de poulpe en salade. On s'y graisse les doigts en dégustant les fameux petits poissons qu'on appelle « mange-tout », en éclusant un rosé de Provence ou un p'tit blanc sec.

## *CARRY-LE-ROUET (13620)*

Fernandel y fit construire sa maison de famille, Dalí y croqua sa muse Gala sous toutes les coutures, et Nina Simone, la reine de la soul, y poussa son dernier soupir. Carry a de tout temps hébergé les célébrités. Faut dire qu'à Carry, l'immobilier est presque une 2de nature... Et ce n'est pas ce petit gratte-ciel de pacotille qu'elle a planté en plein cœur qui nous contredira ! Reste néanmoins de belles escapades à faire dans le coin...
– ***Marchés nocturnes :*** *ts les soirs en juil-août, sur le port.*
– ***Oursinades :*** *3 premiers dim de fév.* Sacrifiez à ce rite bon enfant où l'on se régale d'oursins et autres fruits de mer arrosés d'un coup de blanc.

### Adresse utile

***Office de tourisme :*** *11-13, route Bleue. ☎ 04-42-13-20-36. • otcarrylerouet.fr • En saison, lun-sam 9h30-12h30, 14h-18h ; dim et j. fériés, le mat seulement. Hors saison, mar-sam 10h-12h, 14h-17h ; j. fériés le mat seulement.* Pas mal de docs sur les randos à faire dans le coin.

### Où dormir ? Où manger ?

***Villa Arena :*** *1, pl. Camille-Pelletan (av. Aristide-Briand). ☎ 04-42-45-00-12. • villa.arena@yahoo.fr • hotel-villa-arena.com • Doubles 105-160 €, parking 10 € (seulement 4 places). Menu 48 €, carte 60 €. Resto ouv mar-sam, le soir seulement en été (midi et soir hors saison).* Au cœur du bourg, cette imposante bâtisse très XIXe s se remarque de loin, avec son palmier posé devant l'entrée. La réception et la véranda-terrasse aussi. Tout en préservant des traces du passé (la fresque au plafond de l'escalier), la déco s'est pris un coup de mistral de contemporain derrière les oreilles. Les chambres en partie rénovées, avec clim et double vitrage, sont d'un irréprochable confort. Resto semi-gastro.

## SAUSSET-LES-PINS (13960)

À mi-chemin entre le Cap Couronne et le Cap Méjean, Sausset-les-Pins est une station balnéaire résidentielle qui demeure encore agréable, avec son port abritant désormais plus de plaisanciers que de pêcheurs, et sa promenade en front de mer offrant une belle vue sur la rade de Marseille.
Un excellent point de départ pour randonner à pied en suivant la côte sur le GR 51 (demander les 5 petits topos gratuits à l'office de tourisme).
– **Marchés :** *jeu (sur le port) et dim (bd. Armand Audibert et centre-ville). L'été, marché ven-sam en soirée, sur le port.*
– **Oursinades :** *3 derniers dim de janv.*



### Adresse utile

**Office de tourisme :** *16, av. du Port. ☎ 04-42-45-60-65. Tlj – sauf dim ap-m en été – 9h-12h, 14h-18h (en basse saison jusqu'à 17h seulement et fermé sam ap-m et dim).*

### Où dormir ? Où manger ?

**Chambres d'hôtes La Restanque – Côte Bleue :** *23, av. des Micocouliers. 06-71-71-63-55. • florence.larestanque@gmail.com • larestanque-cotebleue.com • Depuis le port, D 5 direction Martigues, 800 m après à gauche l'av. des Belges, encore 200 m puis à nouveau à gauche. Doubles 75-95 €.* Dans un quartier résidentiel perché et tranquille. Une villa avec 3 chambres côte à côte ouvrant sur une véranda (équipée d'un frigo accessible à tous) et... la mer au loin, à 5 mn à pied). On a bien aimé l'ambiance zen de la chambre « Coquelicot », d'autant qu'elle est dotée d'une excellente literie. Mais vous avez le droit de préférer les 2 autres, car un peu moins chères ! Petite piscine hors sol dans le jardin.

**Les Girelles :** *15, rue Frédéric-Mistral. ☎ 04-42-45-26-16. • contact@restaurantlesgirelles.fr • Tlj sauf dim soir, lun et mer. Menu déj (en sem) 25 € (avec verre de vin), autres menus 45-70 €, bouillabaisse ou bourride 70 €/pers (résa 48h à l'avance).* Après une expérience au triplement étoilé Gordon Ramsey de Londres puis à Rio de Janeiro, Ludovic Walter est de retour au bercail ! Dans son resto d'un classicisme redoutable, ce maître restaurateur dispense une cuisine méditerranéenne mettant en vedette les produits de la mer. Bien sûr, ici, tout est ultra-frais et fait maison. Balade digestive en bord de mer, juste en face.

## CARRO (13500)

Petit port de pêche et pittoresque marché aux poissons, à découvrir de bon matin, quand reviennent les chalutiers. Quelques rochers plats pour la bronzette et spot de kite-surf des Arnettes. Voir aussi le cap Couronne (panorama sur la Côte Bleue et, au loin, la rade de Marseille).
Au pied du cap, la **plage du Verdon** (la plus grande de la Côte Bleue), noire de monde aux beaux jours. Parking payant en saison. Vers Sausset-les-Pins, juste après le tranquille village de La Couronne, nichées entre les rochers, les jolies **plages de Sainte-Croix et de la Saulce.**
Pour les randonneurs, tous les topos sont à télécharger sur le site de l'office de tourisme de Martigues : • *martigues-tourisme.com/randonnee-sentiers-chaussures-sac-dos.html* •

## Où dormir ? Où manger ?

### Campings

**Camping L'Arquet-Côte Bleue :** *chemin de la Batterie, La Couronne, 13500* ***Martigues.*** *☎ 04-42-42-81-00. • arquet.contact@martegaou.com • touristravacances.com • Entre la plage de La Couronne-Vieille et la plage de la Saulce (fléché). Avr-sept. Empl. tente 17-41 €. Mobile homes 2-6 pers 50-255 €. 270 empl. (dont mobile homes).* À 300 m de la plage du Verdon, un grand camping 4-étoiles bien construit sous la pinède, dans un site encore bien nature et au calme, en surplomb de la Méditerranée. Épicerie, piscine, club enfants, resto-pizzeria... Le site accueillait en 2013 le tournage de la série *Camping Paradis* !

**Camping Marius :** *7, route de la Saulce, La Couronne, 13500* ***Martigues.*** *☎ 04-42-80-70-29. • campingmarius@gmail.com • camping-marius.com • À 3 km de Carro direction Sausset. D'avr à mi-oct. Empl. tente 21-49 €. Tente toilée (5-6 pers) ou chalet (2-8 pers) à louer. 100 empl. (dont mobile homes).* Camping familial tranquille, à 200 m de la plage (accès possible par le camping). Emplacements ombragés pour la plupart et bien isolés par des haies. Tentes pré-montées ou chalets déclinés en plusieurs niveaux de confort, de taille et avec plus ou moins d'équipements (la plupart avec terrasse couverte). Espace bien-être, resto, épicerie, prêt de VTT et de kayaks de mer... Mais pas de piscine ! Nickel en avant et arrière-saison, mais un peu chérot quand même en plein été...

### Prix moyens

**Chez Manou :** *5, chemin de la Batterie, La Couronne, 13500* ***Martigues.*** *06-09-49-78-59. • chezmanou.chambresdhotes@gmail.com • chezmanou-chambresdhotes.com • À un bon km au nord du camping l'Arquet. Double 77 €, copieux petit déj compris.* Dans sa petite maison de pierre pleine de vieilles armoires remplies de livres et d'objets chinés, Mylène accueille le voyageur avec gentillesse et simplicité. Au programme, 2 doubles situées à l'étage et une pièce immense éclairée par le haut pouvant accueillir jusqu'à 7 personnes. La proprio loue toujours une chambre à la fois, alors vous serez tranquille ! Salon télé, grand jardin et petits coins douillets pour buller. Une vraie adresse pour lâcher prise !

**Chez Francine :** *chemin des Soubrats. ☎ 04-42-80-79-46. • chezfrancine13500@gmail.com • À l'angle de la traverse des Cigalons. En été, tlj sauf lun midi et soir. En basse saison, tlj, sauf lun soir et mar soir. Fermé en janv. Pizzas 12-18 €, plats 18-25 € ; poisson entier grillé 7-8 € les 100 g.* Un peu en retrait de la plage de Carro, le grand panneau de bois en façade indiquant « Pizzas et cuisine de saison » attire l'œil. Côté cadre, salle à la déco marine prolongée d'une terrasse en hauteur. Côté assiette, bonnes pizzas au feu de bois et des plats à l'ardoise de bonne facture. Poissons grillés, pieds paquets et autres suggestions du jour. Sympa.

# LE PARC NATIONAL DES CALANQUES

• Carte *p. 120-121*

**Créé en 2012, le parc national des Calanques comprend un cœur terrestre de 8 500 ha répartis sur les communes de Marseille, Cassis et La Ciotat, ainsi qu'un cœur marin de 43 500 ha. À cela s'ajoutent des « aires d'adhésion » d'une superficie de 100 000 ha.**

**Soutenue depuis un demi-siècle par les amoureux des Calanques, la création du parc national s'avère un outil indispensable pour protéger et gérer un territoire naturel fragile situé aux portes de la 2e ville de France. Les 1res années du parc ont notamment permis de mettre un terme au rejet des boues rouges, restaurer la très riche flore littorale et amorcer la reconstitution des populations de poissons.**

**Certes, les Marseillais, pour qui les calanques constituaient une balade dominicale juste à côté de chez eux, ont dû changer leurs habitudes, car on ne visite plus les calanques comme on le faisait autrefois. Mais quoi de plus normal pour pouvoir continuer de bien vivre ensemble dans ce petit paradis. En bref, ce milieu naturel en bordure de ville ne doit pas être vécu avec le rythme de la ville, c'est avant tout une bouffée d'air qui contraste avec la ville.**

**Des falaises blanches surplombant la mer Méditerranée, vêtues d'une flore bien spécifique (plus de 1 500 espèces végétales !), au pied desquelles se blottissent d'anciens cabanons de pêcheurs... Vous serez immanquablement conquis par la beauté de ce décor naturel, qui servit d'écrin à plusieurs longs-métrages de renom, comme le *Salaire de la peur* d'Henri-Georges Clouzot, *L'Armée des ombres* de Jean-Pierre Melville, ou encore *Borsalino* de Jacques Deray, non sans avoir précédemment enflammé les palettes de Braque, Derain, Dufy ou du pointilliste Signac.**

**Cela dit, les calanques ne doivent pas être considérées comme une simple carte postale. C'est un parc national comme un autre, qu'il convient de respecter, et, pour cela, il faut préparer sa venue. Pour les découvrir, il faut enfiler ses chaussures de rando ou s'offrir une excursion en bateau (voir plus loin « Comment découvrir les calanques ? »).**

**Ne dites jamais à un Marseillais que vous allez visiter les calanques de Cassis, malheureux, il se vexerait ! Même si certaines sont, il est vrai, géographiquement plus proches de Cassis, les calanques restent très majoritairement sur la commune de Marseille. Une exception quand même pour celles de Port-Miou (Cassis), Figuerolles et du Mugel (La Ciotat).**

**– Précisons quand même que le parc accueille 3 millions de visiteurs par an, un chiffre en constante augmentation. La surfréquentation du territoire constitue aujourd'hui le grand défi du parc national, qui envisage même de passer dans un avenir proche à un système de réservation pour visiter les calanques... Alors, préparez-vous à voir du monde et à partager l'espace. Sinon, évitez absolument les week-ends de printemps et la saison estivale. En saison, l'astuce est de faire cette excursion en décalé, alors... levez-vous à l'aube ou allez-y en fin de journée, vous nous remercierez ! Pour ne pas vous perdre, partez équipé d'une bonne carte IGN, d'un topoguide ou après avoir sauvegardé la carte du coin sur votre smartphone. Le plus sage étant de télécharger au préalable l'appli officielle du parc national « Mes Calanques », gratuite.**

## COMMENT DÉCOUVRIR LES CALANQUES ?

Le grand conseil : ÉVITEZ LES CALANQUES LE WEEK-END, c'est blindé !

## À pied

Le parc national des Calanques n'est, pour l'essentiel, accessible qu'à pied. Nous vous détaillons ci-après l'accès à chacune d'elles.

➢ Pour traverser le parc, suivre le GR 98-51 (28 km). Le sentier démarre à la Madrague de Montredon (bus n° 19) et file jusqu'à Cassis. Les bons marcheurs peuvent faire l'excursion dans la journée. Mais le mieux est de profiter de l'excursion sur 2 jours, avec un arrêt possible à l'auberge de la Fontasse (voir plus loin « Calanque de Port-Miou. Où dormir ? ») ou via Luminy (pour une traversée courte jusqu'à Cassis), ou encore avec un arrêt au niveau du domaine du Logisson, ce qui permet de rentrer à son hébergement via les transports en commun et de reprendre sa route le lendemain. Attention, le bivouac est interdit dans le parc.
Si vous comptez surtout faire trempette, sachez que les criques sont isolées et qu'y accéder se mérite, en étant sûr de ne jamais être seul à l'arrivée !
De nombreux autres sentiers balisés sillonnent le parc, notamment référencés dans l'appli officielle « Mes Calanques ».

■ ***Bureau des guides et accompagnateurs de randonnées et escalade :*** *06-61-50-38-48 ou 06-47-60-53-81. • guides-calanques.com • Résa possible via l'office de tourisme de Cassis.* Propose des randonnées accompagnées dans les calanques, des parcours aventure, de l'escalade et des descentes en rappel.

## En bus

➢ Les bus permettent de rallier les principaux points de départ des randonnées. De Marseille, les 1res calanques, de Saména à Callelongue, sont desservies par les bus n° 19 (depuis le Ⓜ Rond-Point-du-Prado jusqu'à la Madrague de Montredon) puis n° 20 jusqu'à Callelongue. Pour les calanques de Morgiou et Sormiou, bus nos B1, 21, 22, 23 et 24 (depuis le Ⓜ Rond-Point-du-Prado).

## En bateau

➢ ***De Marseille :*** plusieurs départs par jour depuis le quai des Belges (Vieux-Port) et le quai de la Fraternité (face à La Canebière). Afin de réguler la fréquentation, les bateaux qui assurent le transport maritime de passagers navigant dans la zone de « cœur marin » du parc national des Calanques doivent arborer sur leur coque et leur mât un autocollant et un drapeau coloré. Même chose pour les loueurs de navires à moteur. Un signe distinctif permet d'identifier les embarcations naviguant en toute légalité. Le code couleur est disponible sur l'appli « Mes Calanques » et sur le site officiel du parc national : *• calanques-parcnational.fr •*
***Attention,*** mis à part les ports du Frioul et des Goudes, le débarquement dans les calanques par des bateaux de promenade est interdit. Le mouillage y est quant à lui fortement réglementé (se renseigner).
– ***Croisières Marseille Calanques :*** *1, La Canebière, 13001 Marseille. ☎ 04-91-58-50-58. • croisieres-marseille-calanques.com • Compter 25-40 € ; réduc ; forfait familles. Achat possible 48h à 24h avt le départ en fonction des conditions météo.* En partenariat avec *Icard Maritime,* 2 circuits de visite des calanques : le grand (« Intégrale des Calanques » : 3h15) jusqu'à Port-Miou et le petit (« Essentiel des Calanques » : 2h15) jusqu'à Sugiton. En juillet et août, « baignade dans les calanques » *(compter 38 €).*
➢ ***De Cassis :*** *avec le* ***GIE des Bateliers Cassidens,*** *directement sur le port. 06-86-55-86-70 (pour les infos météo). • calanquesdecassis.com • Tte l'année, sauf le 25 déc. Horaires affichés. Prix : 17-28 €. Billets en vente directement à l'embarquement, sur le quai ou auprès du batelier (en hiver).* 4 croisières au choix, 3, 5, 8 ou 9 calanques. Comptez de 45 mn à 2h. Plusieurs départs par jour, tous les jours (sous réserve des conditions météo et d'un nombre minimum de passagers).

Également une croisière vers La Ciotat (65 mn) via Figuerolles, le Bec de l'Aigle, le Mugel et l'Île verte. Possibilité de croisière combinée à une baignade sous la plus haute falaise maritime de France *(juin-sept, sur résa le mat même, compter : 30 €).*

➢ ***De La Ciotat :*** *avec* ***Les Amis des Calanques,*** *sur le port. 📱 06-09-35-25-68 ou 06-09-33-54-98. • visite-calanques.fr • 2-3 départs/j. avr-juin et sept-oct (horaires variables), et 7-9 départs/j. 10h-18h30 juil-août. Compter 18-32 € selon excursion.* Sur un catamaran à vision sous-marine ou un semi-rigide. Balades de 45 mn à 2h30 dans les calanques de La Ciotat et celles de Cassis à Marseille. En saison seulement, également un circuit de 2h dans les calanques proches de Cassis, combiné à une baignade de 30 mn *(📱 06-01-71-40-06 ; juil-août, 8 départs/j., 10h-17h30 ; compter 39 €).*

➢ ***En kayak de mer :*** le kayak permet d'approcher au mieux les calanques (à partir de 16 ans). Plusieurs prestataires :

– ***Raskas Kayak :*** *☎ 04-91-73-27-16. • raskas-kayak.fr • Compter 45 € la ½ journée, 80 € la journée découverte. Résa en ligne possible.* Excursions (demi-journée et journée) et stages (2 à 5 jours) au départ de Marseille ou de Cassis.

– ***CSLN (Cassis Sports Loisirs Nautiques) :*** *plage de la Grande-mer, 13260* ***Cassis.*** *☎ 04-42-01-80-01. • cassis-kayak.com • Ouv tlj 8h30-20h30. En été, compter 15 € (monoplace) ou 25 € (biplace) pour 1h de loc, 45-75 € pour 6h ; également des sorties encadrées à partir de 40 € la ½ journée.* Location de kayaks monoplaces et biplaces, paddles, stages enfants, rando kayak combinée à du *snorkelling*.

– ***Provence Kayak Mer :*** *📱 06-12-95-20-12. • provencekayakmer.fr • Compter 35 € la ½ journée, 55 € la journée découverte.* À Cassis et à La Ciotat. Balades à la journée ou à la demi-journée avec notamment une formule « coucher de soleil » sous le cap Canaille *(35 €).*

## En voiture

➢ ***Gare aux bouchons !*** En saison (entendez les week-ends de beau temps et la période estivale), l'accès au parc national en voiture est fortement déconseillé. De Marseille, la route des Goudes qui mène jusqu'à la calanque de Callelongue (au départ des randos) est COMPLÈTEMENT SATURÉE, parfois dès la Pointe Rouge, et on ne parle même pas du retour, pire encore !

Quant aux **routes d'accès aux calanques de Sormiou et Morgiou, elles sont tout simplement FERMÉES ENTRE PÂQUES ET LA TOUSSAINT.** Il faut alors se garer au parking et enfiler ses chaussures de rando !

## À VTT

***Attention,*** ce sport est strictement réglementé dans le parc national des Calanques. Bien se renseigner avant pour éviter tout ennui ou verbalisation. Pour une visite encadrée, ***Trolib*** *(📱 06-72-50-47-26 ; • trolib.com •)* propose, au départ de Cassis, des circuits guidés en VTT électrique pour niveau facile (2h, en saison) ou niveau moyen (3h, toute l'année). Également un circuit « Cap Canaille au soleil couchant » et un autre, « Vignobles et dégustation » (3h). *Compter 35-45 € selon circuit ; réduc.*

## Conseils et règles d'accès

– ***ATTENTION :*** par arrêté préfectoral, l'accès (en voiture mais aussi à pied et par la mer) aux calanques est réglementé et ***peut être fermé du 1er juin au 30 septembre,*** en fonction du risque d'incendie. Infos au jour le jour sur l'accès aux espaces naturels au : *☎ 0811-20-13-13 (coût d'un appel local à partir d'un poste fixe) puis précisez le massif forestier qui vous intéresse ; sur • myprovence.fr • calanques-parcnational.fr • ou encore • bouches-du-rhone.gouv.fr • ; enfin, l'application mobile « Mes Calanques » est très utile.* ***Se renseigner impérativement afin d'éviter toute mauvaise surprise :*** en cas d'interdiction d'accès, l'info tombe la veille au soir.

***– Interdiction de fumer ou d'allumer du feu.***
***– Interdiction de sortir des pistes.***
***– Le camping et le bivouac sont interdits toute l'année.*** Un seul lieu d'hébergement dans les calanques mêmes : l'auberge de jeunesse *La Fontasse* (voir plus loin « La calanque de Port-Miou »).
***– La meilleure saison :*** de mi-septembre à fin juin.
***– Cartes de randonnée et topoguides :*** carte IGN série Plein Air au 1/15 000, *Les Calanques, de Marseille à La Ciotat,* éd. 2017. Topoguides FF Rando : *Les Calanques... à pied, de Marseille à Cassis* (nº 132), éd. 7, 2021. Également une carte simplifiée du parc national des Calanques disponible gratuitement auprès de l'office de tourisme. Bien pour préparer son voyage et se faire une idée, mais pas suffisant sur place. Et, on le rappelle, de nombreux sentiers sont référencés dans l'appli officielle « Mes Calanques ».
– Ne soyez pas fada, pas de tongs ! Prévoyez de ***bonnes chaussures*** (qui dit terrain calcaire dit pierreux, et certains passages peuvent être abrupts et glissants) et une ***casquette*** (très peu d'ombre et le soleil brille ici 300 jours par an !), et emportez 2 l d'***eau*** par personne (il n'y en a pas dans les calanques).
***– Pas facile de se nourrir, entre Marseille et Cassis,*** il n'y a aucun restaurant à Port-Pin, En-Vau ou Port-Miou. Alors on pense à son pique-nique, en prévoyant de remettre les déchets dans son sac.

### COUP DE GUEULE : NAGE EN EAUX TROUBLES

*Les restrictions d'accès aux calanques visant à diminuer l'empreinte humaine sur un site préservé ne suffisent pas à empêcher la pollution. En 2020, comme les années précédentes, le drapeau violet a flotté à de nombreuses reprises sur plusieurs plages de Marseille, interdisant la baignade au plus chaud de l'été. Les relevés d'analyses sont sans équivoque : la bactérie Escheria coli est présente à un taux 15 fois supérieur à la norme... Ces traces de streptocoques fécaux ne laissent pas de doute sur leur origine. Mieux vaut ne pas boire la tasse... Et faire remonter l'info pour que ça cesse !*



# LES CALANQUES, DE MARSEILLE À CASSIS

## LA MADRAGUE DE MONTREDON

➢ ***Accès :*** *bus nº 19.*
C'est par là (il n'y a qu'une route !) que commence l'excursion terrestre dans le parc national des Calanques au départ de Marseille. La route qui longe le littoral commence à virer-tourner. Pour faire un plouf dans le coin, l'***Abri Côtier*** est une plage de sable (hélas, pas toujours très propre), appréciée par les jeunes des quartiers sud. Entre la pointe de Montredon et le port de la Madrague, la ***plage de la Verrerie,*** bordée de cabanons creusés dans la roche, en sous-sol. Gentil ***port de la Madrague,*** bien loin de tout. À la sortie sud de la Madrague de Montredon, la calanque de Saména est aujourd'hui déconseillée pour la baignade à cause de problèmes de pollution et des courants, assez forts.

### Où dormir à proximité ?

***Chambres d'hôtes La Petite Calanque :*** *22, bd Calanque-de-Saména, 13008. 06-12-03-18-43. • contact@lapetitecalanque.com • lapetitecalanque.com • Accueil 17h-20h en sem et 18h-20h le w-e. Doubles 75-100 €. Table d'hôtes 30 €. Gîtes 350-610 €/sem.* Maison de

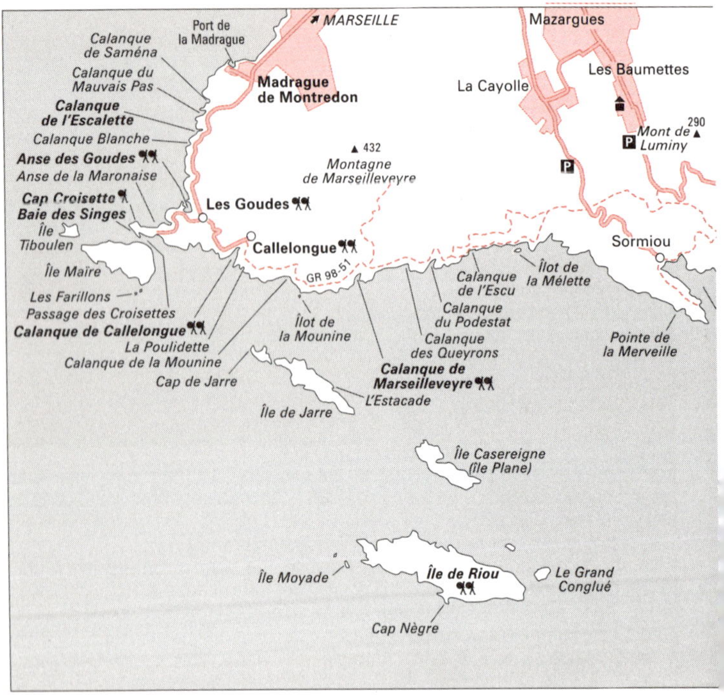




style antillais construite au début du siècle dernier, donnant sur un jardin d'essences tropicales, bien au calme. Cadre gentiment désuet : hauts plafonds et vieux carrelages, vénérable mobilier et éléments de décor ancien. Du charme à revendre. Clim. Barbecue dans le jardin. Accueil très prévenant.

🏠 ***Chambres d'hôtes Villa d'Orient :*** *30, bd Calanque-de-Saména, 13008. 📱 06-31-48-88-61. • lavilladorient@gmail.com • villadorient.com • Bus n° 19 (jusqu'au terminus). Doubles 90-120 € ; studio 450-670 €/sem.* Dans une belle villa cachée à quelques pas de la plage, 3 chambres à la fois fraîches et chaleureuses (eh oui !), aux accents épicés en rez-de-jardin ou avec vue mer, ainsi qu'un studio pour 2-3 personnes réservable à la semaine et disposant, lui, d'une belle terrasse. Le tout décoré avec juste ce qu'il faut pour mettre en valeur le passé de la maison. Ici, vous passerez tout votre temps sur la terrasse panoramique, où sont servis les petits déjeuners, ou à bouquiner dans le jardin, littéralement mangé par le vert. Accueil prévenant de Pascal.

## Où manger à proximité ?

|●| ⛱ ***Chez Aldo :*** *28, rue Audemar-Tibido, 13008. ☎ 04-91-73-31-55. ♿ Tlj sauf dim soir-lun. Fermé 2e sem de sept et vac d'hiver (zone B). Résa impérative le w-e. Pizzas 13-17 € ; Plats 19-23 € le midi, un peu plus*

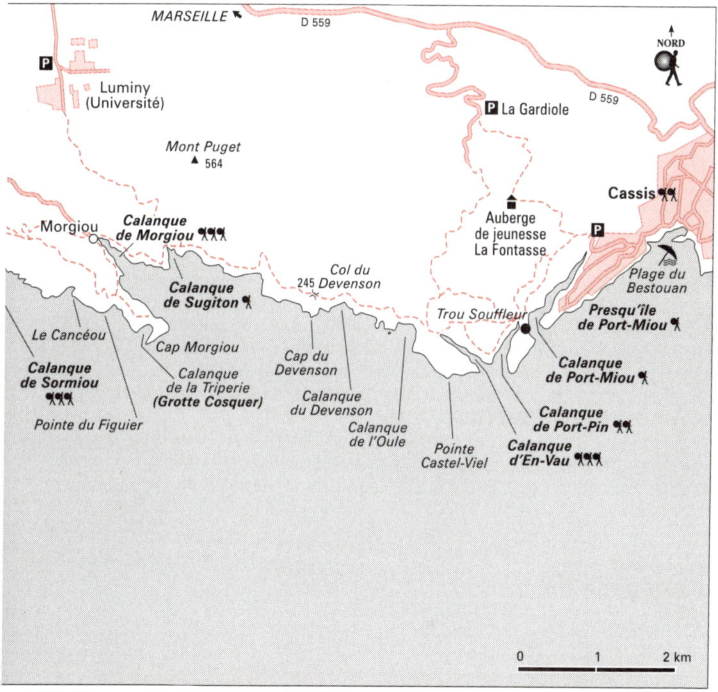






*cher le soir. Bouillabaisse ou bourride sur commande env 48 €/pers.* Il y a de la pizza au feu de bois, et du beau poisson, rapporté par les pêcheurs du port de la Madrague, à savourer simplement grillé. Ici, pas de chichis : on partage la friture, on goûte les moules en laissant traîner une narine envieuse vers les seiches *a la plancha* des voisins. Accueil sympathique, grande terrasse, pour en prendre plein la vue à condition d'avoir réservé... Une institution locale !

**Les Tamaris :** *40, bd Calanque-de-Saména. ☎ 04-91-73-39-10. • contact@restaurantlestamaris.com • De mi-avr à fin sept, tlj, sauf lun midi. Résa fortement conseillée. Pizzas 15-20 € ; carte 45-50 €.* Comme beaucoup de restos bénéficiant d'une situation de rêve, poisson et fruits de mer sont chers, et il peut y avoir un peu de roulis dans la cuisine comme dans l'accueil... On paie donc ici surtout l'emplacement.

## LA CALANQUE DE L'ESCALETTE

➢ **Accès :** *bus nº 20.*
Une petite calanque, juste après Montredon, en allant vers Les Goudes. Une usine de plomb en ruine domine le site, rappelant l'époque où les bateaux chargés de produits chimiques accostaient ici pour la fabrication de munitions...

## Où manger ?

**Le Petit Port :** *chemin des Goudes, port de L'Escalette, 13008. ☎ 04-91-72-20-00. Tlj en saison. Fermé oct-mars, sauf midi le w-e. Résa conseillée. Pizzas 11-19 € ; carte 35-45 €.* Accrochée au-dessus du microport empierré de L'Escalette, une longue terrasse séduisante où, on vous le donne en mille, on sert poissons et fruits de mer d'une belle fraîcheur et pour une fois, pas facturé au poids. Accueil chaleureux et service efficace.

## LES GOUDES

➢ **Accès :** *bus n° 20. En saison, une navette maritime (LaNavette-RTM) opère un trajet depuis le Vieux-Port jusqu'aux Goudes via la Pointe-Rouge.*
L'anse des Goudes a servi de lieu de tournage à certains films de Jean-Pierre Melville, et surtout de pied-à-terre à Fabio Montale, le héros déprimé ô combien attachant de l'écrivain Jean-Claude Izzo...
Les Goudes, c'est le village marseillais par excellence, « le rêve marseillais un soir d'été au cabanon », chanté par Massilia Sound System. Ce petit port de pêche accueille aujourd'hui plaisanciers et visiteurs sur le chemin du parc national.



## Où manger ?

**Sandwicherie Feel Goudes :** *16, rue Désiré-Pelaprat, 13008. 06-71-39-24-88. • richard.meyer139@gmail.com • Avr-oct, tlj 9h-18h. Env 14 €. Chèques refusés. Apéro maison offert sur présentation de ce guide.* Une poignée de tables et c'est à peu près tout, pour cet estaminet bien dans l'air du temps où l'on sert paninis, salades, quiches et compagnie... Aussi de bons gros casse-dalle à plein de bonnes choses à accompagner d'un expresso ou d'un jus détox. Glaces artisanales.

**L'Esplaï du Grand Bar des Goudes :** *28-29, rue Désiré-Pelaprat, 13008. ☎ 04-91-73-43-69. • didier.tani@orange.fr • Avr-oct et pdt vac scol hors saison, tlj sauf mer 8h30-minuit (pas de service au resto le jeu midi) ; nov-mars, jeu-dim 8h30-minuit (pas de service au resto le dim soir). Congés : janv. Bourride 35 €, bouillabaisse env 50 € (sur commande uniquement) ; carte 45 € min.* Voilà une belle adresse où la sincérité de l'accueil et de la cuisine est à la hauteur du cadre : superbe ! À la résa, demandez donc une table au plus près des baies vitrées, aux 1res loges sur le port et les bateaux ! Bien vu, les lames du plafond qui s'ouvrent par beau temps ! Poissons juste sortis des filets de pêche, fruits de mer et plats du jour : tout est frais et servi avec le sourire, vous l'aurez compris !

## LE CAP CROISETTE ET LA BAIE DES SINGES

➢ **Accès :** *bus n° 20.*
La route qui menait au cap Croisette depuis les Goudes est désormais interdite aux voitures. C'est donc à pied qu'on découvre d'abord l'***anse de la Maronaise***, avant de rejoindre le ***cap Croisette,*** une pointe rocheuse, solitaire et très découpée. Une petite anse secrète ***(la baie des Singes)*** fait office de plage, où l'on peut louer des matelas. Juste en face, l'***île Maïre*** (interdite d'accès) est un gros îlot sauvage et calcaire dont les tombants sont très prisés des amateurs de plongée. Attention à la baignade, forts courants dans le coin.

## LA CALANQUE DE CALLELONGUE

➢ **Accès :** *bus n° 20. Du 1er w-e de Pâques à fin octobre, l'accès en voiture au hameau est réservé aux seuls résidents.*
« Et quand je vais au bout du monde, je m'en vais à Callelongue », chante à juste titre le groupe Massilia Sound System. Tout Marseillais vient ici de temps à autre chercher l'âme de sa ville.
Dans ce charmant cul-de-sac, un port miniature et une poignée de maisons de pêcheurs et de cabanons discrets. C'est le point de départ des randonnées dans les calanques, notamment celle qui mène à la calanque de Marseilleveyre (voir ci-après).

### Où manger ? Où boire un verre ?

**La Grotte :** *1, av. des Pébrons, 13008. ☎ 04-91-73-17-79. • lagrotte08@gmail.com • Tte l'année, tlj. Pizzas 14,50-19,50 €, plats 15-39 €.* Dans le cadre d'une ancienne usine du XIXe s restaurée, avec un décor pour le moins baroque et un vieux zinc. Pas de terrasse sur l'eau, mais un patio romantique parfait pour boire l'apéro ou avaler une simple pizza avec un verre de rosé. Côté cuisine, des hauts et des bas et les prix s'envolent vite.

## LA CALANQUE DE MARSEILLEVEYRE

Au départ de Callelongue, une très belle marche d'un peu moins de 1h, plutôt facile (sauf au début, ça grimpe un peu ; suivre le marquage), mène, via la calanquette de la Mounine, à Marseilleveyre et sa petite plage flanquée d'un resto avec terrasse. *À éviter l'été et les w-e, comme tt le parc national.*

### Où manger ?

**Chez le Belge :** *pas de tél. Accès réglementé : infos au ☎ 0811-20-13-13 (0,06 €/mn). En été (juin-sept, voire oct), tlj à midi (sauf mer-jeu) et ts les soirs (sauf mar-jeu) ; seulement le w-e hors saison. Compter 20 €. CB refusées.* Ce mystérieux Belge est un « immigré » venu se balader ici il y a bien longtemps et qui a préféré ne pas repartir. Depuis, M. Henri et sa fille Manon ont pris la relève, exploitant le filon non sans humour. Le panorama vaut le détour, ou plutôt le parcours. Le menu est indéboulonnable : une côtelette et des spaghettis. Parfait pour les groupes d'affamés... L'endroit est ravitaillé par bateau.

## L'ÎLE DE RIOU

L'île de Riou, inhabitée et classée réserve naturelle, abrite une variété de lapins dite « aux courtes oreilles ». De nombreuses épaves parsèment les fonds sous-marins de ce secteur du littoral. Sur le site du Grand Conglué, le commandant Cousteau exhuma sa 1re épave en 1952. Et dans le même coin, on découvrit les preuves que la disparition en mer de Saint-Exupéry n'était pas accidentelle (à lire : *Saint-Exupéry. L'ultime secret,* de J. Pradel et L. Vanrell, Éditions du Rocher).

### QUAND SAINT-EX TUTOYAIT LES NUAGES...

*En 1944, l'aviateur-écrivain Antoine de Saint-Exupéry disparut en vol. On crut longtemps à un accident, sans en connaître le lieu exact. Le repêchage de sa gourmette, puis d'un débris de son avion non loin de l'île Plane et une longue enquête menèrent jusqu'au pilote allemand qui reconnut avoir mitraillé l'avion de l'homme de lettres.*

## *LA CALANQUE DE SORMIOU*

➢ **Accès :** ***en bus,*** *ligne n° 23 à prendre au métro Rond-Point-du-Prado, arrêt La Cayolle, puis 1h15 de marche jusqu'à la calanque ;* ***en voiture,*** *par Mazargues. Suivre ensuite les panneaux « Sormiou » par une magnifique route escarpée en lacets.* ***Accès interdit aux voitures tlj fin mars-vac de Toussaint (7h30-19h30, sous réserve de changements) ; exception faite des j. de sem en moyenne saison.*** *Plus de précisions sur l'appli « Mes Calanques » ou sur le site • calanques-parcnational.fr • Parking de délestage obligatoire, à 1h de marche (3,5 km). Hors saison, on accède jusqu'au parking de la calanque (env 5 €) à 5 mn de la mer. À éviter l'été et les w-e, comme tt le parc national.*

– Bon plan : si vous prévoyez de manger à l'unique resto de la calanque, donnez votre numéro d'immatriculation lors de la réservation au moins un jour à l'avance, tout en évitant d'appeler entre 12h et 16h car c'est le coup de feu au resto et personne ne vous répondra. Vous bénéficierez ainsi de l'accès résident et les caméras de vidéosurveillance vous « blanchiront », sinon, c'est l'amende assurée.

– Attention : malheureusement, il est très fréquent que les véhicules soient vandalisés sur les parkings de délestage... Mieux vaut donc vraiment venir en bus puis à pied !

– Attention bis : il y a un point d'eau au parking de délestage, mais PAS en bas de la calanque. Faites le plein avant de descendre. C'est bien sûr valable pour toute excursion dans le parc national.

Cette calanque est tout simplement superbe. Comme sa jumelle Morgiou, depuis le début du XXe s, elle est occupée par une centaine de cabanons de pêcheurs, qui forment un ensemble homogène, avec leurs tonnelles et leurs toits en tuiles. Ici, on est locataire de père en fils, privilège rare. Et tout ce petit monde se réunit entre soi, en été, autour du traditionnel aïoli du 15 août, jour de la Sainte-Marie, en hommage à 2 femmes, la mère de Jésus et... Marie de Sormiou, la propriétaire de la calanque, qui a légué à ses héritiers un joli pactole. Profitez des eaux limpides : elles sont publiques et gratuites, elles !

### LE SECRET DES CABANONS

*L'ensemble de la calanque de Sormiou appartient aux descendants de Marie de Sormiou qui acheta le lieu en 1885. Les 126 cabanons qui s'y trouvent sont loués aux mêmes familles depuis des générations. Ainsi, comme ils n'appartiennent pas à ceux qui les occupent, aucune opération immobilière n'est possible, et l'endroit garde tout son charme.*

### Où manger ?

**Le Château :** *226, chemin de Sormiou, soit au parking de la calanque (accès réglementé). ☎ 04-91-25-08-69. Tlj avr-sept, sauf dim soir. Résa obligatoire si vous venez en voiture 1 j. à l'avance, appelez 10h-12h ou 17h-19h. Menus 28-37 € ; carte 50-60 € ; compter 50 € pour une bouillabaisse ou une zarzuella. CB refusées.* Atmosphère paisible, belle terrasse où la vue et la cuisine ont la même inspiration : la mer. La bouillabaisse est bonne, mais elle n'est pas donnée. Également de la *zarzuella,* des rougets, ou encore des gambas à la tapenade. Un rapport qualité-prix honnête pour les menus si l'on tient compte du cadre qui, lui, est exceptionnel !

## *LA CALANQUE DE MORGIOU*

➢ **Accès :** *en voiture par Mazargues, puis la prison des Baumettes et le chemin de Morgiou.* ***Route d'accès à la calanque fermée tlj fin mars-vac de Toussaint (7h-19h30, sous réserve de changements), exception faite des j. de***

***sem en intersaison.** Plus de précisions sur l'appli « Mes Calanques » ou sur le site • calanques-parcnational.fr • Bus n° 22, arrêt Baumettes. Ensuite, 1h de marche (3,5 km). **Attention, ne jamais tenter de passer sans avoir communiqué son immatriculation** (présence de caméras vidéo). En cas de forçage avéré, l'amende est plus que salée. À éviter l'été et les w-e, comme tt le parc national.*
Cette calanque, moins connue que sa voisine Sormiou, est restée fortement liée à son héritage de port de pêche. Plusieurs cabanonniers y vivent encore à l'année, il convient donc de respecter leur tranquillité. Autrefois, les poissonnières venaient chercher ici le poisson qu'elles transportaient ensuite en ville à dos d'âne. En 1622, le roi de France Louis XIII vint lui-même pêcher le poisson à Morgiou !

## Où dormir ? Où manger à proximité ?

***Hôtel 96 :** 96, av. de la Soude, 13009. ☎ 04-91-71-90-22. • contact@hotel96.com • hotel96.com • (1 chambre). Dans le quartier de Mazargues, à 5 mn du parking des calanques. Bus nos 22 ou 23 depuis le rond-point du Prado. Doubles 99-149 € ; familiales. Parking. Chèques refusés. Apéro maison ou café offert sur présentation de ce guide.* Une belle adresse chic, au vert et au calme, bien placée pour partir randonner. On y accède par un grand jardin avec piscine et potager. Chambres au charme contemporain, fraîches et lumineuses, plus ou moins grandes selon le prix. Également 2 familiales. Celles du rez-de-jardin possèdent une terrasse privative. Toutes avec clim, coffre et minibar. Petit déj maison servi sous le grand platane aux beaux jours et petite restauration possible. Sauna *(payant)*. Location de vélos. Accueil pro et sympa.

***Chez Zé :** 402, chemin de Morgiou, Les Baumettes, 13009. ☎ 04-91-40-05-44. • contact@chez-ze.com • Tlj sauf mar soir et mer. Fermé 2 sem fin déc-début janv. Pizzas 12-19 €. Plats 15-24 €. CB refusées.* Pour ceux qui ont un budget un peu serré, Zé fait office de guinguette en dur depuis 1960 à l'entrée du chemin vers la calanque. On y sert quelques plats toute la journée (aux beaux jours seulement) ainsi que des pizzas en 2 tailles. Spécialité de supions à l'ail et au persil ou à l'encre, à déguster de préférence sous le platane en terrasse. Service efficace.

***Nautic Bar :** au fond de la calanque. ☎ 04-91-40-06-37. Tlj sauf dim soir et lun. Fermé nov-début fév. Résa obligatoire (appeler au moins la veille en donnant son immatriculation). Carte 40-50 €. CB refusées.* Dans les calanques, on dit « Chez Sylvie » quand on parle de ce resto de carte postale, idéalement placé. Terrasse avec vue. Brise de mer, poissons grillés et vin frais, une trilogie classique. Bouillabaisse sur commande, ou friture. Bon, c'est un peu inégal, cela dit, selon l'humeur du jour.

## *LA GROTTE COSQUER OU LE LASCAUX SOUS-MARIN*

***Inaccessible au public*** (entrée murée à la suite d'un accident mortel). Seuls les archéologues y ont accès. C'est dans cette grotte sous-marine du cap Morgiou qu'ont été découvertes en 1985 (révélées en 1991), par le plongeur Henri Cosquer, les plus anciennes représentations d'animaux de l'art pariétal du Paléolithique. Un jour, par hasard, dans la calanque de la Triperie, Cosquer découvrit un passage étroit dont l'entrée était située à 38 m sous le niveau de la mer (quand même !). En remontant cet oblique boyau rocheux long de 175 m, il atteignit une incroyable salle souterraine (hors d'eau) méconnue, aux parois couvertes de représentations d'animaux. Elles datent pour les plus anciennes d'il y a 27 000 ans avant notre ère (les peintures de Lascaux remontent « seulement » à 16 000 ans). Une réplique de cette grotte sera accessible au public à la Villa Méditerranée, à Marseille (à côté du Mucem), courant 2022, au terme d'un chantier de plus de 23 millions d'euros.

## LA CALANQUE DE SUGITON

➢ **Accès :** *en voiture, par Mazargues (D 559). Suivre ensuite les panneaux « Luminy ». Sinon, bus n° 21 ou B1, au départ de Castellane jusqu'au terminus Luminy (université) ; ensuite, compter env 1h de marche (4 km de descente, du moins à l'aller !). À éviter l'été et les w-e, comme tt le parc national.*

La balade commence par un large chemin plat menant à un superbe point de vue plongeant sur le cap Morgiou. Descente possible sur Sugiton en 30 mn, avec de beaux panoramas et un petit bain au milieu des rochers. Collée à la calanque de Sugiton se trouve la calanque des Pierres-Tombées (interdite d'accès). Pas mal d'excursions passent par cette calanque (voir « Comment découvrir les calanques ? » au début de ce chapitre).

## LA CALANQUE D'EN-VAU

➢ **Accès :** *à 15 km de Marseille et à 5 km de Cassis. Accès à pied uniquement depuis Port-Miou (4 km sur un chemin caillouteux et pentu ; compter 1h30) ou depuis la D 559 (ministationnement à proximité de l'entrée du camp militaire de Carpiagne puis 5,5 km de marche par le col de la Gardiole, compter 2h). À éviter l'été et les w-e, comme pour le parc national.*

Un large sentier descend à la calanque via le vallon boisé de la Gardiole. Compter 3-4h aller-retour. On peut aussi y accéder depuis Cassis, via Port-Miou et Port-Pin (compter 2h l'aller simple). Superbe rando, facile pour le début, mais ATTENTION, elle est vraiment sportive sur le gros du parcours quand il s'agit de descendre (à pic) dans la calanque. Prévoir de bonnes chaussures ! La calanque d'En-Vau est la plus connue des calanques. Et l'une des plus belles, c'est vrai, avec ses aiguilles et falaises tombant dans la mer turquoise, qui font le bonheur des grimpeurs (nombreux sites d'escalade). Petite crique de galets.

## LA CALANQUE DE PORT-PIN

➢ **Accès :** *à 1h de Cassis via Port-Miou en suivant le GR98-51 (compter 40 mn depuis le parking de la presqu'île, voir ci-après). À éviter l'été et les w-e, comme tout le parc national.*

À peine moins encaissée que ses voisines. Petite plage de galets exposée plein sud, entourée de pins dont on se demande comment ils poussent sur les rochers. Idéale pour la baignade.

## LA CALANQUE DE PORT-MIOU

➢ **Accès :** *stationnement payant (accès réglementé le w-e avr-sept, tlj juil-août) sur le parking de la presqu'île : 8 €/j. Ensuite, 15 mn à pied pour y accéder. En saison, accès en navette (A/R 1,60 €) depuis le parking relais gratuit des Gorguettes (à l'entrée de Cassis). Navettes (arrêt « av. des Calanques » puis 300 m à pied) tlj 9h-20h, 8 juil-fin août ; 9h-20h w-e et j. fériés, avr-début juil et sept. À éviter l'été et les w-e, comme ttes les calanques.*

La plus proche de Cassis... et la seule sur le territoire de cette commune. Cette longue calanque (1,4 km) est aussi des plus fréquentée par les promeneurs comme par les plaisanciers. Port-Miou est un vrai petit port avec sa capitainerie dans le château de Port-Miou (qui accueille aussi un petit espace d'information et de sensibilisation du parc national). Une calanque au visage de loup de mer, largement balafrée qu'elle est par une ancienne carrière de pierre. Prolongez la balade jusqu'à la pointe Cacau. Au passage, jetez un coup d'œil ou plutôt écoutez le son du *Trou Souffleur,* curiosité géologique. De la pointe, jolie vue sur les falaises de la calanque d'En-Vau et sur celles du cap Canaille.

## Où dormir ?

**Auberge de jeunesse La Fontasse :** *lieu-dit La Fontasse, 13260* **Cassis.** ☎ *04-42-01-02-72.* *06-38-28-63-85.* • *cassis@hifrance.org* • ***On conseille de téléphoner avant ou d'envoyer un mail pour bien se faire préciser les conditions d'accès.*** *INACCESSIBLE EN VOITURE. À pied, se faire déposer (bus M8, Marseille-Cassis) à l'arrêt Cassis-Carpiagne (bien signaler au chauffeur de bus avt de monter et avt d'arriver que vous désirez descendre à cet arrêt), puis marcher env 45 mn ; sinon, si l'on n'est pas trop chargé, depuis la calanque de Port-Miou (accès depuis Cassis, voir juste au-dessus ; parking possible et gratuit pour les clients de l'auberge à réserver à l'avance), 2 km à pied, soit env 30 mn de grimpe, raide. Ouv tte l'année, arrivées 17h-20h30 (mais on peut poser ses bagages dans la journée ; accueil fermé strictement après 21h et couvre-feu à 23h). Résa nécessaire. Carte FUAJ obligatoire (en vente sur place), dortoirs (8-10 lits) env 18 €/pers (dégressif à partir de la 4e nuit). Chèques refusés.* Auberge installée dans un ancien relais de chasse, isolée au cœur d'une nature exceptionnelle, avec une vue non moins exceptionnelle sur le cap Canaille. Un vrai retour à la nature : citerne d'eau de pluie (et bassines pour prendre sa douche !), panneaux solaires pour l'électricité en été et... pas de wifi, yahou ! 6 dortoirs, dont 1 réservé aux filles, 1 aux garçons et 1 aux couples. Également une quadruple, qui conviendra aux familles. Cuisine équipée à disposition et une épicerie qui propose exclusivement des produits locaux. Excellent accueil d'Érik.



## LA PRESQU'ÎLE DE PORT-MIOU

➢ **Accès :** *départ avt le parking de la presqu'île à Cassis ; navettes depuis le parking des Gorguettes (voir plus haut « La Calanque de Port-Miou »).*
Le **sentier du Petit-Prince** *(ouv tte l'année, même quand les calanques sont fermées)* fait référence à la gourmette de Saint-Exupéry, retrouvée au large. Il est équipé de panneaux d'information. Une balade de 1h-1h30, accessible à tous, permettant de découvrir le milieu naturel, l'histoire des calanques, etc.

# Plongée sous-marine dans les calanques

Les calanques sont le berceau de la plongée sous-marine moderne et le lieu de l'invention de l'archéologie sous-marine incarnée par Cousteau et Falco. En plongeant à pic dans la mer, les hautes falaises brutes des calanques se transforment en tombants colonisés par une vie luxuriante très sauvage. Ces fonds sont parmi les plus spectaculaires de la Méditerranée française. Une escorte de dauphins viendra peut-être compléter l'envoûtement...

## Clubs de plongée

■ **Cassis Calanques Plongée :** *3, rue Michel-Arnaud, 13260* **Cassis.** *06-71-52-60-20.* • *cassis-calanques-plongee.com* • *Tlj de mi-mars à fin déc. Baptême (uniquement l'ap-m) env 80 € ; plongées encadrées 55-70 € selon niveau ; forfaits dégressifs pour 5 et 10 plongées.* Ancien club (FFESSM, ANMP) d'Henri Cosquer, qui découvrit la fameuse grotte préhistorique (voir plus haut). On embarque aujourd'hui à bord du *Best-Ouan,* une vedette de 28 places où les moniteurs brevetés d'État assurent baptêmes, formations niveaux I à monitorat, explorations (selon météo) et plongées au crépuscule. Plongée Nitrox et randonnée palmée dans les calanques pour se familiariser en douceur. Équipements complets fournis.

■ **Le Narval :** *11, av. de la Viguerie, 13260* ***Cassis.*** *☎ 04-42-01-87-59. 📱 06-89-55-82-96. • narval-plongee.fr • Tlj de mi-mars à mi-nov. Baptême env 68 € ; plongées encadrées 40-51 € selon type ; forfaits dégressifs 5-10 plongées. Reportage photo/vidéo 15 €. Privatisation du bateau à la demande.* Fabienne Henry et son équipe proposent des plongées au phare de Cassidaigne, à Castel Vieil (jardin, voûte de corail) et bien sûr dans les calanques (Morgiou, L'Oule), sans oublier l'archipel de Riou. Randos palmées également. Équipements fournis. Douchette à bord du bateau.

## Nos meilleurs spots

***Castel Viel*** *(niveau I)* **:** juste au pied de la falaise. Gorgones et corail rouge éclatant enflamment littéralement ce tombant somptueux qui dégringole jusqu'à 49 m de profondeur (courte plate-forme à 20 m). Les loups, mérous, sars, girelles paons et castagnoles, aux couleurs et reflets chatoyants, viennent enrichir cet énorme bouquet. À « 2 brassées de palmes », les surplombs d'une fameuse ***grotte à corail*** (12 à 24 m) sont fascinants.

***La pointe Cacau :*** accessible aux plongeurs débutants. Au pied d'une falaise qui chute dans le grand bleu, une cascade d'éboulis rocheux suivis d'un magnifique tombant (48 m max) fleuri de gorgones et corail rouge. Devant vos yeux ébahis, les langoustes, mérous, girelles paons, loups, anthias, castagnoles, et même parfois un poisson-lune ou un saint-pierre, déclenchent un véritable incendie de couleurs (inutile de faire le ☎ 18 !). Présence de 3 beaux canons.

***Le phare de la Cassidaigne*** *(à partir de 6 m ; niveau I)* **:** au sud des calanques, ce vaste plateau rocheux entouré de tombants permet plusieurs plongées magnifiques. Eaux limpides où se déploie une vie particulièrement sauvage. Spot exposé.

***L'Eissadon*** *(17 m ; niveau I min)* **:** à proximité de la pointe de l'Îlot. Ambiance surréaliste dans cette faille entrecoupée de tunnels que vous visiterez un à un. À explorer l'après-midi, quand le soleil donne à la roche des couleurs bien vives. Jeunes mérous en pagaille.

# DE CASSIS À LA CIOTAT EN PASSANT PAR LA ROUTE DES CRÊTES

## CASSIS (13260) 7 220 hab.

• Plan *p. 131*

**Ce petit port de pêche s'est niché dans une échancrure entre le parc national des Calanques et le cap Canaille, qui s'enflamme à la fin du jour. Cassis aussi s'enflamme, lorsque déferlent les touristes qui, en juillet-août, multiplient par 4 la population. La qualité de service de certains établissements peut, alors, en pâtir. On ne saurait donc que trop vous**

**conseiller de découvrir ce lieu superbe hors saison, ou du moins à la mi-saison. Vous pourrez alors flâner sur les hauteurs à la recherche des belles villas balnéaires de l'entre-deux-guerres, grimpant dans les pins à l'assaut des collines. Enfin, les calanques (voir plus haut), toutes proches, offrent des espaces sauvages exceptionnels aux randonneurs... ou à ceux qui peuvent se permettre une excursion en bateau, évidemment. À prévoir là encore en moyenne saison, pour plus de tranquillité. Signalons aussi que le vignoble cassidain, avec ses 12 domaines AOC depuis 1936, produit des blancs secs et fruités (70 % de la production) aux arômes d'agrumes, de miel, d'amandes, se mariant très bien à la cuisine provençale. Au cœur du parc national des Calanques, 85 % du vignoble sont désormais bio ou en démarche de conversion.**

### LE FRUIT DE L'IMAGINATION

*Un rapport entre le cassis et la ville du même nom ? Eh bien non ! Le port méditerranéen situé au cœur des calanques tire son nom de ses origines latines :* Carcisis Portus. *On ne prononce d'ailleurs pas le « s » pour la ville alors qu'on le prononce pour le fruit. Du moins, pour les anciens Cassidains. Mais leurs contradicteurs se demandent pourquoi, dans ce cas, ne pas prononcer « pasti » à la place de « pastisse » !*



## Comment y aller ?

➢ ***En bus :*** avec le réseau ***Transmétropole*** (horaires sur ● lepilote.com ●). Ligne M8 pour Marseille. Départs de Castellane, sur l'av. du Prado, à l'arrêt de bus n° 21. Plus économique et pratique que le train, puisque la gare de Cassis se trouve à plus de 3 km du port, mais moins rapide *(trajet : 40 mn).* Pour La Ciotat, ligne M5 (sem seulement en période scol ; tlj en été, 2 bus/j. le mat et 2 autres en fin d'ap-m dans l'autre sens). Avec ***Cartreize,*** bus pour Aubagne.

➢ ***En train :*** ☎ 36-35. Cassis n'est qu'à 30 mn de la gare de Marseille Saint-Charles. Des navettes en autocar (ligne *La Marcouline*) relient la gare de Cassis (*hors plan par A1,* rond-point du casino) au centre du village tlj tte l'année (sauf 1er janv).

– ***Stationnement et circulation :***

🅿 D'avr à mi-nov, parking relais gratuit aux Gorguettes (à la sortie de la ville direction Carnoux) avec une navette pour le centre-ville (rond-point du casino). Navette env ttes les 30 mn 9h-20h les w-e, j. fériés et ponts avr-juin et de sept à mi-nov (tlj pdt les vac scol) ; juil-août, rotation ttes les 10 mn tlj 9h-20h, puis ttes les 30 mn jusqu'à minuit. Tarif : 1,60 €.

D'avr à mi-sept, une navette relie les Gorguettes à la calanque de Port-Miou avec arrêt à la plage du Bestouan, puis av. des Calanques : tlj juil-août, seulement les w-e, j. fériés et ponts à mi-saison ; ttes les 20 mn, 9h-20h.

Les parkings proches du centre-ville Mimosa *(hors plan par B1)* et Viguerie *(plan A1)* sont gratuits la 1re heure. Forfaits possibles 3-7 j. *(45-90 € ; en vente au parking Mimosa seulement).* Infos auprès des parkings *Effia* : ☎ 0806-00-01-15 (gratuit depuis un poste fixe) ou ☎ 04-42-08-30-40.

Certains hôtels disposent également de parking et/ou garage (posez une option dès la résa de la chambre : c'est une denrée rare !).

## Adresses et infos utiles

🅸 ***Office de tourisme*** *(plan A2) :* quai des Moulins. ☎ 0892-390-103 (0,40 €/mn). ● ot-cassis.com ● ♿ *Tlj (sauf dim et j. fériés oct-mars). Également un bureau au parking des Gorguettes (w-e et j. fériés Pâques-juin* *et sept, tlj en juil-août). Appli téléchargeable « Cassis secrets » pour quelques itinéraires insolites et bons plans.* Bon matériel touristique, bon accueil et bons conseils. Centrale de réservations pour les hébergements et les activités (à l'accueil et sur le site internet). Propose également 1 à 2 visites guidées historiques et gourmandes par semaine. Livret de découverte ludique ***Énigmes de Calendal*** *(3,50 €)* avec surprises et cadeau à la clef.

■ ***Location de vélos et VTT électriques :*** avec **Trolib** *(hors plan par A1, 3, chemin des Gorguettes ; 06-72-50-47-26 ; • trolib.com • ; tlj 9h-19h ; compter 30 € la ½ j. et 45 €/j).* Outre la location de vélos, propose aussi des circuits guidés (Calanques, Cap Canaille) ou dans le vignoble avec arrêt dégustation *(compter 45 € ; durée 3h env ; à partir de 11 ans, min 1,45 m).* Également avec **Calank bike** *(Domaine Bodin, route de Carnoux, 13260. 06-09-32-93-38 ; • calank-bike5.webnode.fr • ; compter 35 € la ½ j. et 50 €/j.)* qui propose des VTT électriques, livrés au lieu de votre choix ou à récupérer dans leur domaine viticole. Également des visites guidées dans les calanques, sur la route des crêtes et dans le domaine viticole (avec dégustation à la clé).

■ ***Location de scooters et de voitures*** *(hors plan par B1)* **:** **Garage MH,** *4, av. Jules-Ferry. ☎ 04-42-01-70-63.*

■ ***Tuk-tuk :*** **La compagnie des Tuk-tuks,** *☎ 04-86-48-58-68. • lacompagniedestuktuks.fr •* Découverte de Cassis dans ces drôles de triporteurs motorisés venus d'Asie (100 % électriques). Également des sorties organisées (Cap Canaille, vignobles).

– ***Marchés :*** *mer et ven mat, sur la pl. Baragnon et les rues adjacentes. Parking du casino gratuit pour l'occasion. Petit marché paysan sam mat, pl. de la République. Enfin, petit marché aux poissons le mat selon météo, quai des Baux.*

## Où dormir ?

Attention, les prix des hébergements s'envolent au moment du Grand Prix de France au Castellet (juillet).

### Camping

***Camping Les Cigales*** *(hors plan par A1,* ***10****)* **:** *43, av. de la Marne. ☎ 04-42-01-07-34. • campingcassis.com • À l'entrée de Cassis, en venant de Marseille, soit à 1,5 km du centre. Bus : ligne M8 depuis Marseille ou M1 depuis Cassis ; arrêt Clos-des-Oliviers. Ouv avr-début nov.* ***Pas de résa, venir tôt, très tôt en saison !*** *Empl. tente 2 pers env 27 €. 250 empl.* Un vrai camping, où il faut venir avec son propre matériel (pas de mobile homes) ou sa caravane ! Le sol est caillouteux, parfois légèrement en pente, mais les emplacements sont bien délimités, calés sous les pins et les oliviers. Certains sont plus ombragés que d'autres. Les sanitaires ont bien vécu mais sont bien entretenus. Sur place, café, épicerie, aire de jeux, machines à laver.

### Auberges de jeunesse

***Auberge de jeunesse La Fontasse*** *(hors plan par A1,* ***11****)* **:** *lieu-dit La Fontasse. ☎ 04-42-01-02-72. 06-38-28-63-85. • cassis@hifrance.org •* Voir plus haut la calanque de Port-Miou, dans « Les calanques, de Marseille à Cassis ».

***Cassis Hostel*** *(hors plan par A1,* ***20****)* **:** *4, av. du Picouveau. ☎ 09-54-37-99-82. • cassishostel@free.fr • cassishostel.com • Ouv de fév à mi-nov. Dortoirs 4-6 lits 24-50 €/pers ; doubles 60-120 € (w-c sur le palier), et 70-130 € avec toilettes privatives ; petit déj inclus. CB refusées. Café offert sur présentation de ce guide.* Noyée dans un coquet jardin de plantes méditerranéennes, sur les hauteurs de Cassis, cette charmante villa fifties a su se mettre au goût du jour, avec une décoration évoquant le voyage. Dortoirs d'un confort correct, chambres pas immenses mais agréables, grande cuisine à dispo pour faire son petit frichti et... une terrasse avec les pieds dans l'eau d'une jolie piscine à débordement. Bon accueil.

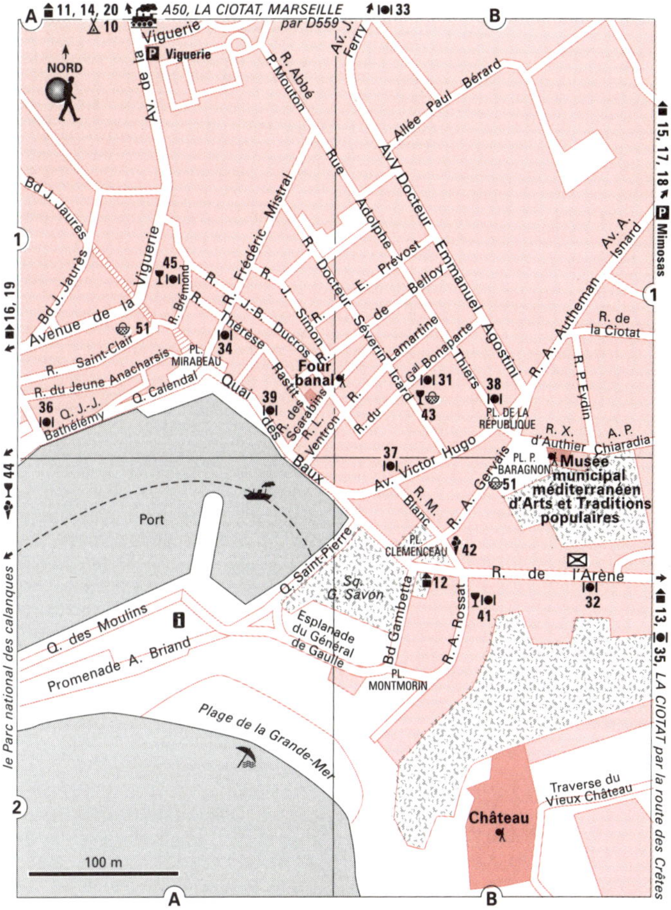


## CASSIS

**Adresse utile**

- Office de tourisme (A2)

**Où dormir ?**

- **10** Camping Les Cigales (hors plan par A1)
- **11** Auberge de jeunesse La Fontasse (hors plan par A1)
- **12** Hôtel Cassitel – The Originals (B2)
- **13** Hôtel de France Maguy (hors plan par B2)
- **14** Hôtel les Volets Rouges (hors plan par A1)
- **15** Chambres d'hôtes La Bastidaine (hors plan par B1)
- **16** Le Jardin d'Émile (hors plan par A1)
- **17** Les Jardins de Cassis (hors plan par B1)
- **18** Chambres d'hôtes Villa Andrea (hors plan par B1)
- **19** La Rade (hors plan par A1)
- **20** Cassis Hostel (hors plan par A1)

**Où manger ?**

- **31** Le Bonaparte (B1)
- **32** L'Atelier Gastronomique (B2)
- **33** La Loco (hors plan par B1)
- **34** L'Escalier (A1)
- **35** La Brasserie du Corton (hors plan par B2)
- **36** La Nonna d'Oro (A1)
- **37** Angelina (B1-2)
- **38** Le Chaudron (B1)
- **39** Le Grand Bleu (A1)

**Où déguster une glace ? Où boire un verre ? Où grignoter ?**

- **41** Divino (B2)
- **42** L'Artisan glacier (B2)
- **43** La Maison de Jo & Gaby (B1)
- **44** Le Naïo (hors plan par A1)
- **45** Pastis et Compagnie (A1)

**Où acheter de bons produits ?**

- **51** L'Eau de Cassis (A1 et B2)

## De prix moyens à chic

**Hôtel de France Maguy** *(hors plan par B2,* ***13****) : impasse Coulet-av. du Revestel. ☎ 04-42-01-72-21. 06-26-95-52-92. • hoteldefrancemaguy@gmail.com • hoteldefrancemaguy.com • À 100 m du rond-point du casino, sur les hauteurs. Doubles 90-250 € (bien plus avec terrasse), petit déj en plus. Également des studios et appartements à la nuitée ou à la sem. Parking privé payant.* Une de nos adresses préférées à Cassis tenue par la même famille depuis 4 générations. Un large éventail d'hébergements décorés dans des tons contemporains, de la chambre assez petite à la suite avec terrasse, pour dormir au calme, à proximité du centre et du port. Et malgré le temps qui passe, la maison a gardé le sens de l'accueil, adorable. Pour parfaire le tout, un jacuzzi extérieur et une piscine.

**Hôtel les Volets Rouges** *(hors plan par A1,* ***14****) : route de la Gineste. ☎ 04-42-01-02-68. • contact@lvrcassis.fr • lvrcassis.fr • En voiture, à 10-15 mn de Cassis et à 20-30 mn de Marseille. Prudence, l'accès peut être dangereux, car l'hôtel est juste en bordure de départementale ! Doubles 75-150 € ; familiales. Parking gratuit.* Cet hôtel écoresponsable (label *Clé Verte*) a fait peau neuve et bénéficie d'une situation exceptionnelle, dans le parc national des Calanques. Les chambres sont réparties dans de petites maisonnettes dans le prolongement de la maison principale. Équipées de TV et de clim, elles sont lumineuses et sobrement décorées, certaines étant quand même assez petites. Toutes ou presque disposent d'une petite terrasse. Aux beaux jours, on prend le petit déjeuner sur la terrasse face à la garrigue. Terrain de pétanque, table de ping-pong, mais pas de piscine (la mer n'est pas loin !). Bémol à ce joli tableau : l'insonorisation des chambres n'est pas géniale. Bon accueil.

**Hôtel Cassitel – The Originals** *(plan B2,* ***12****) : 3, pl. Clemenceau. ☎ 04-42-01-83-44. • contact@cassitel.com • cassitel.com • Doubles 59-119 € (+ 20 € avec vue). Garage (payant).* Un hôtel au cœur de l'animation (la discothèque de Cassis est juste en dessous), précisons-le d'entrée, pour ceux qui chercheraient le calme. Jolies et confortables chambres avec clim. Les supérieures possèdent un petit balcon face au port.

## Plus chic

**Chambres d'hôtes La Bastidaine** *(hors plan par B1,* ***15****) : 6 bis, av. des Albizzi. ☎ 04-42-98-83-09. 06-18-97-66-51. • cassis@labastidaine.com • labastidaine.com • À 2 km du centre. De mi-mars à mi-nov. Doubles 119-199 €.* Ce fut la 1re maison d'hôtes à Cassis et elle reste 1re dans le cœur de beaucoup. 3 jolies chambres, situées au rez-de-chaussée d'une ancienne bastide au calme, au pied d'une grande pinède, dans les vignobles, plus un studio (pour 4). Pour les chambres, salle à manger et cuisine à partager juste à côté. Excellentes confitures maison et produits bio au petit déj, servi, aux beaux jours, sous les platanes. Petite piscine. Départ de randonnées de la propriété. Accueil sympathique des proprios.

**Le Jardin d'Émile** *(hors plan par A1,* ***16****) : 23, av. de l'Amiral-Ganteaume. ☎ 04-42-01-80-55. • info@lejardindemile.fr • lejardindemile.fr • De mi-mars à mi-nov (parfois ouv le w-e en nov-déc). Doubles 90-175 €. Parking privé gratuit.* Calée dans une échancrure de garrigue, face à un joli jardin, cette petite adresse toute rouge, presque rescapée d'un autre temps, se révèle plus proche de la chambre d'hôtes que de l'hôtellerie traditionnelle. 7 chambres mignonnes et confortables, éclatantes de couleurs, malgré quelques petites lacunes dans l'entretien. Le tout à 50 m de la plage du Bestouan, avec vue sur le cap Canaille...

**Les Jardins de Cassis** *(hors plan par B1,* ***17****) : av. Auguste-Favier. ☎ 04-42-01-84-85. • contact@lesjardinsde-cassis.com • hotel-lesjardinsde-cassis.com • ♿ (2 chambres). À l'entrée de Cassis en venant de Marseille. À 15 mn à pied du port. Mars-nov. Doubles 74-186 €. Parking privé gratuit.* Dans une bastide encerclée de pins, près d'une quarantaine de chambres confortables, dotées d'un balcon ou d'une petite terrasse pour les plus chères. Éviter celles côté route... Petit déjeuner à base de bons produits, servi en terrasse au bord de la grande piscine. Espace détente avec jacuzzi et sauna *(payants ; sur résa).* Bon accueil.

## Beaucoup plus chic

🏠 ***La Rade*** *(hors plan par A1,* ***19****) :* *1, av. des Dardanelles, route des Calanques.* ☎ *04-42-01-02-97.* • *contact@bestwestern-cassis.com* • *bestwestern-cassis.com* • *Tte l'année. Doubles 130-210 €. Parking gratuit (10 places non réservables) ou box privé payant.* Un 3-étoiles labellisé *Best-Western Plus* et caréné comme un yacht. Espace aquasensoriel avec piscine (chauffée toute l'année !) et jacuzzi. Les points forts : sa situation et sa terrasse d'où la vue court jusqu'au cap Canaille. Chambres sobrement décorées, évidemment confortables et climatisées. La plage du Bestouan est à 200 m.

🏠 ***Chambres d'hôtes Villa Andrea*** *(hors plan par B1,* ***18****) :* *5, impasse du Pigeonnier.* 📱 *06-24-73-57-90.* • *info@villa-andrea.fr* • *villa-andrea.fr* • *Sur les hauteurs : depuis la D 559, prendre la rue de Sainte-Croix et 200 m plus loin à gauche. On peut se garer dans l'impasse. Fermé en janv. Doubles 150-220 €.* Vue époustouflante sur le cap Canaille et la baie de Cassis ! Superbe maison en pierre avec 4 chambres décorées avec beaucoup de goût. La « Galet » et la « Turquoise » sont les plus petites et les moins chères, puis il y a la « Marine » et enfin la « Suite solaire », jaune, la plus vaste. En plus de la clim, toutes ont une terrasse avec vue panoramique. Terrain de pétanque, piscine à débordement et jardin de belles essences.

LE PARC NATIONAL DES CALANQUES

# Où manger ?

## Sur le pouce

🍴 ☂ ***L'Atelier Gastronomique*** *(plan B2,* ***32****) :* *24, rue de l'Arène.* ☎ *04-42-71-84-72.* • *lateliergastronomique@orange.fr* • *Tlj, sauf lun, 10h-18h (jusqu'à 15h dim). En été, service le soir également. Sandwichs et plats à emporter 7-14 €.* À Cassis, difficile de bien se restaurer sur le pouce. Cette adresse n'a rien de gastro, mais elle a le mérite de proposer sandwichs, salades, burgers et desserts à emporter, le tout bien réalisé et généreusement servi ! Idéal pour un casse-croûte sur la plage. Sinon, tables en terrasse et plats à la carte *(25-30 €)* pour se restaurer sur place. Coin épicerie avec des produits régionaux à la vente. Accueil sympa.

## De bon marché à prix moyens

🍴 ☂ ***Le Bonaparte*** *(plan B1,* ***31****) :* *14, rue Général-Bonaparte.* ☎ *04-42-01-80-84. Fermé déc-janv. Tlj sauf lun (plus mar hors saison). Formule déj 14 € en sem, puis menus 24-56 €.* Resto populaire fréquenté par des habitués, qui se moquent des aléas du service, souvent dans le jus. Petite salle avec terrasse sur la rue (piétonne). Cuisine simplissime à prix doux, orientée mer.

🍴 ***L'Escalier*** *(plan A1,* ***34****) :* *4, rue Frédéric-Mistral.* ☎ *04-42-32-33-80.* • *restolescalier@orange.fr* • *Tlj seulement le soir (fermé jeu hors saison). Fermé de mi-nov à mi-janv. Menus 25,50-35,50 €. Chèques refusés. Digestif offert sur présentation de ce guide.* En terrasse sur rue, en salle ou – mieux encore – dans l'atmosphère intime d'un ancien appartement qui a conservé sa pile (comprendre évier !) en pierre de Cassis. Gentille cuisine au gré du marché... aux poissons, quoique parfois inégale. Accueil charmant mais service un peu long.

🍴 ***Le Chaudron*** *(plan B1,* ***38****) :* *4, rue Adolphe-Thiers.* ☎ *04-42-01-74-18.* • *restaurant-le-chaudron-k6@hotmail.fr* • *Mars-nov. Tlj sauf mar ; seulement le soir, plus midis ven-dim et j. fériés hors été. Carte 25-50 €.* La terrasse dans la ruelle est souvent bondée le soir, un vrai chaudron de bonne humeur. Normal, les propositions à l'ardoise sont d'un très bon rapport qualité-prix. Service un peu débordé, comme partout en saison, mais l'accueil est souriant.

## De prix moyens à plus chic

**Angelina** (plan B1-2, **37**) : 7, av. Victor-Hugo. ☎ 04-42-01-89-27. • restaurant-angelina@orange.fr • Fermé lun. Menu-carte 37 €. Presque sur le port, ce restaurant fleure bon la vraie gastronomie. On aime s'y installer, en terrasse ou dans une salle où trône un olivier séculaire. Le chef, qui a fait ses gammes au piano de grandes tables, défend comme un lion sa partition depuis sa cuisine ouverte. Jolies recettes inventives, qu'on aille vers le salé ou le sucré. Service sympa.

**La Loco** (hors plan par B1, **33**) : 29, av. des Albizzi. ☎ 04-88-42-10-78. Face à la gare de Cassis, à plus de 3 km du port de Cassis. Tlj sauf dim. Pizzas 11-16 € ; carte 30-40 €. Loin du tumulte touristique, cette bonne table confidentielle fait le plein de monde, essentiellement des habitués du coin. Petite terrasse arborée juste devant, salle tout en longueur donnant sur la cuisine ouverte ou 2de terrasse au fond, plein sud. L'ancien chef de la *Stazione* à Cassis a ouvert ce petit resto italien convivial, qui concocte pizzas au feu de bois et plats de pâtes en ragoûts servis comme en Italie, très généreusement. Si vous n'avez pas un gros appétit, un conseil, partagez ! La note sera plus légère. Belle adresse.

**Le Grand Bleu** (plan A1, **39**) : 12, quai des Baux. ☎ 04-42-01-23-23. Tlj sauf mar soir-mer. Résa indispensable. Menus 33-43 €. La bonne adresse pour manger poisson et fruits de mer d'une grande fraîcheur. Cadre intérieur empierré et élégant, assez chic, ainsi qu'une terrasse. Poissons, sauvages le plus possible, cuisinés avec talent et maîtrise des cuissons. Le tout à arroser d'un bon cassis AOC. Service et accueil de qualité, ce qui n'est pas toujours évident sur le port.

**La Nonna d'Oro** (plan A1, **36**) : 15, quai Jean-Jacques-Barthélémy. 📱 06-99-46-51-84. Tlj, sauf mar soir ou midi selon période (fermé lun-mar, nov-mars). Plats 18-26 €. Sur le quai ou dans la salle en surplomb, les yeux collés sur le port et le château, on apprécie les pâtes proposées à l'ardoise. *Fregole* façon risotto et autres pâtes farcies se tiennent bien. Elles savent allier mer et terre sans siphonner le portefeuille. Poissons et viandes, plus chers, sont moins aboutis.

**La Brasserie du Corton** (hors plan par B2, **35**) : Villa Madie, av. de Revestel (anse de Corton). ☎ 04-96-18-00-00. • contact@lavillamadie.com • Fermé de janv à mi-fév. Lun-ven, midi et soir. Fermé w-e. Menu déj en sem 38 €, le soir 80 € ; plats 24-28 €. Parking privé. C'est la brasserie de la très chic *Villa Madie*, dirigée par le chef Dimitri Droisneau. On se dirigera donc d'un pas tranquille et assuré à la brasserie, à l'étage du gastro, dont le menu du midi est d'un rapport qualité-prix remarquable. Ou comment bénéficier du savoir-faire d'un gastro à moindre coût. Superbe vue sur la mer et le cap Canaille...

## Où déguster une glace ? Où boire un verre ? Où grignoter ?

**L'Artisan glacier** (plan B2, **42**) : 19, rue Michel-Blanc. Tlj, sauf mar, 11h-19h (jusqu'à tard en été). Face au port, ce glacier bénéficie d'une superbe terrasse ombragée sur une placette. Parfait pour une pause glacée.

**Divino** (plan B2, **41**) : 3, rue Rossat. ☎ 04-42-98-83-68. • veronique.giraud3@wanadoo.fr • Tlj juil-oct 10h-14h, 17h-2h (non-stop juil-sept). Fermé dim-lun nov-juin. Tartines et tapas 7-17 €. Pour élargir votre palais aux vins du Grand Sud, faites confiance à Philippe Bellec, sommelier qui a quitté le monde des grandes maisons pour ouvrir cette cave-bar à vins. Quelques tables en terrasse, bienvenues à l'heure de l'apéro. Un blanc de cassis, forcément. À accompagner d'une assiette de charcuterie ou de fromage, ou plus si affinités (tartine au lard de Colonnata, omelette aux truffes...).

**La Maison de Jo & Gaby** (plan B1, **43**) : 6, rue du Dr-Séverin-Icard. ☎ 04-42-01-99-80. Tlj 9h30-23h, sauf lun. Tenue par 2 amoureux du terroir, cette cave à vins propose les vins de Cassis et d'ailleurs, et surtout un bar pour les déguster, à accompagner de quelques tapas. Quelques tonneaux-tables dans la ruelle, pour siroter en plein air.

**Le Naïo** *(hors plan par A1,* ***44****) : 6, quai Carnot. 06-16-47-29-41. • lenaio-cassis@outlook.fr • Fermé nov-déc. Tlj 10h-minuit (17h hors saison). Chèques refusés. Apéro maison offert sur présentation de ce guide.* Loin du tumulte des adresses au coude-à-coude, belle terrasse jouissant d'une vue stratégique sur l'entrée du port, l'œil perdu vers le cap Canaille, qu'on recommande surtout pour boire un verre ou déguster une bonne glace à l'heure de la pause.

**Pastis et Compagnie** *(plan A1,* ***45****) : 9, rue Brémond, à 100 m du port. ☎ 04-42-70-21-55. Tlj 11h-minuit. Fermé de mi-nov à mi-fév.* Ici, on sert l'apéro (pastis, vin du coin...), accompagné de tapas, pain bagnat, tatin de tomates, sardines. À avaler au comptoir ou sur la terrasse de poche. À côté, la **boutique** *(ouv tte l'année),* pour rapporter à la maison la bouteille et ses accompagnements (tapenade, anchoïade...). Le patron a ouvert juste à côté **Les Caves du Port** *(32, rue Thérèse-Rastit ; plan A1 ; tlj à partir de 16h)* qui propose des bières artisanales de Cassis et d'ailleurs...

## Où acheter de bons produits ?

***Les vins de Cassis :*** un vignoble précieux, 215 ha pour 1 million de bouteilles commercialisées par an. À noter que 85 % du vignoble sont cultivés en bio ou en conversion ! 12 domaines, avec une ***Maison des vins*** *(clos des Oliviers, à l'entrée de la ville, sur la D 559 vers Marseille ; ☎ 04-42-01-15-61 ; • maisondesvinscassis.com • ; lun-sam 9h15-20h, plus dim mat ; horaires réduits hors saison),* qui vend tous ces vins au prix des domaines. Et possibilité de vente directe, comme au ***Clos d'Albizzi*** *(ferme Saint-Vincent, av. des Albizzi ; ☎ 04-42-01-11-43 ; tlj 10h-12h30, 14h-18h sauf dim ; tél avt)* ; au ***Clos Dona Tigana*** *(25, av. Pierre-Imbert ; ☎ 09-65-04-26-54 ; • domaineladonatigana.com • ; caveau généralement ouv lun-jeu 9h-17h, plus le ven mat, ainsi que le w-e en été, tél avt ; dégustation et visite du chai sur résa : env 12 €/pers, 4 pers min.).* Tigana est un nom qui ne sera pas étranger aux aficionados de foot des années 1980, c'est bien Jean qui, depuis 1987 dans le Bordelais, puis ici en 1998, s'est reconverti du ballon rond au verre ballon. Sans oublier le ***Clos Sainte-Magdeleine*** *(av. du Revestel ; ☎ 04-42-01-70-28 ; • clossaintemagdeleine.fr • ; mar-sam 9h30-12h30, 14h30-18h30 ; fermé dim-lun ; possibilité de goûter les vins).* Depuis 1920 et 4 générations, la famille Zafiropulo fait bonifier ce vin blanc de Cassis dont les ceps dominent de façon somptueuse la grande bleue et grimpent en restanques à l'assaut du cap Canaille. Et pour réviser votre leçon en soirée, vous pourrez goûter à une synthèse de ces différents domaines (et d'autres) au ***Divino*** ou à la ***Maison de Jo & Gaby*** (voir « Où déguster une glace ? Où boire un verre ? Où grignoter ? »).

***L'Eau de Cassis*** *(plan A1 et B2,* ***51****) : 8, rue Saint-Clair et boutique sur la pl. Baragnon. ☎ 04-42-04-25-58. Tlj 10h-19h (10h-12h30, 14h-18h30 hors saison).* Malin ! Fabrice Cicot a eu le nez de remettre au goût du jour une recette d'eau de Cologne créée par son arrière-grand-père. La boutique est superbe, un petit musée du parfum... et du savon de Marseille. ***Autre boutique,*** avec des parfums mais aussi de la déco, des vêtements et du savon au : *23, av. du Dr-Emmanuel-Agostini (plan B1).*

# À voir. À faire

– Concernant le ***parc national des Calanques,*** pas de panique, on ne l'a pas oublié ! Voir les pages précédentes « Le parc national des Calanques ».

***Le musée municipal méditerranéen d'Arts et Traditions populaires** (plan B1-2)* **:** *pl. Baragnon. ☎ 04-42-18-36-78. • cassis.fr • Mer-sam 10h-12h30, 14h-18h (14h30-17h30 oct-mai). GRATUIT ; visite guidée 3,50 €/pers.* Installé dans un ancien presbytère du XVIIIe s, ce petit musée est destiné à ceux qui ont un peu de temps devant eux pour le remonter. Vestiges archéologiques, dont un cippe du Ier s (autel païen transformé en autel chrétien), monnaie massaliote, documents sur la ville et œuvres de peintres régionaux. Cassis fut un des lieux emblématiques de la peinture provençale. Modeste mais intéressant. Expos temporaires.

***Le four banal** (plan A-B1)* **:** *4, rue Thérèse-Rastit. ☎ 04-42-18-36-75. Lun-ven 9h-12h30, 13h30-17h ; sauf mer ap-m. GRATUIT.* Ce four, datant probablement du Moyen Âge, était un passage obligé pour les Cassidains : le seigneur d'alors les imposait à hauteur de 1 pain prélevé pour 20 cuits (taxe nommée « la vingtaine »). Exposition d'objets anciens : dentelles, vieux vêtements, reconstitution d'une cuisine provençale de jadis...

***Le château** (plan B2)* **:** site défensif du village dès le VIIIe s, il a connu différentes périodes de construction sous les comtes des Baux du XIIIe au XIVe s. Les fréquentes incursions des Barbares sur la côte poussèrent les habitants de Cassis à s'y réfugier, créant une véritable petite cité fortifiée sur le rocher (jusqu'à 250 résidents). Le château, privé, ne se visite qu'exceptionnellement. À moins que vous n'ayez les moyens de vous offrir ses chambres d'hôtes très belles, mais très chères.

***Les plages :*** la plus grande, à portée de tongs du port, est celle de la ***Grande-Mer,*** plage de sable et de petits galets classique, surveillée en saison. En allant vers les calanques, on trouve de petites criques ou anses plus typiques du coin comme celle du ***Bestouan*** (eau très claire mais plage de galets, surveillée en saison) ou les ***Roches Plates,*** vestiges d'anciennes carrières au pied du cap de Port-Miou. Vers le cap Canaille, on trouve la discrète mais pas déserte (il y a un grand parking juste à côté) ***anse du Corton,*** constituée de galets et où se trouve une paillote sympa *Le Corton Beach,* et la sauvage (et très caillouteuse...) ***anse de l'Arène.*** En poursuivant sous la barre du cap Canaille, la ***crique du Petit Paradis,*** plus difficile d'accès mais très agréable. Par-delà, en direction du cap, on tombe le maillot : naturisme pratiqué.

– ***Visite des calanques depuis Cassis :*** *avec le **GIE des Bateliers Cassidens,** directement sur le port. 06-86-55-86-70 (pour les infos météo). • calanquesdecassis.com • Tte l'année, sauf le 25 déc. Horaires affichés. Prix : 17-28 €. Billets en vente directement à l'embarquement, sur le quai ou auprès du batelier (en hiver).* 4 croisières au choix, 3, 5, 8 ou 9 calanques. Comptez de 45 mn à 2h. Plusieurs départs par jour, tous les jours (sous réserve des conditions météo et d'un nombre minimum de passagers).
Également une croisière vers La Ciotat (65 mn) via Figuerolles, le Bec de l'Aigle, le Mugel et l'Île verte. Possibilité de croisière combinée à une baignade sous la plus haute falaise maritime de France *(juin-sept, sur résa le mat même, compter 30 €).*

## Fêtes et manifestations

– ***Printemps du livre :*** *le w-e de la Pentecôte ou de l'Ascension. • printempsdulivre.fr •* Conférences-débats, signatures, dans l'amphithéâtre de la Fondation Camargo. Concerts de jazz.
– ***Cassis fête son vin :*** *1 dim mat, mi-mai.* Messe, danses de la souche et... dégustations.
– ***Fête de la Saint-Pierre et de la Mer :*** *dernier w-e de juin et en juil.* Les prud'hommes partent du tribunal de pêche en procession jusqu'à l'église. Bénédiction des barques de pêche en mer. Anchoïade et sardinade sur le port. Joutes.
– ***Jazz sur le toit et Cassis Jazz Festival :*** *pdt l'été, infos et résas à l'office de tourisme.* 2 festivals qui sonnent sur fond d'accords jazzy. Le 1er sur la terrasse l'Oustau Calendal, l'autre dans les vignes.

LE PARC NATIONAL DES CALANQUES

– ***Les Vendanges étoilées :*** *dernier ou avt-dernier w-e de sept.* Beaucoup d'animation, 3 jours durant. Dégustations et démonstrations culinaires par des chefs étoilés, cours de cuisine et de pâtisserie pour petits et grands, marché de producteurs, dîner sous d'autres étoiles, menus spéciaux dans les restaurants...
– ***Marché de Noël :*** *1re quinzaine de déc, pl. Baragnon.* Cassis prend pendant 9 jours des allures de crèche provençale. Animations, expositions.

## VERS LA CIOTAT : LE CAP CANAILLE ET LA ROUTE DES CRÊTES

Une route à ne pas manquer : du haut de la crête, la D 141 surplombe la mer en d'impressionnantes falaises entre Cassis et La Ciotat. Superbes panoramas au gré de nombreux belvédères jusqu'au cap Canaille (363 m et une vue somptueuse sur les îles de Marseille et le parc national des Calanques), puis du sommet des falaises Soubeyranes, les plus hautes de France, situées sur la commune de La Ciotat (394 m à la Grande-Tête). Personnes sujettes au vertige, s'abstenir ! Il y a des rambardes pour sécuriser, mais les falaises tombent vraiment à pic dans la mer, attention aux enfants ! Après 13 km, une petite route sur la droite gagne le sémaphore du bec de l'Aigle, qui offre une vision splendide sur toute la côte (table d'orientation sur place).
– ***Attention :*** la route des Crêtes est fermée au public en cas de risque d'incendie et par grand vent (renseignements dans les offices de tourisme). Ne laissez rien d'apparent dans la voiture (même pour des arrêts brefs), les monte-en-l'air sont véloces paraît-il !
➢ À pied (topoguide et cartes IGN en vente à l'office de tourisme de Cassis), depuis Cassis, suivre la route sur 100 m après le carrefour du Pas-de-la-Bécasse et de la Saoupe. Le sentier (balisage jaune) part à droite et conduit au sommet des falaises Soubeyranes. Si vous continuez sur ce sentier, vous arriverez au Sémaphore. De là, à gauche, descendez au fond du vallon, et, au-delà de la chapelle Notre-Dame-de-la-Garde, vous êtes (avec un peu de courage mais tellement de plaisir) à La Ciotat. La randonnée dure environ 4h. Prévoir de l'eau, des chaussures adaptées et un chapeau.



# LA CIOTAT (13600) 34 580 hab.

• Plan *p. 139*

**La Ciotat, « ville Lumière » ? C'est ici que les frères Louis et Auguste Lumière tournèrent en 1895 l'un des 1ers films de l'histoire du cinéma : *L'Arrivée d'un train en gare de La Ciotat.* Il faut dire qu'ils y possédaient une somptueuse propriété, le palais Lumière...**
**Depuis, la gare a changé, la ville aussi, même si son histoire reste intimement liée à la mer : petit port de pêche, La Ciotat s'est depuis dotée d'un pôle de**

### LA FACE OBSCURE DES FRÈRES LUMIÈRE

*Opposés à l'hégémonie américaine dans le cinéma, ils entrèrent dans la collaboration. En 1995, alors que la Banque de France allait utiliser leur effigie pour illustrer les billets de 200 francs, ce passé trouble fut mis en lumière. Au dernier moment, on leur préféra Gustave Eiffel. Sale tour, mais nul n'échappe à son passé !*

**haute plaisance. Aujourd'hui, les yachts côtoient les pointus marseillais et les bateaux de promenade dans les eaux du port. La grue de l'Escalet est là pour rappeler son passé de chantier naval. En toile de fond, le bec de l'Aigle signe très joliment l'horizon maritime. Perdez-vous dans les ruelles, à la rencontre de petites places secrètes, avant d'aller taper le carreau en souvenir de Jules Hugues, dit « Lenoir », qui donna ici naissance à la pétanque, cet art du loisir partagé (bon, d'accord, c'est un sport presque olympique !). Autres temps, autres mœurs, La Ciotat possède désormais un casino en plein air, une 1re mondiale.**

## Adresses et infos utiles

**Office de tourisme** *(plan B2)* **:** *bd Anatole-France, face à la mer. ☎ 04-42-08-61-32. • destinationlaciotat.com • Juil-août, lun-sam 9h-19h, dim et j. fériés 10h-17h ; hors saison, horaires réduits, pause au déj entre 13h et 14h et fermé dim.* Très pro et bonne doc.

**Arrêt de bus** *(plan B2)* **:** *devant l'office de tourisme. Bus locaux sur • ciotatbus.fr • Bus départementaux avec* ***Cartreize,*** *rens au ☎ 0800-713-137 (prix d'un appel local) et sur • lepilote.com •* Liaisons pour Aix, Aubagne et Marseille. Les bus *M5 (en période scol seulement, service réduit le mer et pas de bus le w-e)* et *M10 (vac scol seulement, en sem, départ le mat depuis Cassis, en fin d'ap-m depuis La Ciotat)* assurent une liaison avec Cassis.

**Gare SNCF** *(hors plan par B1)* **:** *un peu excentrée ; liaison en bus pour le centre tlj sauf dim et j. fériés. ☎ 36-35. La Ciotat est à 35 mn de Marseille ou de Toulon.*

– ***Marchés* :** *marché traditionnel mar mat, pl. Évariste-Gras, et dim mat, sur le Port-Vieux et le bd. Anatole-France. Juil-août, grand marché nocturne tlj (20h-minuit) sur le Port-Vieux.*

## Où dormir ?

Attention, les prix des hébergements peuvent s'envoler au moment du Grand Prix de France au Castellet (juillet).

### De bon marché à prix moyens

***La Maison d'Odette*** *(plan A1,* ***16****)* **:** *2, rue des frères-Albert-et-Georges-Arnoux. 06-31-14-21-73. • info@la-maison-de-famille.fr • la-maison-de-famille.fr • Doubles 89-115 €.* Camille a joliment restauré la maison d'Odette, sa grand-mère. Les tomettes au sol ont gardé leur patine d'antan et les meubles familiaux ont repris vie dans un écrin aux couleurs pastel. 2 des chambres se déclinent en familiale et toutes sont très bien équipées (minifrigo, cafetière, TV et clim). Les salles de bains de chacune des 3 chambres sont claires et bien d'aujourd'hui. Comme Camille n'habite pas sur place, on prend son petit déj juste en face au *Café de l'Horloge.*

***La Croix de Malte*** *(plan B1,* ***11****)* **:** *54, bd Jean-Jaurès. ☎ 04-42-08-63-38. • croix.de.malte@orange.fr • croix-de-malte.com • Doubles 56-96 € sans ou avec clim. Parking clos payant, mais places limitées.* En retrait du centre, ce petit établissement familial offre des chambres simples et de taille honorable. Certaines disposent d'une terrasse privative et les plus chères sont climatisées. L'ensemble n'est pas tout jeune mais très au calme, notamment l'agréable terrasse sous les mûriers où se prennent les petits déj. Resto réservé aux clients de l'hôtel. Accueil fort sympathique. Un honnête rapport qualité-prix.

***Hôtel Plage Saint-Jean*** *(hors plan par B1,* ***13****)* **:** *30, av. Saint-Jean. ☎ 04-42-70-77-07. • contact@hotelplagestjean.com • hotelplagestjean.com • Dans La Ciotat, suivre direction « Les Plages » jusqu'au rond-point avec*

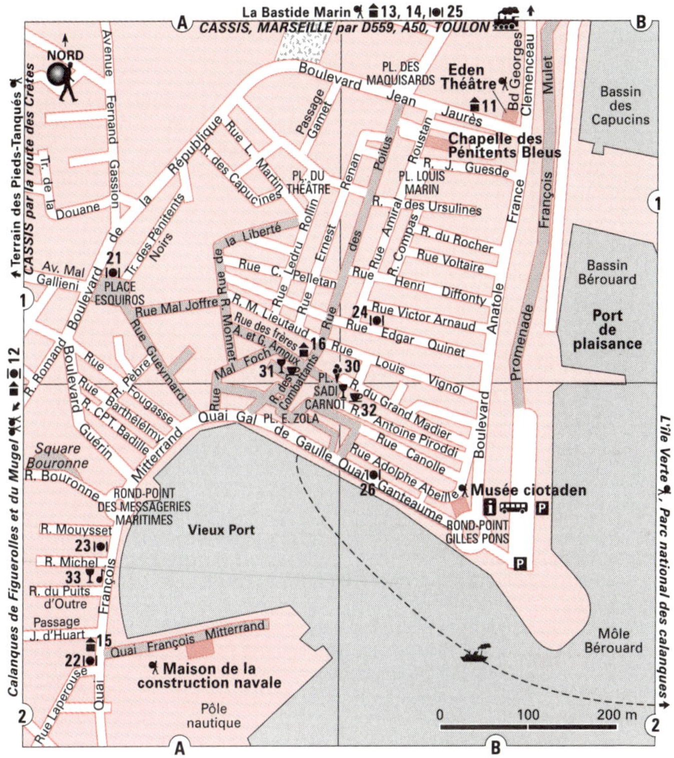


# LA CIOTAT

| | |
|---|---|
| **Adresse utile** | |
| Office de tourisme (B2) | |
| **Où dormir ?** | |
| 11 | La Croix de Malte (B1) |
| 12 | R.I.F. (hors plan par A2) |
| 13 | Hôtel Plage Saint-Jean (hors plan par B1) |
| 14 | La Corniche du Liouquet (hors plan par B1) |
| 15 | Best Western Premier Vieux Port (A2) |
| 16 | La Maison d'Odette (A1) |
| **Où manger ?** | |
| 21 | Kitch & Cook (A1) |
| 22 | Crêperie Sous les Lampions (A2) |
| 23 | L'Escalet (A2) |
| 24 | Le Four Pop (B1) |
| 25 | Ferme Auberge La Baie des Anges (hors plan par B1) |
| 26 | La Barque (B2) |
| **Où déguster une glace ? Où boire un verre ? Où écouter de la musique ?** | |
| 30 | L'Écume des Glaces (A-B1) |
| 31 | Café de l'Horloge (A1) |
| 32 | Des côtés cafés (A-B2) |
| 33 | Le Caps et Chez Béné (A2) |

*une barque. Congés : 24 déc-24 janv. Doubles 80-120 €.* Hôtel bien au calme, à 50 m d'une plage de galets et de roches plates. Sans grand charme mais qui peut dépanner pour un séjour rapide dans le coin. Chambres confortables et climatisées, dont certaines disposent de balcon. Piscine couverte, sauna et jacuzzi en accès libre. Restaurant. Bar et billard.

## De prix moyens à plus chic

**R.I.F.** *(hors plan par A2,* ***12****)* **:** *calanque de Figuerolles. ☎ 04-42-08-25-94. • contact@figuerolles.com • figuerolles.com • Calanque fléchée depuis le centre-ville. Ouv de mi-mars à mi-oct. Doubles basiques 37-70 €, bungalow et appartements 120-170 €. Plats 22-32 € et menus 48-59 €.* Son nom signifie « République indépendante de Figuerolles », autoproclamée en 1956 par un ancien pilote de l'escadrille Normandie-Niemen, avec sa monnaie (la figue) et son décalage horaire, et aujourd'hui dirigée par la 5e génération... Cette toute petite calanque entre pins et falaises rougeoyantes est un site superbe, drôle et décalé, certes, mais aussi à l'ambiance désinvolte et aux prix surévalués. Bungalow et petits appartements avec kitchenette planqués dans la végétation. Quelques chambres « pour baroudeurs » sous le resto (donc bruyantes) et qui se partagent des w-c sur la terrasse. La plus chère pose sa baignoire en terrasse, face à la calanque. Côté resto, grande terrasse-paillote agréable. À l'ardoise, une cuisine provençale raffinée et les poissons sauvages du jour... le tout au prix de l'indépendance !

**La Corniche du Liouquet** *(hors plan par B1,* ***14****)* **:** *route des Lecques. ☎ 04-42-83-28-82. • contact@hotel-corniche-ciotat.com • hotel-corniche-ciotat.com • À env 5 km à l'est du centre. Doubles 70-155 €. Petit déj 14 €. Parking gratuit.* Petit hôtel de caractère avec vue sur mer, au milieu des pins et des cigales. Calme et agréable. Chambres modernes, confortables, spacieuses, avec terrasse pour certaines. Accueil pro et sincère, un bon petit établissement comme on les aime.

**Best Western Premier Vieux Port** *(plan A2,* ***15****)* **:** *252, quai François-Mitterrand. ☎ 04-42-04-00-00. • contact@bestwestern-laciotat.com • bestwestern-laciotat.com • Doubles 100-200 €. Petit déj 16 €. Parking payant.* Un grand hôtel de chaîne moderne qui bénéficie d'une situation idéale sur le port. Les chambres, au design épuré, sont très confortables et parfaitement équipées. Les plus chères s'ouvrent sur une terrasse en surplomb du quai (un peu bruyantes les soirs de marché et le dimanche matin). Resto *lounge* au rez-de-chaussée. Et au 5e étage, piscine sur le toit-terrasse. Accueil pro.

# Où manger ?

## Bon marché

**L'Escalet** *(plan A2,* ***23****)* **:** *21, quai François-Mitterrand. ☎ 04-42-08-29-52. Tlj sauf dim (et parfois mer hors saison). Formule et menu déj en sem 15-17 €, menu 27 € le soir. Pizzas et pâtes 11-22 €.* Face aux barques de pêche et aux yachts, une petite pizzeria devenue la cantine de pas mal de Ciotadens. Bonnes pizzas au feu de bois.

**Le Four Pop** *(plan B1,* ***24****)* **:** *11, rue Edgar-Quinet. ☎ 04-42-82-96-81. • info@lefourpop.fr • Horaires très changeants (à vérifier sur leurs réseaux sociaux), mais généralement ouv lun-ven au déj. Pizzas 10-13 €.* Nichée dans une de ces ruelles dont La Ciotat a le secret, cette petite pizzeria conviviale toute de rouge vêtue propose de bonnes pizzas au feu de bois, réalisées à partir de produits locaux de qualité. Pour faire passer le tout, bières et sodas artisanaux et vins de région. Tablées en fer installées ici et là dans 2 petits locaux qui se font face.

## De prix moyens à chic

**Kitch & Cook** *(plan A1,* ***21****)* **:** *4, pl. Esquiros. ☎ 04-42-03-91-36. • boudy.kac@hotmail.com • Tlj sauf sam midi et dim (ouv dim soir en saison). Fermé aux vac scol de Noël. Formules déj 15-20 € ; menu 32 €. Café offert sur présentation de ce guide.* Entre 2 chapelles de pénitents, sur une jolie placette, un petit resto qui pratique une cuisine créative et contemporaine, à l'image de sa déco colorée. Plats à l'ardoise dans l'air du temps, tels que le wok de Saint-Jacques et gambas ou le burger de charolaise.

**Ferme Auberge La Baie des Anges** (hors plan par B1, **25**) : *647, chemin des Plaines-Baronnes. ☎ 04-42-01-28-73. 06-59-10-22-09. • corinne.fermeauberge@hotmail.com • Au sein des écuries de la Ciotat. Tlj sauf dim soir et lun. Menus midi et soir 39-55 € ; à la carte, plats 15-29 €.* Face à cette rotonde moderne qui surplombe la baie de La Ciotat, on se demande bien où est la ferme. Elle se cache en contrebas et se retrouve pleinement dans l'assiette côté légumes et volailles. Quant au poisson, un pêcheur du Port-Vieux approvisionne la maison. Ces bons produits locaux sont transformés à merveille (une cuisine réjouissante) et servis avec professionnalisme. Une salle justement orientée à point nommé vers la mer dont on a du mal à décrocher le regard. Ah ! ce panorama... Une raison supplémentaire pour faire l'effort de grimper jusqu'ici.

**La Barque** (plan B2, **26**) : *9, quai Ganteaume. ☎ 04-88-39-52-46. • contact@la-barque.fr • Tlj sauf mer. Formule midi en sem 17 €. Carte 30-40 €.* On ne peut mieux situé sur le port, ce resto se défend bien à côté de ses nombreux voisins. Salle sobre mais élégante, avec quelques plantes au plafond et terrasse sur le quai, bien sûr. À la carte, courte mais variée, des plats simples mais exécutés avec brio. En témoignent les 2 spécialités de la maison : le ceviche de poisson et le cordon-bleu revisité. C'est délicieux, inventif et présenté avec soin. Bref, une bonne surprise et un bon rapport qualité-prix-situation.

**Crêperie Sous les Lampions** (plan A2, **22**) : *38, quai François-Mitterrand. ☎ 04-42-71-55-06. • lampions@gmx.fr • Tlj sauf dim et sam midi. Fermé 15 déc-15 janv. Formule déj en sem 15,50 € ; carte 25-40 €.* Hervé est un Breton qui a voyagé en Afrique et en Asie. Avec sa femme, Isabelle, ils tiennent ce restaurant-crêperie à proximité de la forêt de mâts des bateaux du Port-Vieux et proposent une carte de crêpes et de galettes faites selon la tradition. Une autre carte métisse la Méditerranée, l'Afrique et l'Asie. Service toujours au top et teinté d'humour, même pendant le coup de feu.



## Où déguster une glace ? Où boire un verre ? Où écouter de la musique ?

**L'Écume des Glaces** (plan A-B1, **30**) : *8, pl. Sadi-Carnot. Tlj 10h (11h mar)-18h (16h dim), sauf lun.* Choix cornélien de parfums entre chocolat au piment d'Espelette ou au gingembre, basilic ou thym (ou lavande, peut-être... ou poivre de Sichuan, whisky, fleur d'oranger...). Bref que du bon, fait maison, à écumer sur la terrasse donnant sur une placette, bercée par le doux son d'une fontaine.

**Café de l'Horloge** (plan A1, **31**) : *7, rue Albert-et-Georges-Arnoux. Tlj 7h30-19h.* Ce café d'angle a gardé sa devanture lambrissée à l'ancienne. C'est là même que l'inventeur de la pétanque, le sieur Jules Hugues, avait ses habitudes. Adorable terrasse sur rue piétonne, coin lecture (livres en vente au profit d'Emmaüs), mezzanine pour faire bande à part dans une déco vintage. Le coin idéal pour petit déjeuner ou faire une pause en journée.

**Des côtés cafés** (plan A-B2, **32**) : *4, pl. Sadi Carnot. ☎ 04-42-71-65-71. • contact@descotescafes.com • Tlj, sauf lun, 9h ou 10h-19h (plus tard ven-sam).* Sur cette adorable placette avec fontaine, ce petit salon de thé propose un café, un thé ou un excellent jus vitaminé, mais aussi de quoi grignoter sainement (salades, quiches, etc.). Tout est fait maison, en biodynamie et circuit court. Apéro les soirs de week-ends avec quelques tapas à partager. Vente en vrac de thé, café et vins naturels.

En termes d'adresses nocturnes, La Ciotat compte quelques valeurs sûres sur le port comme **Le Caps** *(plan A2, **33**; 29, quai François-Mitterrand ; tlj 16h ou 17h-1h du mat – 22h dim)* qui propose un bon choix de bières locales et des événements musicaux en toutes saisons. Sinon, **Chez Béné** *(plan A2,*

*33 ; 25, quai François-Mitterrand. Tlj sauf dim-lun, à partir de 17h ou 18h),* est un bar *lounge* qui attire l'œil avec sa jolie terrasse et son intérieur tout en bois avec une déco marine. Cocktails, vins, et autres breuvages à accompagner de tapas appétissantes.

# À voir. À faire

Pour découvrir la ville des origines du 7e art, on commencera le parcours Cinéma à la ***gare,*** immortalisée à jamais par les frères Lumière. La balade prend ensuite la direction du **palais Lumière** (privé), résidence d'été des inventeurs du cinématographe. On se dirige ensuite vers le ***Monument Lumière*** sur la plage, puis on aboutit à la fameuse salle de ***L'Eden.***

***Maison de la construction navale*** (plan A2) **:** *46, quai François-Mitterrand. ☎ 04-42-08-65-23. Tlj – sauf dim – 9h-17h (juil-août, ouv seulement mar-sam 17h-23h). Visite commentée de ce qui reste des chantiers 1 fois/mois : 9h-12h, j. variable ; résa obligatoire. GRATUIT.* Comment visiter La Ciotat sans s'intéresser aux chantiers navals qui en firent longtemps la renommée et qui font aujourd'hui pleinement partie du paysage ciotaden ? Passage obligé par cette association d'anciens ouvriers qui a aménagé un local sur le port pour perpétuer la mémoire des chantiers navals, avec l'aide de la mairie. Panneaux explicatifs, vrac d'objets liés à la marine et aux bateaux, explications hautes en couleur, film montrant des lâchers de bateau dans le bassin du port : une impressionnante vague submergeait alors les quais, entraînant voitures, lampadaires, voire même d'intrépides curieux.

***Le Musée ciotaden*** (plan B2) **:** *1, quai Ganteaume. ☎ 04-42-71-40-99. • museeciotaden.org • ♿ (par l'entrée rue Abeille). Tlj sauf mar et certains j. fériés, 16h-19h en juil-août ; 15h-18h hors saison. Entrée : 3,50 € ; gratuit jusqu'à 12 ans.* Installé dans l'ancien hôtel de ville de style néo-Renaissance (1864), au beffroi immanquable avec sa superbe ferronnerie. Pas mal de documents relatifs à la vie maritime de la ville et aux pêcheurs (maquettes de bateaux, pièce de marines). Salle sur le cinéma et les frères Lumière. Faune, flore et scènes de la vie en Provence. Expos temporaires.

***L'Eden Théâtre*** (plan B1) **:** *25, bd Clemenceau (à l'angle du bd Jean-Jaurès ; face au port de plaisance). ☎ 04-88-42-17-60. • edencinemalaciotat.com •* Attention, lieu mythique : si *L'Eden* n'a pas abrité la toute 1re projection des films des Lumière, il demeure néanmoins le plus ancien cinéma du monde encore sur pied ! Classé Monument historique depuis 1990. Allez donc vous y faire une toile !
– Juste à côté, la ***chapelle des Pénitents-Bleus*** s'élance vers la mer. Elle accueille régulièrement des expositions temporaires.

***Le terrain des Pieds-Tanqués*** (hors plan par A1) **:** *traverse des Pieds-Tanqués. À un jet de cochonnet du centre, vers le cimetière Sainte-Croix. Tlj à partir de 14h.* Autre lieu mythique, puisque c'est sur ce boulodrome que Jules Hugues, dit « Lenoir », a inventé la pétanque. Un jour de juin 1910, ce retraité, perclus de rhumatismes, eut l'idée de jouer les pieds posés (tanqués, en provençal) au sol. À l'ombre des platanes centenaires, les pétanqueurs plus vrais que nature tâtent toujours de ce terrain devenu le « berceau de la pétanque ».

***Les calanques de Figuerolles et du Mugel*** (hors plan par A2) **:** *à quelques centaines de mètres du Port-Vieux. Y aller à pied car le parking de la calanque et les rues adjacentes sont vite remplis et payants...* L'ocre de leurs rochers surprend quand on s'est habitué au calcaire blanc des calanques de Marseille. Le vent et la mer ont donné à ces roches rouges (ou poudingues) des formes étonnantes. Beau point de vue depuis la chapelle Notre-Dame-de-la-Garde. Si on avoue un petit faible pour la calanque de Figuerolles, celle du Mugel offre la possibilité d'une sympathique balade dans le ***parc et jardin botanique du Mugel*** *(accès libre, 8h-20h avr-sept ; 9h-18h le reste de l'année),* créé au XIXe s. Des sentiers traversent sur 12 ha des jardins thématiques (exotique, de plantes aromatiques...), une palmeraie, des restanques, une bambouseraie... Un belvédère à 82 m à pic au-dessus de la mer vous laisse apercevoir l'immensité de la Méditerranée.

***Les plages :*** celles de sable fin sont familiales, elles jalonnent les longues avenues Wilson, Roosevelt et le boulevard Beaurivage, front de mer classique avec villas, restos, bars et promenade piétonne. La ***plage Lumière*** labellisée Tourisme et Handicap permet une baignade aux personnes à mobilité réduite grâce à des fauteuils spécifiques ; c'est également un lieu non-fumeurs, une 1re en France (tant qu'on n'interdit pas les baigneurs !).

***La Bastide Marin*** *(hors plan par B1)* ***:*** *1943, av. Guillaume-Dulac. 06-65-27-84-39. • bastide-marin.eu • Ouv seulement mar et mer 14h-17h (16h-19h en été), sam 9h30-12h, et tte l'année sur rdv.* Centre régional du patrimoine méditerranéen, cette propriété de 10 ha, classée Monument historique, est un éco-lieu à 2 pas des lotissements de la ville. 4 siècles d'histoire pour cette maison austère des Hospitaliers de l'ordre de Malte, retapée peu à peu, et un environnement protégé, où un groupe de bénévoles entretient plusieurs beaux jardins : jardin magique, où sont cultivées les plantes d'antan qui soignaient le corps et l'âme, jardin de la fraternité, jardin des saveurs, rucher, oliveraie, petite ferme avec poules, ânes, cabris de Provence... Ici, c'est l'idée qui compte, plus encore que la réalité du moment. Soirées, conférences et manifestations à l'ombre des arbres centenaires.

***L'île Verte*** *(hors plan par B2)* ***:*** *à 10 mn de la côte en bateau. 06-63-59-16-35. Départs du Port-Vieux ttes les heures 9h-18h30 en juil-août, 10h-17h mai-juin et sept, sur demande avr et oct. Rens à l'embarcadère. A/R 13 € (8 € pour les moins de 10 ans). CB refusées.* Très boisée, comme son nom l'indique. Sympa pour un pique-nique ou une baignade dans l'une des 2 calanques miniatures. C'est également un spot de pêche et de plongée. Resto en saison.

– ***Visite des calanques (La Ciotat, Cassis et Marseille) :*** **Les Amis des Calanques,** *sur le port. 06-09-35-25-68 ou 06-09-33-54-98. • visite-calanques.fr • 2-3 départs/j. avr-juin et sept-oct (horaires variables), et 7-9 départs/j. 10h-18h30 juil-août. Compter 18-32 € selon excursion.* Sur un catamaran à vision sous-marine ou un semi-rigide. Balades de 45 mn à 2h30 dans les calanques de La Ciotat et celles de Cassis à Marseille. En saison seulement, également un circuit de 2h dans les calanques proches de Cassis combiné à une baignade de 30 mn *(06-01-71-40-06 ; juil-août, 8 départs/j., 10h-17h30 ; compter 39 €).*

## Manifestations

– ***Les Nauticales :*** *9 j. fin mars-début avr.* Expo, conférences et animations : l'occasion pour fêter la mer et ses beaux bateaux.
– ***Festival du Premier Film francophone :*** *début juil, à l'Éden Théâtre.* Autour de jeunes réalisateurs dont les longs-métrages sont en sortie nationale.
– ***Festival Musique en vacances :*** *mi-juil.* Des grands noms de la musique, du chant, du ballet.
– ***Il était une fois 1720, La Ciotat :*** *3e w-e d'oct.* Grande reconstitution historique qui relate la grande épidémie de peste en Provence. Un spectacle son et lumière attachant. Batailles de corsaires, défilés costumés.

# HOMMES, CULTURE, ENVIRONNEMENT

## CLICHÉS ET LIEUX COMMUNS : MARSEILLE NOUS FAIT SON CINÉMA

Des frères Lumière qui ont ouvert la voie au cinéma en filmant l'arrivée du train en gare de La Ciotat en 1895 jusqu'au tournage du feuilleton quotidien de France 3 *Plus belle la vie,* regardé chaque soir par plus de 2 millions de téléspectateurs, c'est peu dire qu'il y a toujours eu une caméra braquée sur Marseille. Quant aux actualités des quartiers nord et aux retransmissions des matchs de l'OM, on n'en parle pas ! Mais si, parlons-en, justement, car tous participent à l'image que nous nous faisons de Marseille, avant même de mettre un pied gare Saint-Charles...

### La mauvaise réputation

À partir des années 1930 se renforce et se diffuse l'image, déjà en germe au XIXe s, d'une ville de Marseille « noire », rongée par le vice, le crime, la corruption et la faune grouillante des ports. La presse nationale, complaisante, jouera un rôle non négligeable en amplifiant (déjà !) certains faits divers pas plus nombreux ici qu'ailleurs.

Cette mauvaise réputation au départ, les Marseillais l'ont un peu cherchée. Ça les amusait, dans les années 1930, de se voir mis en boîte par des « collègues » à peine plus comédiens qu'eux, qui en rajoutaient, *avé l'assent.* Des opérettes marseillaises au théâtre de Marcel Pagnol, tout un petit peuple se retrouvait sur le devant de la scène. Et c'était ça, l'essentiel.

Toutes les grandes vedettes de l'époque ont chanté les airs légers, populaires de Vincent Scotto, ce compositeur marseillais qui allait faire rêver la France des 1ers congés payés. Ceux qui n'avaient jamais vu la mer et n'avaient de Marseille qu'une vision postcoloniale allaient découvrir, médusés, à travers des opérettes comme *Les Gangsters du château d'If, Arènes joyeuses* ou *Un de La Canebière,* ces drôles de Marseillais. Resteront dans les têtes, longtemps après, des chansons toujours ensoleillées, mais aussi – et c'est plus pervers – les images de marlous feignants, truqueurs, menteurs, au sens de l'honneur tout relatif.

Le cinéma prendra le relais dans les années 1960-1970, avec des films comme *Borsalino* ou *French Connection,* évoquant une Marseille plaque tournante de tous les trafics internationaux : sans vraiment se rendre compte de ce qui lui arrive, le Marseillais se retrouve à faire de la figuration dans des règlements de comptes entre gangs, dans des scandales politiques et financiers...

### Pagnolades

On garde de Marseille cette image de ville ensoleillée, légère, rigolarde *avé l'assent,* telle qu'elle a été décrite dans de nombreux récits, films et publicités. Cette image s'accompagne des attributs traditionnels : le « ***marcel*** », tricot rayé qui colle au corps, le ***pastis,*** les **boules de pétanque,** les ***cartes*** (la fameuse partie de cartes au *Bar de la Marine,* le jeu que les Marseillais appellent la « contrée ») et, depuis moins longtemps, l'***écharpe de l'OM.***

Contrairement à ce qu'on entend dire, ***Pagnol*** n'est en rien coupable de ces clichés, puisque le stéréotype apparaît au cours du XIXe s, sous la plume de quelques écrivains et dans les airs de chansonniers marseillais. Il se diffuse en France à travers les « histoires marseillaises », et finit par trouver une cristallisation sonore et visuelle dans l'œuvre cinématographique de Marcel Pagnol, notamment la fameuse trilogie *Marius, Fanny, César.* On a ainsi taxé de pagnolades toutes les comédies, blagues et chansons marseillaises un peu légères ; mais si la réception de l'œuvre de Pagnol a pu faire un certain mal à l'image globale de Marseille, cela ne fut pas sans la demande d'un public français en mal d'exotisme.

Le stéréotype se balade dans les opérettes et revues « marseillaises » des années 1930 et se prolonge dans les facéties des humoristes locaux (le regretté Élie Kakou, Patrick Bosso, Kamel), des groupes de musique (Massilia Sound System, Quartiers Nord) ou chez les Marseillais eux-mêmes, qui adorent jouer au Marseillais, pour rire.

***Hâbleur, fanfaron, menteur, galéjeur*** ou ***exagérateur,*** le stéréotype du Marseillais est caractérisé par un usage excessif de la parole. Pourtant, les ***galéjades*** n'étaient à l'origine que des récits comiques caractéristiques de l'humour local ; mais elles ont été exportées pour devenir les « histoires de Marius et Olive », un répertoire de blagues reposant sur les clichés du Marseillais, sans doute apparu au cours de la 1re Guerre mondiale.

Malgré la prédominance de l'homme marseillais dans les esprits, la femme marseillaise est elle aussi stéréotypée : il s'agit de la ***poissonnière au langage cru*** – qui interpelle le client en faisant des jeux de mots grivois (pensez à Honorine, de la trilogie !) – ou de la ***cagole,*** « vulgaire » et drôle à la fois, dont on a donné le nom à une bière locale.

### LA CAGOLE ET LE CACOU

*Ces stéréotypes font partie du paysage local. Alors que le « càcou » est exagérément frimeur et macho, la « cagole » est excessivement « outrancière » avec son maquillage, ses vêtements courts et son vocabulaire. Attention néanmoins aux regards que l'on pose sur eux : dans l'imaginaire collectif, la cagole n'impose pas le respect, comme c'est le cas pour le càcou. Elle est souvent dénigrée, moquée et sert de divertissement pour les hommes qui, la voyant passer, n'hésitent pas à la suivre des yeux…*

Si le stéréotype du Marseillais est relativement stable et reste largement inspiré par l'imaginaire pagnolesque des années 1930, il a quelque peu évolué ces dernières années. De nouveaux clichés sont apparus : il y a celui très sombre du Marseillais raciste, votant pour l'extrême droite ; le mafieux et le corrompu ; il y a aussi le supporter de l'OM, passionné, le frimeur local, vulgaire et macho (qu'on appelle *mia* ou *càcou*), ou encore le jeune rappeur des cités, « petit frère » d'IAM.

## L'OM

Il est difficile de parler de Marseille sans évoquer l'Olympique de Marseille, l'« Ohème », club de football profondément ancré dans le cœur des Marseillais. Il suffit de se balader dans les rues de la ville pour comprendre le phénomène. Nombreux sont les bars, les boutiques et bien sûr les voitures qui arborent le célèbre emblème bleu ciel, surmontant la devise « Droit au but ». Né en 1899, l'OM est aujourd'hui le club français le plus titré. Outre ses 9 titres de champion de France et ses 10 Coupes de France, c'est sans aucun doute la Ligue des champions, remportée le 26 mai 1993, qui constitue la fierté du « peuple marseillais », d'autant plus qu'elle n'a jamais été remportée par les Parisiens ! Bien avant les exploits des Bleus en 1998, Marseille a offert avec cette victoire des moments de pur bonheur à la France. Dans l'esprit des supporters du Stade Vélodrome, l'OM restera à jamais le 1er club français à avoir gagné une Coupe d'Europe, et ce malgré le cortège

d'affaires qui entacha ensuite le club et son gestionnaire, un certain Bernard Tapie. Après une décennie délicate, le club avait retrouvé la stabilité avec l'arrivée au poste d'entraîneur de Didier Deschamps, ancien joueur vedette de l'OM, qui a mené son équipe vers un titre de champion de France et 3 victoires consécutives en Coupe de la Ligue (2010-2012). Mais les dernières années ont été chaotiques : après une saison 2015-2016 médiocre, le club a été vendu à un homme d'affaires américain. Depuis, il alterne toujours les hauts et les bas...
Plus d'infos sur ● om.fr ●

## CUISINE

Quand on demandait à l'écrivain Jean-Claude Izzo de parler de cuisine marseillaise, il déclarait volontiers que sa ville n'était pas provençale mais qu'elle restait, sur ce plan comme pour tout le reste, le lieu de rencontre de tous les exils. Un regard sur la cuisine marseillaise est un vrai tour du monde : on y décèle les apports successifs des Sarrasins, des juifs sépharades d'Espagne, des Italiens, des Grecs et des Arméniens, dont l'aubergine est restée le légume symbole. Ce qui n'empêche pas les habitudes culinaires d'être bien ancrées, si l'on peut dire, dans le terroir provençal. Simple et généreuse, la cuisine provençale qu'on retrouve à Marseille figure parmi les plus variées et les plus parfumées de France. Elle aime les produits frais et les herbes de Provence, ses meilleurs complices en termes de saveur. Elle fait le bonheur de jeunes chefs, et même des moins jeunes, réunis dans l'association Gourméditerranée pour poursuivre les opérations lancées pour Marseille-Provence 2013. Certains revisitent la bouillabaisse, d'autres relancent les pieds et paquets, s'intéressent aux plats oubliés ou aux vins naturels, mais tous sont fiers d'être d'un pays mal aimé... qu'ils entendent bien faire redécouvrir au monde, depuis leur bar de quartier ou leur table avec vue sur cette Méditerranée qui est leur vraie « mère » !

– ***La bouillabaisse :*** à Marseille, on a coutume de dire que les poissons vivent dans l'eau et meurent dans l'huile d'olive. Une règle appliquée à la lettre pour la fameuse bouillabaisse. Quand on songe que ce plat était à l'origine celui des pêcheurs, fait à partir de poissons trop petits ou abîmés pour être vendus, un plat du pauvre qui coûte aujourd'hui une petite fortune... Sachez que, comme le dit la chanson : « Pour faire une bonne bouillabaisse, il faut se lever de bon matin. » Et, si possible, commander à l'avance les poissons de roche qui entreront dans sa composition. Parmi les poissons nécessaires, on trouve la vive araignée, le rouget grondin (galinette), le congre (fiélas), la rascasse (chapon) et un ou 2 poissons nobles comme le saint-pierre ou la lotte. On vous sert d'abord le bouillon avec la rouille et les croûtons, puis les poissons bouillis et roussis à l'huile d'olive, servis entiers avec rouille, pommes de terre et encore du bouillon.

La règle d'or de la bouillabaisse, c'est le découpage devant les convives, qui mélangent ensuite rouille et aïoli. Ce dernier est aussi le partenaire idéal de la *bourride*. Une recette voisine à base non plus de poissons de roche mais de poissons blancs, car on n'a jamais mélangé ici les torchons et les serviettes, les poissons de roche pour le plat du pauvre (la bouille) et les poissons nobles (loup, daurade...) pour la bourride. Souvent à la carte des restos marseillais (au même prix, voire plus chère), elle est en fait d'origine sétoise.

### PEUCHÈRE !

*« Bouillabaisse » a pour origine 2 mots bien provençaux :* bolha *qui signifie « quand ça bout » et* baissa *qui veut dire « tu baisses », ce qui résume le secret de la bonne bouillabaisse : quand ça bout, tu baisses. Il faut bien faire mijoter à petit feu.*

– ***Les pieds et paquets (ou pieds-paquets) :*** autre plat typiquement marseillais. Il s'agit de petits carrés de panse de mouton (ou d'agneau) minutieusement roulés en paquets et farcis de petit salé, ail et persil. Accompagnés de pieds de mouton (ou d'agneau), ils mijotent très longuement avec du vin blanc et plus ou moins de tomates, selon les recettes familiales. La tradition dit que plus les paquets sont petits, meilleur est le cuisinier, tant ce travail est délicat. C'est un cuisinier du quartier de la Pomme, Ginouvès, qui élabora cette recette au XIXe s : s'inspirant de la panse de mouton farcie que l'on préparait en Écosse et des fameuses tripes à la mode de Caen faites à partir de bœuf, il s'aperçut que les abats d'agneau étaient beaucoup plus fins et décida de les accompagner de pieds de mouton.

- ***L'aïoli :*** toujours et encore une affaire de Marseillais. Émulsion à froid, type mayonnaise, plutôt épaisse et fortement parfumée à l'ail. Se fait exclusivement à l'huile d'olive. Mais l'aïoli est aussi un plat à part entière, accompagné de morue et de légumes bouillis. Souvent consommé le vendredi midi. Il se déguste, en été, dans les fêtes de village (où il fait l'objet de véritables concours), mais aussi pour certaines fêtes religieuses (comme le Vendredi saint à Marseille). Plus simplement, il s'apprécie au grand air dans les cabanons marseillais (évitez d'avoir à prendre la parole en public ensuite !).
- ***L'anchoïade :*** réalisée à partir d'anchois écrasés que l'on fait fondre dans l'huile d'olive, plus légère que l'aïoli, elle accompagne toutes sortes de crudités. Toujours très tendance !
- ***La soupe au pistou :*** un des temps forts de la cuisine provençale. Soupe aux légumes parfumée avec une pâte composée de basilic et d'ail pilés dans de l'huile d'olive. Les puristes n'y mettent pas de fromage (trop italien), mais c'est excellent avec ou sans. Et, chose particulière, c'est une soupe qu'on mange dans les chaleurs de l'été, pour bénéficier de bons légumes de saison !
- ***Les pizze de Marseille :*** peut-être le plat le plus emblématique de Marseille aujourd'hui ! C'est ici que vous dégusterez la meilleure *pizza* (le « a » ne se prononce pas) de votre vie, dotée, si elle est cuite au feu de bois, d'une saveur incomparable.
- ***La poutargue :*** une spécialité méditerranéenne typique de Martigues, que vous trouverez à Marseille et ailleurs dans toutes les bonnes épiceries. Ce caviar méditerranéen est confectionné à partir d'œufs de mulets salés et séchés. La poutargue se consomme coupée en fines tranches, sur des toasts, ou râpée dans des plats.
- Enfin, difficile d'évoquer la cuisine marseillaise sans parler des keftas, couscous, tajines et pâtisseries orientales. Sans oublier la fameuse ***kemia,*** servie à l'heure de l'apéro, assortiment de petites entrées (pois chiches, anchois, olives pimentées, poivrons marinés...) servies sur un plateau. La *kemia,* symbole d'intégration, à l'heure du pastis, un vieux rêve devenu réalité.

# ÉCONOMIE

## Euroméditerranée, un vaste chantier

Depuis près de 30 ans, Euroméditerranée (Euromed pour les intimes) a considérablement transformé le visage d'une partie de Marseille, depuis le centre-ville jusqu'aux portes des quartiers nord. Déclarée d'intérêt national, cette opération d'aménagement et de développement économique fut pilotée par l'Établissement public d'aménagement Euroméditerranée (EPAEM), réunissant l'État et les collectivités locales. Elle ambitionnait de faire de Marseille le pôle central des échanges entre le riche nord de l'Europe et les marchés en croissance du pourtour méditerranéen. Mais rapidement, ce projet voulant à la fois positionner Marseille sur le devant de la scène internationale et encourager une certaine mixité sociale s'est confronté à ses propres contradictions. Les transformations de ces quartiers ayant engendré un changement inévitable de leur composition, beaucoup d'habitants ont déserté les lieux...
Jusqu'à maintenant, Euroméditerranée a réhabilité 480 ha, compris entre le port et le centre-ville, sur 4 quartiers emblématiques de Marseille (Joliette, Saint-Charles-Porte d'Aix, Belle-de-Mai et Arenc) et jusqu'à Bougainville.

Située en bord de mer, la ***Joliette*** s'étend sur 22 ha et est devenue un quartier international d'affaires. Idéalement connecté à l'aéroport Marseille-Provence (15 mn) et proche de la gare Saint-Charles, le quartier est relié au centre par une grande artère haussmannienne en voie de réhabilitation, comme on dit pudiquement dans les bureaux : la ***rue de la République.*** Elle symbolise le 1er grand chantier d'Euromed : des centaines de commerces et plus d'un millier de logements furent vendus à la société américaine Lone Star en 2004 pour un grand réaménagement de la rue, alors très populaire. Pour ce faire, on a complètement rénové les bâtiments, on a relogé les habitants dans d'autres quartiers (souvent excentrés) en attendant, et on a ajouté un tramway. Les loyers ayant augmenté, la plupart des habitants n'ont pas pu réinvestir leurs appartements après rénovation. Concrètement, un bon nombre d'immeubles sont aujourd'hui inoccupés, ce qui fait de cette très belle artère du 2d Empire une coquille vide aux innombrables volets fermés. Le départ progressif des habitants ayant entraîné celui de bien des commerces...
Au nord du port autonome, la ***zone d'Arenc*** se développe autour du fameux silo à grains, construit en 1927, dont la réhabilitation a été confiée à Éric Castaldi, le bouillant architecte des Docks. Des bureaux, bien sûr, mais aussi un *Olympia* bis, une salle de spectacle de quelque 2 000 places.
Un peu plus loin, le ***quartier Saint-Charles-Porte d'Aix*** s'étend sur 16 ha. Il est le point de convergence de nombreux axes routiers et autoroutiers, et se caractérise par la présence de grandes institutions régionales, de sièges administratifs, d'une université réputée et de la gare terminale du TGV Méditerranée, qui met Paris à peine à plus de 3h de Marseille.
Le pôle de la ***Belle-de-Mai*** se développe, quant à lui, sur les 120 000 m$^2$ des anciennes manufactures des tabacs réhabilitées. Vaste ensemble, au croisement de l'économie et de la culture, la Belle-de-Mai est en passe de devenir l'un des principaux sites européens en matière de production culturelle, audiovisuelle et multimédia. 150 tournages par an, dont ceux de la série de France 3 *Plus belle la vie* (plusieurs longs-métrages mais aussi une trentaine de reportages, une dizaine de courts-métrages, de documentaires et de téléfilms...).
Du ***fort Saint-Jean,*** situé à l'entrée du Vieux-Port, à Arenc, au nord du bâtiment des Docks, se déploie, sur 2,7 km en front de mer, la ***Cité de la Méditerranée.*** Sur 110 ha, différents équipements publics et privés à vocations culturelle, scientifique et de loisirs forment un pôle attractif ouvert au public, autour du fameux musée des Civilisations de l'Europe et de la Méditerranée (Mucem), qui tient un rôle phare dans la dynamique du lieu, suivi par la Villa Méditerranée, qui accueillera une réplique de la grotte Cosquer (dans les calanques) courant 2022. Quant à l'immense centre commercial des ***Terrasses du Port,*** situé près de l'immeuble des Docks, il accueille 190 boutiques et restaurants sur 61 000 m$^2$.
Et ce n'est pas fini ! Dans le cadre du projet Euromed 2, les réaménagements s'étendent désormais jusqu'au secteur de ***Bougainville,*** avec la construction de l'écoquartier *Smartseille* ainsi que la prolongation de la ligne 2 du métro jusqu'au terminus « Gèze ». Le projet prévoit la restructuration du célèbre marché aux Puces dans le cadre de la création du quartier des Fabriques, la rénovation du quartier des Crottes, ainsi que le futur Parc des Aygalades.
Pour en savoir plus : ● *euromediterranee.fr* ●

# ENVIRONNEMENT

## Une hantise : le feu

Le principal risque dans le secteur est lié aux incendies meurtriers pour l'homme, et dont la répétition menace la faune et la flore. Ils peuvent se déclencher dans les calanques, notamment quand le mistral est de la partie. Ainsi, du 1er juin au 30 septembre, l'accès et la circulation à pied dans les calanques (et d'ailleurs

dans tous les autres massifs des Bouches-du-Rhône) sont réglementés par arrêté préfectoral. Les routes sont interdites aux véhicules (sauf pour les riverains et les pompiers, bien sûr). IL FAUT ABSOLUMENT RESPECTER CES CONSIGNES, SOUS PEINE DE COMMETTRE L'IRRÉPARABLE, même sans le vouloir. Il est évidemment totalement interdit d'y fumer et d'y faire du feu, tout comme d'y camper ou de monter un bivouac. Les incendies de l'été 2016 ont montré que le pire peut toujours survenir.
Donc, pour vérifier l'accessibilité – ou pas – du massif des Calanques, téléphonez au ☎ *0811-20-13-13 (coût d'un appel local)* ou consultez le site ● *calanques-parcnational.fr* ●, où l'on vous communiquera le niveau d'alerte danger feu de forêt.
– ***Niveau orange :*** peu dangereux, le massif est totalement accessible.
– ***Niveau rouge :*** dangereux, le massif est uniquement accessible le matin de 6h à 11h.
– ***Niveau noir :*** très dangereux, l'accès à tout le massif est totalement interdit.
Pour plus de précisions sur les calanques elles-mêmes (recommandations et règles d'accès), lire plus haut le chapitre « Les calanques, de Marseille à Cassis » dans la partie « Le parc national des Calanques ».

### De l'Estaque à l'étang de Berre

Si l'Estaque a fait rêver des générations de peintres, à commencer par Cézanne, le village cher au cœur du cinéaste Robert Guédiguian fut aussi le siège d'industries chimiques et métallurgiques dès le XIX$^{e}$ s.
Lieu de débarquement du pétrole du Moyen-Orient dès la fin de la 1$^{re}$ Guerre mondiale, les rives de l'étang de Berre (15 500 ha), au nord-ouest de Marseille, sont aujourd'hui largement urbanisées : port pétrolier étendu, industries pétrochimiques, station hydroélectrique EDF, aéroport de Marignane à proximité, etc. Le milieu naturel s'est dégradé à cause des rejets urbains et industriels et de la sédimentation des métaux lourds. Le risque d'accidents liés aux canalisations pétrolières et à la navigation maritime est toujours présent. Plus beaucoup de pêcheurs à la ligne, du coup, même si des améliorations ont été constatées ces dernières années : retour de certaines espèces disparues et qualité de l'eau en hausse. Cependant, la qualité de l'air autour du pôle industriel Fos-Étang de Berre reste l'une des moins bonnes d'Europe avec celles de Gênes, Barcelone et Athènes.

## GÉOGRAPHIE : ET DAME NATURE CRÉA LES CALANQUES !

Si, comme on le dit, la géographie et le climat exercent une influence sur la psychologie et le comportement, alors on comprend mieux le sentiment d'insularité qui se loge dans le cœur du peuple marseillais. Marseille est en effet encerclée par les montagnes : chaînes de la Nerthe et de l'Étoile au nord, massifs de Saint-Cyr et Marseilleveyre au sud, sans parler du massif de la Sainte-Baume plus loin à l'est. Et puis Dieu – ou Dame Nature, on n'est pas là pour chipoter – créa la Méditerranée et les calanques...
Mais attention, il y a calanque et calanque. N'allez surtout pas dire à un Marseillais que vous êtes allé vous promener dans les calanques de Cassis ! Le « vrai » massif des Calanques, parc national depuis 10 ans, appartient aux 8$^{e}$ et 9$^{e}$ arrondissements de Marseille.
– ***Un site naturel classé :*** malgré de faibles précipitations, le massif est un excellent réservoir d'eau douce. Le réseau souterrain, alimenté par le massif de la Sainte-Baume et débouchant à Port-Miou, serait même le plus important de la Méditerranée. Pour toutes ces raisons, les calanques sont désormais protégées de l'urbanisation par le Conservatoire du littoral et la loi du même nom, les

cabanons étant la seule exception confirmant la règle (voir plus loin la rubrique « Habitat et mode de vie : bastides et cabanons »). Mais surtout, le ***parc national des Calanques*** – 10e parc national français – a été créé en 2012 ; il s'agit du seul parc à cheval sur la terre et la mer... et la ville ! Son but est de protéger et de valoriser le patrimoine naturel et de sensibiliser les populations locales et touristiques qui le visitent, notamment grâce au développement de l'écotourisme. Plus d'infos sur • calanques-parcnational.fr •

– ***Un paradis géologique :*** le massif des Calanques est constitué de calcaires blancs de plus de 400 m d'épaisseur (dits « urgoniens »), apparus au crétacé inférieur, il y a environ 120 millions d'années. Quelques tremblements de terre plus tard (il y a 5 millions d'années, puis il y a 1,5 million d'années), les calanques sortent de l'eau... Après la dernière glaciation (10 000 ans avant notre ère), le niveau de la mer remonte de 120 m, l'eau submerge les anciennes vallées et isole les îles des calanques (Frioul, Riou...) en créant ces adorables fjords provençaux. Merci, Dame Nature !

– ***La pierre de Cassis :*** la pierre des calanques est dite « de Cassis », n'en déplaise aux Marseillais. Elle est évidemment truffée de fossiles aquatiques. Une fois polie, cette pierre prend un bel aspect de marbre, d'où son extraction (carrière de Port-Miou) et son utilisation pendant des siècles, du port grec de Marseille à ceux d'Alexandrie et Port-Saïd, jusqu'au socle de la statue de la Liberté, à New York ! Parmi les édifices marseillais construits avec, citons la cathédrale de la Major, la préfecture ou encore la Bourse. Elle a également permis la fabrication de nombreuses fontaines et piles (éviers) de la région. Par ailleurs, elle fait une bonne chaux.

– ***Faune et flore des calanques :*** en août 1990, une imprudence a provoqué la destruction de 3 500 ha de garrigue et de pinèdes dans les calanques. Il faut compter environ 50 ans pour que les pins d'Alep se multiplient à nouveau. Paradoxalement, c'est le feu qui est essentiellement à l'origine de la formation de la garrigue (dite « à kermès ») et de ses bonnes odeurs de thym, de lavande ou de romarin. Ici subsiste une flore qui doit s'adapter à la chaleur (flore thermophile) mais aussi aux embruns et au sel (flore halophile). Parmi les nombreuses espèces végétales, signalons l'herbe à gouffé ou sabline de Provence, unique au monde et qui se niche généralement dans les éboulis, le sumac, qui était utilisé pour teindre les filets de pêche et les voiles de bateau contre les effets du soleil, ou encore l'amélanchier, utilisé dans la confection des nasses à poissons depuis l'Antiquité. À signaler également la présence de la rue, une plante qui peut provoquer des démangeaisons et inflammations douloureuses de la peau en cas d'allergie, surtout lorsque le contact s'effectue sur une peau humide (regardez sur Internet à quoi elle ressemble !). Le caractère extraordinaire de la flore des calanques nécessite une protection permanente. Évitez donc de vous écarter des sentiers, n'empruntez pas les éboulis et raccourcis, et ne cueillez aucune plante.

Côté faune, les incendies ont là aussi été ravageurs... Le parc national des calanques compte 100 espèces terrestres animales protégées, dont la célèbre cigale provençale (qui reste 4 ans sous terre avant de vivre 50 jours sa vie d'adulte ; seuls les mâles chantent, pour attirer les femelles) et le molosse de Cestoni, la plus grande chauve-souris d'Europe, habitué des grottes.

– Pour découvrir ce site unique, il vous faudra le faire à pied. Un lieu qui fera votre conquête comme vous devrez faire la sienne, en marchant longtemps sous le soleil, sur des sentiers odorants et des pistes plus difficiles. Pour pallier les coups du sort autant que ceux du soleil, tout marcheur doit emporter avec lui les magnifiques pages de Jean-Claude Izzo sur les calanques de Marseille dans sa si belle et si triste trilogie policière (voir la rubrique « Livres de route » dans « Bon à savoir avant le départ »).

– Pour plus d'informations sur les meilleures manières de découvrir les calanques, voir plus haut le chapitre « Les calanques, de Marseille à Cassis » dans la partie « Le parc national des Calanques ».

# HABITAT ET MODE DE VIE : BASTIDES ET CABANONS

Si le mas provençal désigne la petite exploitation familiale, la bastide, dans cette région, évoque une habitation secondaire jouxtée par des bâtiments ruraux. Et c'est surtout des bastides, bien sûr, que l'on trouve sur la commune de Marseille.
– ***La bastide :*** vaste demeure, à la façade agrémentée de balcons et sculptures, les ouvertures étant réparties symétriquement. Les murs sont en pierre de taille. À côté de la bastide se trouvent les bâtiments d'exploitation. Les bastides constituaient en quelque sorte la résidence secondaire de la bourgeoisie citadine et aisée. À l'arrivée des 1[res] chaleurs, les familles de riches négociants ou de grands bourgeois quittaient leurs hôtels particuliers pour s'installer dans les bastides. Avec armes et bagages : chaque printemps, c'était un véritable cortège de voitures attelées, pleines de malles remplies d'argenterie, de bibelots de famille, de petits meubles, de tableaux, voire de tapisseries, qui quittaient Marseille ou Aix ! Au début du XIXe s, on dénombrait quelque 5 000 bastides dans les environs de Marseille.
Des moissons aux vendanges, des fêtes de Pâques aux chasses d'automne, la bastide accueille famille et amis, jusqu'aux 1[ers] froids. Les propriétaires de bastides s'enorgueillissent de pouvoir faire goûter à leur table les produits de leurs récoltes. Tout le monde ne menait pas le même train de vie, mais le principe était partout le même.
– ***Le cabanon :*** « pas plus grand qu'un mouchoir de poche », disait Vincent Scotto... Il se raréfie aux abords des grandes villes, avec l'avancée des quartiers périphériques. À la campagne, en revanche, beaucoup en possèdent un. On passe son dimanche au cabanon, en famille. Ceux du bord de mer se sont endurcis, pour affronter le temps. Ces petites constructions de plain-pied, toutes simples et souvent construites dans l'illégalité, se sont progressivement imposées dans le paysage provençal dont celui du littoral marseillais, des calanques côté Cassis à celles de la Côte Bleue, jusqu'à la mythique plage camarguaise de Beauduc. Parce que la plage est à 2 pas du boulot, le bateau à 2 km et qu'il n'y a rien de mieux qu'un apéro ou un aïoli au cabanon, entre amis ou en famille, pour tout oublier, à la sortie de l'hiver ! Ici, on a toujours le parasol, parfois l'électricité mais rarement la TV.

# HISTOIRE : MARSEILLE À CŒUR OUVERT

## La fille de Phocée

La cité est née de la rencontre de la mer et de la terre. On ne sait pas grand-chose, en fait, du mariage de Protis le Phocéen (Grec d'Asie Mineure) avec Gyptis la Ségobrige (un peuple celto-ligure). Comment rêver d'un mythe fondateur mieux adapté à ce qui sera pendant 26 siècles la vocation même de Marseille : l'ouverture au monde ? Quant à la ***date arbitraire de sa naissance*** (600 av. J.-C.), les ***fouilles archéologiques*** les plus récentes, en bordure du Lacydon (le Vieux-Port, autrement dit), ne

### LE 1[ER] MENTEUR MARSEILLAIS !

*Savant mathématicien et astronome, aventurier, navigateur et, bien sûr, commerçant, Pythéas (IVe s av. J.-C.) est le 1er, grâce à son gnomon (cadran solaire primitif), à fixer avec exactitude la latitude de Marseille. Il est aussi le 1er, dit-on, à oser sortir de Méditerranée pour affronter l'Atlantique et le remonter au nord vers le cercle polaire en passant par la Grande-Bretagne et la mer Baltique. Un exploit réel mais extraordinaire : on le traita de menteur. Évidemment !*

cessent d'en affiner la probabilité à quelques dizaines d'années près. Et les archéologues ne sont sans doute pas au bout de leurs découvertes...
Sans pénétrer profondément à l'intérieur du territoire, les Marseillais créent aux siècles suivants une série de ***comptoirs portuaires*** (Nice, Antibes, Olbia-Hyères, La Ciotat, Agde, Ampurias...), qui ajoutent encore à leur richesse et à leur réussite. Vers 340 av. J.-C., ***à l'époque d'Alexandre le Grand,*** Massalia va connaître son 1er grand homme : Pythéas. Il symbolise avec Euthymènes, qui navigua, lui, en direction des côtes d'Afrique, la ***vitalité à la fois commerciale et scientifique*** d'une ville qui sut rester pendant des siècles, y compris sous la domination romaine, le conservatoire occidental de la culture grecque que chantent Tacite et Cicéron. Grâce aux Phocéens, la Gaule a connu la culture de la vigne et de l'olivier, la monnaie, l'écriture ; plus tard, ceux-ci ont transmis les connaissances médicales et ouvert des écoles célèbres jusqu'à Rome.

## La ville chrétienne

Puissante cité navale, commerciale et culturelle, Marseille est l'alliée des Romains en Méditerranée occidentale. Mais, quand la guerre civile se déclenche, la ville refuse de choisir ***César*** contre Pompée. Au terme d'un long siège, les Marseillais doivent capituler ***en 49 av. J.-C.*** César triomphe et se contente d'établir sa domination sur la ville sans la détruire. Impliqué aux IIIe et IVe s de notre ère dans les luttes politiques et religieuses qui secouent l'Empire romain, soumis en 309 par Constantin, Massilia, pour parler comme les Romains, connaît au Ve s une embellie spirituelle avec l'arrivée en 415 de ***Jean Cassien,*** un moine voyageur pétri des expériences orientales du monachisme.
Cassien installe dans la ville, de part et d'autre du port, 2 communautés monastiques, l'une de femmes (Saint-Sauveur, aujourd'hui disparue), l'autre d'hommes (Saint-Victor), sur les restes des 1ers chrétiens martyrisés à Marseille sous Dèce et Dioclétien. Au même siècle, Marseille dispose déjà du ***plus grand baptistère des Gaules*** (aujourd'hui disparu, sous l'actuelle cathédrale), et les débats de prêtres éminents comme Prosper d'Aquitaine et Salvien retentissent dans toute la chrétienté (mais non, on n'exagère pas !).
Désormais gardienne des lettres grecques et latines, l'Église va préserver tant bien que mal, malgré les troubles internes, les pressions barbares puis sarrasines, des bribes de culture classique, jusqu'au ***redressement matériel et intellectuel des XIe et XIIe s.*** Elle aura survécu sous la triple impulsion de Saint-Victor (restaurée par Honorat en 977 et qui « colonise » la Provence), des croisades (qui s'arment en partie dans le port dès la 3e croisade, en 1188, et édifient à son entrée la commanderie des hospitaliers de Saint-Jean-de-Jérusalem) et, enfin, des vicomtes de Marseille, qui se sont partagé avec l'Église le pouvoir sur la ville.

## Du pouvoir communal au rattachement national

À partir du ***XIIIe s,*** un 3e pouvoir, celui de la ***Commune,*** s'affirme quelque temps selon le modèle italien sous l'impulsion des négociants et grâce à l'accroissement du trafic portuaire. Mais en 1257, la ville doit reconnaître la domination de ***Charles d'Anjou,*** comte de Provence. Après quelques velléités de résistance, elle se montre fidèle à ses successeurs sous la reine Jeanne, puis la 2e maison comtale Anjou-Provence et son principal représentant, le ***roi René*** (1434-1480). Entre-temps, Marseille a connu, comme tout le Midi, les troubadours, qui ont diffusé les formes poétiques de la langue d'oc. Elle a édifié sur sa rive orientale un important chantier de ***constructions navales*** et renforcé ses liens maritimes avec le Levant lors de nouvelles croisades.

En 1362, Guillaume Grimoard, abbé de Saint-Victor, devenu pape en Avignon sous le nom d'***Urbain V,*** fait bénéficier la ville et son ancienne abbaye de largesses qui donnent au bâtiment son allure générale. Au XVe s, alors que Marseille souffre déjà depuis quelques décennies d'un marasme ambiant, la rivalité maritime qui l'oppose aux Catalans mène à la catastrophe de 1423. L'escadre du ***roi d'Aragon,*** allié des Catalans, s'empare de la ville et la livre au pillage pendant 4 jours. Les assaillants repartent avec un riche butin ainsi qu'avec la chaîne servant à fermer le port (encore exposée sur les murs de la cathédrale de Valence, en Espagne).

### LA PESTE NOIRE ET LES JUIFS

*La peste est arrivée à Marseille en 1347. Personne ne savait alors qu'elle se propageait via les puces sur les rats. Or au Moyen Âge, les chats, leurs prédateurs, étaient chassés des maisons chrétiennes car ils étaient considérés comme des animaux maléfiques. En revanche, ils étaient acceptés chez les juifs. Résultat, ceux-ci furent moins touchés par la maladie. Il n'en fallait pas plus pour les tenir responsables. Beaucoup d'entre eux furent brûlés vifs.*

Un moment abandonnée par nombre de ses habitants, la ville se rétablit assez vite. Elle reprend ses activités maritimes, bénéficiant de l'installation des ***foires de Lyon,*** qui lui offrent de nouveaux débouchés. ***Jacques Cœur,*** argentier de Charles VII et armateur d'une importante flotte, abandonne son comptoir de Montpellier et vient s'établir à Marseille, dont il devient citoyen en 1446, pour commercer avec le Levant. S'ouvrent alors 35 années d'***expansion commerciale et économique*** qui préludent au rattachement de Marseille, et de la Provence au royaume de France (1481-1482).

## Soumis ou insoumis

Aux XVIe et XVIIe s, les rapports de Marseille avec le pouvoir royal sont marqués par des alternances de fidélité et de révolte, reflet des luttes et des factions qui s'affrontent dans le pays comme dans la cité. Fidélité d'abord à ***François Ier,*** qui la visite plusieurs fois, la dote des ***fortifications*** de Notre-Dame-de-la-Garde et du château d'If. Il bénéficie en 1524 de sa résistance héroïque, animée par les « Dames de Marseille », contre les troupes de Charles Quint aux ordres du connétable de Bourbon. C'est aussi à Marseille qu'il fait célébrer par le pape Clément VII le mariage de son 2d fils, le futur ***Henri II, avec Catherine de Médicis.*** Pour sa part, la vieille cité portuaire tire profit du corail algérien et des échanges commerciaux fructueux menés par la compagnie de Thomas Lenche entre le monde méditerranéen et l'Europe continentale.

Mieux encore, les relations privilégiées que la France initie avec l'Empire ottoman, qui accorde au commerce français des privilèges dans le Levant, vont assurer la fortune de la ville jusqu'à la fin de l'Ancien Régime et au-delà. Les années 1590 sont au contraire des années de crise. Durant 5 ans, le chef des ligueurs hostiles à Henri IV, ***Charles de Casaulx,*** exerce sur la cité phocéenne un pouvoir fort et indépendant, qui n'exclut pas certaines réussites administratives, urbanistiques et culturelles (1re imprimerie marseillaise en 1594-1595), mais frappe de lourds impôts les négociants et les notables. Ville rebelle, Marseille se place même en janvier 1596 sous la protection de ***Philippe II d'Espagne*** et se prépare à soutenir un siège face aux troupes du duc de Guise, comte de Provence, lorsqu'un complot intérieur mené par Libertat aboutit, le 17 février, à l'assassinat de Casaulx et à la ***soumission des Marseillais à Henri IV,*** qui se serait alors écrié : « C'est maintenant que je suis roi de France ! » (Cet homme avait le sens des formules historiques...)

3 ans plus tard, le 5 août 1599, le conseil de ville décide de nommer chaque année 4 négociants députés du commerce pour surveiller les affaires de négoce. C'est

l'origine de la ***1^re^ chambre de commerce créée dans le monde.*** Un an encore et, le 3 novembre 1600, Marseille fait un accueil chaleureux à ***Marie de Médicis*** venue en France pour épouser Henri IV. Les frictions avec le pouvoir sont effacées... jusqu'à la prochaine incartade.
Ainsi, dans la 1re moitié du XVIIe s, la ***famille Valbelle*** exerce-t-elle sur Marseille un pouvoir qui, tout en respectant le roi, vise à une certaine autonomie. La situation s'aggrave lorsque, en 1660, au terme de 5 ans d'agitation, les consuls nommés par le roi sont chassés de l'hôtel de ville. ***Louis XIV,*** suivi de sa cour, entre en conquérant dans la cité, l'occupe militairement, désarme la population et fait construire citadelle et fort (Saint-Jean et Saint-Nicolas) destinés à la maintenir dans l'obéissance.

## La montée en puissance aux XVIIe et XVIIIe s

Marseille va néanmoins connaître une nouvelle prospérité grâce à l'***édit de Colbert*** (1669), qui lui accorde le monopole du commerce du Levant, grâce aussi au retour dans le port du corps des Galères et de son arsenal, gonflant sa population de 20 000 hommes supplémentaires. La présence momentanée d'un petit noyau d'Arméniens se traduit, entre autres, par l'accroissement du ***trafic des soieries*** et la 1re ouverture en France d'un café public en 1671.
La ville sort enfin de ses anciens remparts pour tripler de superficie. Elle se dote de ***nouvelles promenades,*** tel le Grand Cours (1670-1687, actuel cours Belsunce), l'un des plus beaux d'Europe en son temps, d'un nouvel hôtel de ville (1673) et d'***ensembles monumentaux*** qui, pour être à but charitable ou utilitaire, n'en sont pas moins devenus, depuis, des témoignages architecturaux de 1er ordre (Vieille-Charité, 1679-1707). Sur eux plane le souvenir de l'architecte, sculpteur et peintre d'exception que fut le Marseillais ***Pierre Puget.***
Marseille brille alors dans les sciences de la vie et de la nature à travers quelques-uns de ses ***pères Minimes,*** grands voyageurs, botanistes et zoologistes, tels Charles Plumier et Louis Feuillet, ou de ***jésuites astronomes*** comme Laval et Chazelle, qui créent, en 1702 au quartier des Accoules, l'observatoire du collège Sainte-Croix, futur observatoire royal de la Marine. La ville devient, grâce à l'installation des Clérissy dans le quartier Saint-Jean-du-Désert, un ***important centre faïencier,*** qui maintiendra sa réputation jusqu'à la Révolution française avec Leroy, Fauchier ou la Veuve Perrin. Elle est enfin, grâce à Pierre Gautier, la 2e cité de France, après Paris, à goûter aux plaisirs de l'***opéra*** en 1685.

## La Grande Peste de 1720

En juin 1720, cet élan marseillais est brusquement brisé par la Grande Peste qu'on a longtemps crue apportée du Levant par le vaisseau *Le Grand Saint-Antoine.* Aux dernières nouvelles, ce serait une résurgence de la grande peste noire du XIVe s. Quoi qu'il en soit, la ville paie pour la dernière fois un lourd tribut au fléau, qui, franchissant les barrières du Lazaret, tue en quelques mois près de 40 000 Marseillais, soit la moitié de la population, et donne lieu à de nombreux actes héroïques de dévouement dont le souvenir est perpétué par les figures emblématiques du ***chevalier Roze*** et de ***monseigneur de Belsunce.*** Preuve nouvelle de sa capacité à rebondir, la cité portuaire opère un redressement démographique spectaculaire qui, grâce à l'accueil de nombreux immigrés de l'intérieur ou étrangers, renforce son cosmopolitisme traditionnel.
Ses navires retrouvent le chemin des Amériques, de la barbarie et de l'Orient, pour achever d'en faire non seulement le 1er port méditerranéen, mais un port mondial qui atteint 120 000 habitants en 1790. L'hôtel Roux de Corse (1743-1745), le château Borély (1767-1778), de nombreuses bastides et hôtels particuliers témoignent de l'enrichissement d'une ville vouée au négoce, au grand commerce maritime et international, en dépit de crises passagères. Les créations successives des Académies de musique (1719), des belles lettres (1726) et de peinture (1753) affirment

aussi un élan culturel qui s'inscrit dans le ***mouvement général des Lumières*** et que souligne en 1787 l'ouverture d'un majestueux Grand Théâtre sur les terrains de l'ancien arsenal.

## Troubles et difficultés : la période révolutionnaire

Tôt entrés en Révolution, maîtres depuis avril 1790 des « bastilles marseillaises » (forts de Notre-Dame-de-la-Garde, Saint-Jean et Saint-Nicolas), habitués des « courses révolutionnaires » punitives à travers la Provence, les Marseillais, à la demande de leur député Barbaroux, lèvent en juin 1792 un bataillon de volontaires appelé à rester dans la mémoire (voir l'encadré).

### LA BELLE HISTOIRE DE *LA MARSEILLAISE*

*C'est un bataillon de 500 à 600 hommes qui quitte la ville durant l'été 1792 pour rejoindre à Paris les 20 000 fédérés destinés à la défense de la capitale face aux Autrichiens. Au terme d'une longue marche d'un mois, au cours de laquelle ils font entendre le « Chant de guerre de l'Armée du Rhin » composé par Rouget de Lisle, qui deviendra* La Marseillaise, *les volontaires arrivent triomphalement à Paris et deviennent, le 10 août, les héros de la prise des Tuileries et de l'effondrement de la monarchie. C'est sans doute le moment de son histoire où Marseille se retrouve le plus fortement en phase avec le reste du pays.*

Un an et demi plus tard, compromise dans le mouvement fédéraliste, la ville est mise au ban de la nation par les jacobins : pendant 1 mois, début 1794, Marseille devient officiellement la « Ville sans nom » ! Saisissant raccourci des multiples rebondissements et des renversements d'image que la ville n'a cessé de subir dans toute son histoire. Et la période qui suit, de la ***Terreur révolutionnaire*** à la ***chute du 1er Empire*** et à la ***Terreur blanche,*** reste fertile en événements douloureux : répressions, démolitions de bâtiments civils ou religieux, pénurie liée à la ruine de la navigation et du commerce du temps de la guerre et du blocus maritime anglais, chute démographique, massacre des mamelouks en 1815... que contrebalancent mal, passé la Révolution, l'émancipation de Marseille – devenue chef-lieu de département – face au pouvoir aixois, l'ouverture d'un des 1ers lycées en dehors de Paris (1802-1803), la création de musées ou encore la réorganisation de la chambre de commerce et de l'académie. Alors que renaît l'espoir d'une reprise du grand commerce avec l'Atlantique et la Méditerranée, c'est une ville largement acquise au retour de la royauté que découvre la ***Restauration.*** Mais l'ultra-royalisme et l'ultra-catholicisme n'y font pas recette longtemps face à la montée d'un fort courant libéral et à une large tolérance vis-à-vis des minorités religieuses protestante, juive et orthodoxe.

Le divorce politique tourne au système : après avoir repoussé Napoléon au profit de Louis XVIII, Marseille le boude, ainsi que Charles X ; la ***ville rêve de République*** à la fin de la monarchie de Juillet et s'insurge, en juin 1848, avant Paris. Elle s'oppose pendant 20 ans à Napoléon III et, sous la République modérée, sera l'une des 1res villes en France à voter, en 1892, pour une ***municipalité socialiste*** !

En fait, la prospérité de la ville, bourgeois et peuple confondus, est trop étroitement liée, depuis de longs siècles, aux intérêts vitaux de sa navigation et de son commerce (et le reste encore au temps de la conquête coloniale et du canal de Suez) pour suivre aveuglément les choix politiques nationaux. Et quand bien même, comme sous Napoléon III, l'essor économique leur serait-il favorable, c'est alors le souvenir d'un 1er Empire ruineux qui pousse les Marseillais à s'opposer au pouvoir central. Enfin, l'empreinte d'une langue, d'une culture et de coutumes populaires méridionales est encore forte et pèse elle aussi en faveur d'une sorte de marginalisation plus ou moins volontaire que symbolise, autour de 1840, une « renaissance marseillaise » animée par Pierre Bellot, Gustave Bénédit, Victor Gelu et Antoine Maurel, le créateur de la *Pastorale provençale* (1844).

## Rêves et triomphes : le 2d Empire

Pourtant, de 1830 à 1880, Marseille connaît un essor remarquable qui lui fait sérieusement envisager de devenir à terme l'une des capitales économiques du monde, à l'égal de Londres ou de New York. Sous la ***monarchie de Juillet,*** déjà, la ville a entrepris de ***profondes mutations*** : canal de la Durance au plateau Longchamp (1839-1849), début de construction des nouveaux ports (1840), inauguration de la ligne ferroviaire Marseille-Avignon (janvier 1848) en prélude au PLM (1857).
Ses industries traditionnelles (huile, savon, sucre...) se modernisent et se développent, ainsi que sa chimie, ses constructions mécaniques et navales, entraînant l'essor rapide de sa navigation à vapeur et de ses grandes compagnies (Messageries impériales puis maritimes) qui poussent leurs relations sur toutes les mers du monde et attendent plus encore (et trop !) de l'ouverture du ***canal de Suez*** (1869). Le système bancaire évolue et développe des racines locales (Société marseillaise de crédit), tandis que les milieux d'affaires nationaux prennent une part déterminante dans les grands travaux (ports, docks, rue Impériale...).
C'est aussi sous le ***2d Empire*** que la ville se dote de nombreux ***grands édifices*** publics civils ou religieux : préfecture, palais Longchamp, palais de justice, Pharo, basilique Notre-Dame-de-la-Garde, cathédrale... De multiples et luxueux lieux de spectacles ou de loisirs s'installent autour de sa ***Canebière.*** L'*Alcazar,* les grands cafés, les grands hôtels voient défiler les grands de ce monde, qui découvrent en Marseille et son soleil, ses odeurs, ses couleurs, le vestibule de l'Italie, de la Méditerranée (Alexandre Dumas et son comte de Monte-Cristo !) et la porte de l'Orient (tel Théophile Gautier dans les 1res pages de son *Constantinople*). Quitte à développer par la même occasion le mythe d'un farniente généralisé qui ternira bientôt l'image des Marseillais, injustement accusés par ailleurs d'inculture (George Sand) et de dépravation (Zola), sans parler de leur égocentrisme provincial...

## À l'épreuve du XXe siècle

Le dernier siècle a laissé des traces profondes dans la mémoire des Marseillais. Des ***réalisations spectaculaires*** ont marqué l'imaginaire de la ville d'une empreinte symbolique immédiate ou plus lointaine : fêtes du XXVe centenaire en 1899 ; fondation de l'Olympique de Marseille (la même année) ; construction du pont transbordeur (1904), qui sera finalement bombardé en 1945 ; organisation en 1906 et 1922 des 2 premières Expositions coloniales de France, témoins de la place essentielle tenue par les colonies dans la fragile survie commerciale et économique d'une ville qui s'y raccroche avec ses anciens rêves de grandeur, en même temps qu'elle poursuit sa marche vers l'ouest, en direction du Rhône, annexant les étangs de Caronte et de Berre à son domaine portuaire (1919) et créant l'aéroport de Marseille-Marignane (1922).
Peuplée de 500 000 habitants autour de 1900, Marseille, ***cité-refuge,*** reçoit dans les années 1920, par dizaines de milliers, des Arméniens et des Grecs, rescapés des massacres turcs, des Italiens (les plus nombreux) fuyant le fascisme et, plus tard, des juifs allemands et d'Europe centrale voulant échapper au nazisme. Un vrai bouillon de culture (lire plus loin la rubrique « Immigration : Marseille et la "question des étrangers" »). Et puis, mais on ne reviendra pas là-dessus, Marseille fait aussi rire et chanter la France entière, à l'heure des 1ers congés payés, sur les airs d'opérette d'Alibert et Vincent Scotto célébrant la galéjade, le pastis, les boules et l'aïoli.
Mais c'est, pour lors, une ***ville à la mauvaise réputation*** par son cosmopolitisme jugé négatif, par la mainmise passagère de la pègre des Carbone et Spirito, par la frivolité de son farniente et l'incurie supposée de ses édiles (assassinat d'Alexandre de Yougoslavie en 1934 et incendie des *Nouvelles Galeries* en 1938), qui aboutit à la mise en tutelle de sa municipalité en mars 1939, et ce jusqu'en 1946.

Une mauvaise réputation très chèrement payée en ***janvier-février 1943*** par la destruction « exemplaire » (et sans égale en France) des vieux quartiers de la bordure du Vieux-Port, désignés comme des nids de clandestinité en tout genre. Celle-ci marquera la prise en main de la zone sud par les autorités allemandes appuyées sur la collaboration française, et, avec elle, la fin des années où, port de transit de la zone libre, elle avait servi de repli aux intellectuels et artistes en rupture de ban et à l'organisation de leur fuite vers l'Amérique par Varian Fry (voir la rubrique « Personnages »).

## Marseille attendue au tournant

La 2de moitié du XXe s n'est pas mieux lotie. Aux mutations obligées du port et des techniques, au développement pétrolier et sidérurgique de Fos, répond une grave ***crise d'adaptation économique et humaine*** avec la disparition des industries traditionnelles, la perte des colonies et la nécessité d'absorber dans l'été 1962 plus de 100 000 pieds-noirs, tandis que les Maghrébins, venus eux aussi en grand nombre, subissent les mêmes rejets xénophobes qui, jadis, avaient atteint les Italiens.

Le « système marseillais » sera incapable de faire face à cette crise, alors que le reste de la France et de l'Europe vivra quelques belles années de croissance. Les cités vont pousser dans le ciel (et sur les collines surtout), tandis que la bourgeoisie ira investir ailleurs, notamment dans l'or blanc des Alpes. Mais la ville de ***Gaston Defferre*** (1953-1986) marque aussi des points : Cité radieuse du maître Le Corbusier, hôpital Nord, 1er CHU de France et lieu de la prestigieuse réussite d'une greffe du cœur sur Emmanuel Vitria en 1968, équipements du métro (1975-1985), installation des technopoles de Luminy et Château-Gombert... Cependant, elle rate sa communauté urbaine et s'affaiblit économiquement, démographiquement et même médiatiquement.

### LE DERNIER DUEL

*En 1967, le député Ribière, s'étant fait traiter d'abruti par Gaston Defferre, maire de Marseille, demanda réparation par l'épée. Légèrement blessé à l'avant-bras, Ribière fut vaincu. Il se mariait le lendemain. Defferre avoua qu'il voulait toucher son adversaire à la braguette pour compliquer sa nuit de noces.*

Une fois encore, le phénix phocéen va renaître. L'embellie est d'abord culturelle. Préparée sous Defferre avec les ballets Roland Petit et l'ouverture de La Criée par Marcel Maréchal (1981), elle s'étend sous ses successeurs, Robert Vigouroux et Jean-Claude Gaudin. Marseille renoue avec son ancienne ***passion pour le spectacle*** : les théâtres se multiplient, les créateurs reviennent à la une, souvent avec une nouvelle verve populaire (IAM, Massilia Sound System...), parfois avec l'humanité de clichés revisités et surpassés (Izzo, Guédiguian...). La réussite des grandes fêtes populaires et multiethniques de la Coupe du monde de football (1998), du XXVIe centenaire (1999) et du IIIe millénaire, ainsi que la mise en place du TGV méditerranéen ont confirmé l'attrait qu'exerce désormais la ville, notamment sur les jeunes générations et les créateurs d'entreprise. Marseille, qui s'est découvert un nouveau passé de 260 siècles avec la grotte Cosquer (1991), va investir dans de nouvelles infrastructures avec son tramway, ses vélos en libre-service, et surtout les projets de réaménagements d'Euromed (lire plus haut la rubrique « Économie »). Mais c'est en 2013, quand Marseille est choisie pour être la ***Capitale européenne de la culture,*** que la ville commencera véritablement à faire parler d'elle. Depuis, l'intérêt extérieur pour Marseille grandit et la ville elle-même ambitionne d'être toujours plus attractive, touristique, souhaitant nuancer les clichés et la difficile réputation qui lui collent à la peau aux yeux du reste de la France.

## Un nouveau visage

***Les grands projets se multiplient :*** celui qui aurait quitté Marseille en 1950 et y reviendrait en ce début de XXIe s ne la reconnaîtrait pas ! Parmi les chantiers d'envergure, les travaux d'aménagement du Vieux-Port et la poursuite de la *skyline marseillaise* avec, à l'horizon 2023, la livraison de la tour *Mirabeau* de l'architecte libanaise Hala Wardé, située entre la *tour CMA-CGM* de Zaha Hadid et *La Marseillaise* de Jean Nouvel !
L'année 2020 reste pour sa part fortement teintée par l'émergence d'une éminence locale désormais étroitement liée à la pandémie mondiale de Covid-19, le très médiatique infectiologue ***Didier Raoult.***
Mais 2020 a surtout été le berceau d'un véritable séisme politique. Jean-Claude Gaudin, maire de Marseille pendant 25 ans, ne se représente pas aux élections municipales. La droite perd la mairie, et c'est ***Michèle Rubirola,*** écologiste en tête de liste du collectif du Printemps marseillais, qui l'emporte sur Martine Vassal. Elle se désistera quelques mois plus tard, et c'est ***Benoît Payan*** (PS puis Printemps Marseillais) qui reprendra le flambeau pour ouvrir une nouvelle page de l'histoire politique de Marseille.

# IMMIGRATION : MARSEILLE ET LA « QUESTION DES ÉTRANGERS »

Marseille a, de tout temps, eu vocation de terre d'asile et d'assimilation. On y vit débarquer Grecs, puis Latins, Juifs (dès le Bas Empire), Arméniens, Italiens en quantité, Corses, Espagnols, pieds-noirs et enfin Maghrébins, Vietnamiens, Cambodgiens, Comoriens, Antillais, Réunionnais, Africains. Marseille a connu une histoire mouvementée. Mais c'est ce mouvement – et la multiplicité des peuples qui l'accompagne – qui a formé l'« unité » marseillaise. Prenons quelques exemples.
En 1822, afflux de Grecs, rescapés des massacres turcs à Chios. Ils deviennent cordonniers, tailleurs, pêcheurs, négociants. Puis c'est le tour des Italiens, ruinés par la crise agricole de leur pays, avec une grosse vague à la fin du XIXe s. Les patrons les paient moins et les utilisent parfois pour briser les grèves. Surnommés « Babis » (qui signifierait « crapaud ») par les Français, ils les concurrencent rudement sur les docks, dans les manufactures de tabac et dans le bâtiment. Grosses tensions et incidents xénophobes en 1885 et 1886. De véritables « chasses aux Babis » sont organisées, ancêtres des « ratonnades », faisant de nombreux morts. Puis, vers la fin du siècle, les tensions disparaissent grâce à l'essor du commerce colonial et au développement du syndicalisme.
Le génocide arménien, à partir de 1915, puis la guerre d'indépendance des Turcs en 1922 amènent à Marseille des milliers d'Arméniens et de Grecs. Beaucoup y restent. Un certain Hagop Malakian ouvre une boutique de confection. Son fils fera du cinéma sous le nom d'Henri Verneuil. Une autre famille produira le petit Charles Aznavourian, la voix cassée la plus célèbre du monde.
À partir de 1925, nouvelle vague d'immigration transalpine avec les antifascistes italiens. L'extraordinaire carrière d'Yves Montand a commencé ici (voir aussi la rubrique « Personnages »). Puis une autre vague d'arrivants, celle des républicains espagnols battus par le régime franquiste, vient s'installer à Marseille.
Quant à l'immigration maghrébine, elle est déjà ancienne. Au début du XXe s, les habitants d'Afrique du Nord, des Algériens surtout, sont « importés » en masse pour travailler dans les huileries et les sucreries. Ils s'installent dans le quartier de la porte d'Aix. Pour le complexe sidérurgique de Fos, on fait à nouveau venir plusieurs milliers d'Algériens. Puis c'est la crise économique et le retour des tensions raciales. La guerre d'Algérie a créé un profond traumatisme chez certains Français, sans parler de la communauté pied-noir, obligée de coexister avec l'ennemi d'hier. Si bien que des tensions existent certes à Marseille, mais pas plus qu'à Paris, Lyon ou Lille. Les étrangers se fondent dans la cité, qui les « moule » à son image.

Aujourd'hui, les enfants et petits-enfants des « Babis », haïs au XIXe s et dans les années 1920, sont ceux qui défendent cette identité marseillaise ; demain ce seront ceux des Maghrébins qui le feront à leur tour et déjà chantent au Vélodrome (le stade de foot) qu'ils sont « fiers d'être marseillais ».
Et cette mosaïque de cultures est aujourd'hui bien représentée, entre autres par *Marseille Espérance,* un groupe de concertation qui rassemble les chefs de file religieux de toutes les communautés présentes à Marseille. Le groupe est aujourd'hui devenu un incontournable outil du dialogue social, souvent consulté, notamment par la municipalité. Il est de toutes les manifestations – au sens large – et de toutes les initiatives en faveur du « mieux-vivre » ensemble et de la rencontre de l'autre. Un mot d'ordre qui pourrait être en quelque sorte « plus on se connaît, plus on se respecte ».

## LANGAGE MARSEILLAIS

Dans nulle autre ville de France le langage n'a autant d'importance qu'à Marseille. Ici, l'identité est fortement liée aux façons de parler. Les Marseillais distinguent l'accent « des vrais Marseillais » (celui des pêcheurs ou des vieux joueurs de boules), l'accent « quartiers nord » (proche de tous les accents « banlieue ») et le parler de la bourgeoisie marseillaise, qui tantôt se pique de posséder un léger accent provençal, tantôt le masque pour parler « pointu » !
Le français de Marseille a émergé entre la fin du XIXe et le début du XXe s, lorsque les Marseillais, contraints de parler le français, ont mêlé à celui-ci la phonétique et des tournures de leur langue maternelle, le provençal (dans certains quartiers, on l'a couramment parlé jusqu'en 1930-1940).
Le « parler marseillais » est un français régional comme les autres, à ceci près qu'il est sans doute beaucoup plus emblématique de l'identité locale qu'ailleurs. Il est principalement constitué d'un lexique issu du provençal, et comporte quelques emprunts aux langues méditerranéennes, essentiellement à l'italien (*engatse, fatche de !, chiapacan,* etc.). Les Marseillais adorent jouer avec la langue, ils la ponctuent de mots provençaux ou de suffixes qui donnent une force particulière à leur discours : on préfère parler d'une *fillasse* que d'une grosse fille, d'un *boutonas* plutôt que d'un gros bouton... Ils aiment aussi en rajouter sur l'accent : ils pourront vous souhaiter un « bon appè'tit », avec un accent tonique sur le « é » devenu « è » !
À Marseille, le seuil de la vulgarité n'est pas le même qu'ailleurs, et nombre d'expressions en apparence vulgaires ne sont pas perçues comme telles. Pour désigner une façon vraiment vulgaire de parler, on utilise l'expression « parler gras ».

### Petit lexique marseillais

– ***Aïoli :*** simple sauce à l'ail et à l'huile d'olive, l'aïoli désigne également le plat avec lequel on le mange, essentiellement composé de morue et de légumes bouillis. Le mot « aïoli » est aussi employé comme signe de salutation dans certains milieux musicaux (« aïoli ! » pour « salut ! ») et comme symbole du grand mélange marseillais. On peut aussi faire monter l'aïoli, c'est-à-dire faire monter l'ambiance. À écouter, l'album *Aïollywood* de Massilia Sound System ou la chanson *Zou, un peu d'aïoli !* d'Andrex, qui, en 1932, parlait de ses vertus aphrodisiaques !
– ***Alors-alors :*** expression utilisée en fin de phrase pour indiquer le doute. Utilisée seule, elle indique que la chose n'arrivera jamais.
– ***An pèbre :*** expression utilisée pour désigner un événement très ancien, mais sans repère précis dans le temps. « Oh ça, ça remonte à l'an pèbre ! »
– ***Arapède :*** ce mollusque, qu'on trouve partout accrochés sur les rochers des calanques, désigne une personne trop... collante !
– ***Baiser Fanny :*** expression du jeu de boules. À l'origine, celui qui perdait la partie de pétanque 0-13 devait embrasser le derrière d'une nommée Fanny (son image,

du moins). Au baby-foot, celui qui perd une partie sans marquer le moindre point est « Fanny ». Il doit, par exemple, passer sous le baby (« Fanny sous le baby ») ou régler les consommations (« Fanny au comptoir »)...

– ***Ballon :*** football, dans l'expression « jouer au ballon » ou « match de ballon ».

– ***Bazarette :*** bavard ou bavarde. On dit que les coiffeuses marseillaises sont de vraies bazarettes...

– ***Bouléguer :*** bouger, remuer, s'agiter. « Boulègue collègue ! » (expression fréquente). Un *boulégan* (ou *boulégon*) est une personne très remuante, qui a la bougeotte.

– ***Càcou :*** c'est le frimeur local qu'Élie Kakou a fait connaître à la France entière. Le terme a des connotations à la fois railleuses et sympathiques. Le càcou a toute une panoplie pour « se la jouer » : coupe de cheveux qui descend sur le cou, dite « nuque-longue », chaîne en or bien visible sur un poitrail tapissé de moquette, une voiture customisée au maximum, etc.

– ***Cagade :*** grosse bêtise, boulette, bévue.

– ***Caguer :*** charger, mais, par usage, plus souvent déféquer... Pour envoyer paître un importun, on lui dit : « *Vai cagar a Endoumo !* » (Va charger (soit travailler) / caguer à Endoume !).

– ***Caguer (se) :*** avoir peur. « Les Parisiens, ils se caguent de venir jouer au Vélodrome. »

– ***Chasper :*** peloter. « Ça m'arrange que tu m'emmènes jusqu'à la Belle-de-Mai, mais arrête un peu de me chasper ! » (Ça, c'est du dialogue, Audiard doit se retourner dans sa tombe !)

– ***Chourmo :*** désigne à l'origine la chiourme, la bande de rameurs de la galère. Par extension, et à travers les actions du Massilia Sound System, il est devenu le synonyme de la bande, l'équivalent du *crew* des rappeurs. On peut écouter l'album du même nom ou adhérer à l'association Massilia Chourmo... On peut surtout lire le roman de Jean-Claude Izzo, *Chourmo* (Gallimard, coll. « Série noire », 1996).

– ***Collègue :*** ami, pas forcément une relation de travail.

– ***Cousin :*** interpellation familière. Si l'on entend beaucoup des « oh, cousin ! » à Marseille, ce n'est nullement en raison de la consanguinité locale, mais tout simplement parce que « cousin » est une façon d'appeler familièrement quelqu'un. Ça marche aussi avec cousine !

– ***Dégun :*** « À Marseille, on craint dégun ! » Les Marseillais disent tellement souvent « y a dégun » ou « y avait dégun » que les *estrangers* sont persuadés qu'il s'agit de la personnalité la plus célèbre de la ville : on croit que « dégun » est partout ! En fait, il faut traduire : on ne craint personne ou il n'y a personne.

– ***Empéguer (s') :*** coller, mais par extension s'enivrer (variante : se niasquer). On peut s'empéguer avec du jaune, s'empéguer une arapède au comptoir toute la soirée et ne plus pouvoir s'en dépéguer (décoller), et s'empéguer un arbre au retour..., ce qui n'est pas très malin. L'adjectif *pégueux,* parfois prononcé à la provençale « pégous », renvoie à tout ce qui est collant : « Va te laver les mains, qu'elles sont toutes pégueuses ! »

– ***Encatané :*** approximativement « enfoiré ». Fréquemment utilisé au volant.

– ***Engatse :*** synonyme de *engàmbi,* bien que certains y voient des nuances. Il s'agit d'un gros problème, des « emmerdements ».

– ***Engatser (s') :*** le verbe « s'engatser » a plusieurs sens, mais il veut d'abord dire « s'énerver » : « Je me suis engatsé avec Dédou, je lui parle plus. »

– ***Ensuqué :*** assommé, mais aussi avec le sens péjoratif de « endormi » : si vous tardez à démarrer au feu vert, on vous dira « Hé avance, ensuqué ! ».

– ***Escagasser :*** assommer (sens propre ou figuré), frapper.

– ***Estrasse :*** vieux chiffons, loques, mais peut aussi s'appliquer aux personnes : « C'est une estrasse ce mec, il se lave jamais ou quoi ? »

– ***Fada :*** fou (signifie « fée » en provençal et, par extension, « habité par les fées »). « Ti'es pas un peu fada, toi ? » Le fada est aussi un passionné. Variantes : *fadòli, fadade* (féminin). À écouter, les albums *Fous mais pas fadas* de Quartiers Nord et *Commando Fada* de Massilia Sound System.

– ***Fan ! :*** diminutif d'« enfant » en provençal, cette interjection qui marque la surprise s'emploie seule ou accompagnée de compléments : *fan des pieds !, fan de chichourlo !, fan de putain !,* etc. « Oh, fan des pieds ! Qu'il est long à se préparer celui-là ! »
– ***Fatche de ! :*** juron d'origine italienne (« face de... ») marquant la surprise et l'agacement, qui s'emploie seul ou accompagné : *fatche de con ! fatche d'enti !...*
– ***Figure :*** insulte, équivalent à « tête de con », « abruti » ou « fanfaron ». Plus clair lorsque l'expression est accompagnée de qualificatifs : « figure de poulpe ».
– ***Languir (se) :*** attendre avec impatience. « Je me languis que tu reviennes » ; « Je me languis que ce lexique se termine » (patience !).
– ***Maaaaazète ! :*** expression fréquemment utilisée pour montrer son admiration ou sa surprise. « Maaaaazète ! Que tu es grand maintenant ! »
– ***Mains de pàti :*** maladroit, appliqué à quelqu'un qui touche à tout et qui casse ou fait tomber tout ce qu'il touche. Variante : *mains de plâtre.*
– ***Manquer (se) :*** commettre un impair, être maladroit ou malpoli avec quelqu'un. Élie Kakou disait : « Ne te manque pas, parce que si tu te manques, nous, on te manquera pas ! »
– ***Marquer mal :*** se faire remarquer, être ridicule. Un marque mal est quelqu'un de ridicule : « Oh ! Marque mal que tu es avec tes mocassins ! »
– ***Méchant :*** très bien. « J'ai acheté un méchant CD d'IAM. »
– ***Mèfi :*** mise en garde impérative pour « Méfie-toi ! ». Peut aussi signifier « Attention ! » tout simplement.
– ***Moulon :*** tas. « Range tes affaires qui sont en moulon. » Peut s'employer comme adverbe : « Y avait un moulon de monde au *Bar de La Plaine*. »
– ***Nine :*** petite fille. Le terme est aussi employé par les marchandes pour *aganter* les clientes (« Allez, ma nine ! »). Très affectueux, on le renforce avec un possessif et des diminutifs (ma *ninette,* ma *ninoulette*).
– ***Òaï :*** pagaille (« Range un peu ta chambre que c'est le òaï ! »), désordre festif (« On a mis le òaï hier soir au stade ! »). D'origine napolitaine, le mot a été largement diffusé grâce à la chanson de Massilia Sound System qui disait : « On met le òaï partout ! » D'ailleurs, Òaï Star est le nom du groupe de Gari Grèv et Lux B, 2 des membres de Massilia Sound System. Le mot est devenu le symbole de l'enthousiasme marseillais.
– ***Pastis :*** apéritif anisé aussi appelé jaune ou fly. Variantes : mauresque (avec orgeat), tomate (avec grenadine) ou perroquet (avec menthe). En provençal, le mot a un sens de mélange, que l'on retrouve encore dans l'expression : « Dans quel pastis je me suis mis ! »
– ***Pébron :*** poivron. Mais désigne surtout quelqu'un de nul.
– ***Peuchère ! :*** expression qui marque l'apitoiement sur le sort de quelqu'un, avec un réel sentiment de commisération.
– ***Piter :*** mordre à l'hameçon pour un poisson. Au sens figuré, les naïfs pitent à tout ce qu'on leur raconte. À l'apéritif, on pite les cacahuètes et la *kemia.*
– ***Queutchi :*** terme familier utilisé pour « rien ». « J'y comprends queutchi à ce lexique ! »
– ***Ràspi :*** avare, radin. « 'Tain qué ràspi, tu pourrais payer la tienne ! »
– ***Tafanàri :*** généralement employé pour désigner les gros derrières, « tafanàri » peut malgré tout désigner toutes sortes de paires de fesses...
– ***Tè :*** tiens !
– ***Vé :*** regarde !
– ***Vier :*** sexe de l'homme. Fréquemment utilisé dans l'interjection de colère : « Eh, mon vier ! » Existent aussi des variantes très poétiques comme *vier d'âne, vier d'ours* ou *vier marin.*
– ***Y a rien là ? :*** expression à multiples sens. Elle est surtout utilisée pour forcer l'admiration autour de soi, mais toujours avec humour.

### Le provençal de Marseille : une immense valeur affective !

Pour les Provençaux, le provençal n'est pas un dialecte de l'occitan mais bien une langue à part entière, qu'ils érigent volontiers en symbole de leur identité culturelle. Comme Marseille se singularise sur tous les points, il possède aussi sa forme spécifique de provençal, que l'on appelle le provençal marseillais ***(lou prouvençau marsihès).***

Ce provençal a eu sa propre littérature avec une grande figure du XIX$^{e}$ s, l'incontournable chansonnier marseillais ***Victor Gelu*** (1803-1855), qui a sa stèle sur le Vieux-Port. C'est également en provençal de Marseille que furent écrites les poésies de ***Pierre Bellot*** (1783-1859) dont *Lou poueto cassaire* (« Le poète chasseur »), la chanson *Lou cabanoun* d'***Étienne Bibal*** (1808-1854) ou la série des *Chichois* de ***Gustave Bénédit*** (1802-1870), qui raconte les mésaventures comiques d'un petit voyou *(nervi)* de La Plaine. Le provençal marseillais a également vu la naissance d'œuvres plus graves comme le roman *Nouvè Grané* de Gelu ou le roman « social » et « réaliste » *Bagatouni* (1894) de ***Valère Bernard*** (1860-1936), qui décrit la misère des vieux quartiers marseillais dans une langue populaire et crue.

Loin d'être une langue morte, le provençal est très présent à Marseille. Beaucoup vous diront ne pas le parler (par timidité ou par honte), mais en réalité ils sont plus nombreux qu'on ne le croit à le connaître.

Les plus anciens, eux, aiment à se rappeler les mots de leur enfance. Le provençal est chargé d'une immense valeur affective, comme dans ses douces appellations pour les enfants : *ma nine, mon gàrri, ma quique,* etc.

Le provençal est très dynamique dans les chansons des groupes locaux, comme Massilia Sound System. Leurs chansons, pour moitié en français et pour moitié en provençal (en « occitan », comme ils disent), ont pour titre *Lo òai, Reggae Fadoli, Tafanàri, Chourmo, Commando Fada, M'en foti, Mèfi !* : autant de références à des expressions quotidiennement employées par les Marseillais.

À Marseille et autour de la ville gravitent des dizaines d'associations et groupes folkloriques qui défendent la culture provençale non seulement à travers la langue, mais aussi en développant chants, danses et pratiques culinaires : *L'Escolo de la Mar* (l'École de la Mer), *La Couqueto*... On peut les trouver rassemblés à l'occasion des fêtes de Noël, lors de l'inauguration de la ***Foire aux santons,*** après une messe dite en provençal en l'église des Réformés.

## MARSEILLE ET LES ÉCRIVAINS

Marseille est bien une cité littéraire, même si on l'a souvent considérée comme une « ville de marchands et d'épiciers où la vie de l'intelligence est parfaitement inconnue » (George Sand). Sic ! Elle a eu bien sûr ses auteurs locaux qui écrivaient dans le provençal de Marseille. La ville a aussi donné de nombreux grands écrivains ou poètes de langue française : on connaît ***Marcel Pagnol*** (bien qu'il soit né à Aubagne, on l'a déjà dit), ***Edmond Rostand*** et ***Antonin Artaud*** sont des minots du coin, tout comme le romancier ***Patrick Cauvin*** ou encore ***Jean-Patrick Manchette,*** qui a, dans les années 1970, dynamité le polar. Marseille est aussi la patrie d'***André Suarès,*** qui dressera d'elle un portrait féroce dans son *Marsiho* de 1931 ; il y écrira notamment : « La pensée est la dernière denrée qui puisse trouver preneur entre la Major, la Palud et La Canebière... » Décidément...

### Marseille vue par...

Mais le plus intéressant reste sans doute le traitement de l'image de Marseille dans la littérature française. Peu à peu, l'écriture littéraire nationale finit par l'emporter sur une littérature locale encore très vivante au XIX$^{e}$ s : c'est ainsi qu'émerge et s'imprime le stéréotype du Marseillais.

L'essor de Marseille au XIXe s, largement dû aux effets conjugués de l'industrialisation et de la colonisation sur l'économie locale, a contribué à la multiplication des récits de voyages et surtout des écrits romantiques. Des écrivains (***Chateaubriand, Stendhal, Lamartine, Sand, Nerval, Dumas*** avec son *Comte de Monte-Cristo,* et bien d'autres) firent escale à Marseille avant leur voyage initiatique vers l'Italie ou l'Orient. Ils trouvaient dans la ville une certaine singularité qui préfigurait déjà ce qu'ils pensaient trouver ailleurs : Marseille est une curiosité « exotique » pour eux. La description du Vieux-Port va ainsi devenir un véritable *topos* littéraire au cours du XIXe s : on évoque l'intense activité portuaire, le manège des navires, le va-et-vient des portefaix sur les quais, l'enchevêtrement des couleurs de peau et des langues qui feront de la ville une Babel moderne. Côté marseillais, 2 poètes célébreront le port et l'imaginaire qui va avec : ***Émile Sicard,*** qui a merveilleusement raconté la légende de la fondation de Marseille et décrit le Vieux-Port dans un recueil du même nom, mais surtout le poète ***Louis Brauquier*** (inspirateur du Marius de Pagnol, puis d'Izzo, qui le cite souvent dans ses polars). Brauquier le mal-aimé, dont les superbes textes ont été recueillis dans un volume, *Je connais des îles lointaines* (La Table Ronde, 1994), à lire sur toutes les mers du globe !

## *Les Cahiers du Sud* et les surréalistes

Cette grande revue littéraire marseillaise (d'abord appelée *Fortunio* en 1913) devra beaucoup au travail de ***Jean Ballard.*** La revue publiera entre autres des textes d'auteurs comme Benjamin Péret, Joe Bousquet, Jean-Paul Sartre, Simone Weil... Cette effervescence culturelle s'amplifia même pendant la 2de Guerre mondiale, lorsque des dizaines d'intellectuels français et européens, fuyant le nazisme, se retrouvèrent à Marseille en attente d'un visa pour l'Amérique : ***Breton, Ernst, Tzara, Char*** et des dizaines d'autres trouvèrent en Marseille un havre pour poursuivre leur œuvre. C'est à cette période que fut créé le *Jeu de Marseille* inspiré du *Tarot de Marseille* par les surréalistes.

## Un lieu d'inspiration

Marseille a attiré la plume de dizaines d'écrivains, francophones ou non. La ville est présente chez ***Camus, Cendrars*** *(L'Homme foudroyé),* ***Albert Londres, Albert Cohen*** (qui y vécut), ***Le Clézio, Van Cauwelaert, Ben Jelloun,*** mais aussi chez ***Hemingway, Conrad*** *(La Flèche d'or),* ***Koestler...*** Aucun intellectuel de passage n'est resté insensible à la ville, et tous ont au moins écrit quelques notes, féroces ou élogieuses, à son sujet.
Marseille a aussi produit ses romanciers « classiques », comme ***Patrick Cauvin*** (*Rue des Bons-Enfants,* mais aussi *E = MC², mon amour*) ou le moins connu ***André Remacle,*** auteur d'un roman poétique et envoûtant, *La Calanque de Maldormé.* Enfin, les pitchouns n'ont pas été oubliés avec une spécialiste du genre, ***Nicole Ciravégna,*** et sa série des *Chichois,* où un petit Marseillais découvre le monde... et le parler marseillais.

## Marseille, personnage de roman policier

La ville semble bien se prêter au genre policier : c'est tout de même ici que se déroulait le 1er ***San Antonio*** (*Réglez-lui son compte,* 1949) ! Les années 1990 ont été marquées par une production littéraire effrénée, dont beaucoup de polars. ***Jean-Claude Izzo*** (à travers sa trilogie adaptée au cinéma et pour la télévision) apparaît comme le plus célèbre, mais découvrez vite ***Philippe Carrese, François Thomazeau, Gilles Del Pappas*** et leurs confrères de plume, qui ont des styles et des personnalités bien à eux. Le point commun de toutes ces œuvres demeure l'attrait qu'exerce la ville qui, plus qu'un décor, apparaît souvent comme l'actrice principale. Les romans jouent aussi sur l'utilisation d'un style humoristique (souvent noir, d'ailleurs) et l'emploi du parler marseillais dans les dialogues ou dans les récits.

Plusieurs d'entre eux sont même accompagnés d'un lexique. Ce parler marseillais se retrouve jusque dans les titres : *Chourmo* (Izzo), *Trois jours d'engatse, Le Bal des cagoles* (Carrese), *La Faute à Dégun* (Thomazeau), *Les Chapacans* (Courbou), *Le Jobi du Racati* (Del Pappas), *Mèfi !* (Aniorte-Paz).
Enfin, Marseille a vu naître une maison d'édition, ***L'Écailler du Sud,*** un clin d'œil facétieux aux *Cahiers du Sud* de Jean Ballard. Au départ éditeur de polars marseillais, L'Écailler du Sud a rapidement enrichi et diversifié son catalogue pour devenir « éditeur marseillais de polars », prouvant ainsi le dynamisme culturel de la ville au-delà de l'utilisation du langage et des clichés.
Lire aussi la rubrique « Livres de route », dans « Bon à savoir avant le départ ».

## MUSIQUE : DE *LA MARSEILLAISE* À... « JUL » !

Marseille n'a pas attendu le rap des années 1990 pour émerger sur la scène musicale française. Dès le XIXe s, les Marseillais étaient réputés pour leur amour de l'art lyrique. La légende raconte même que, jusqu'au plus simple ouvrier, tout Marseillais connaissait par cœur des airs d'opéra.
Les revues ou opérettes dites « marseillaises » des années 1930 (et leurs nombreuses versions cinéma) ont largement contribué à faire chanter l'Hexagone, mais aussi à diffuser l'image ambiguë d'une ville légère et ensoleillée, pleine de Marseillais blagueurs et fanfarons ne pensant qu'à draguer, faire la sieste ou boire du pastis.

### Et les quartiers nord, alors ?

Un tournant notable se produit à la fin des années 1980. De nouveaux groupes délaissent la variété et le café-concert pour se lancer dans l'aventure plus rythmée du rock. C'est le cas de Leda Atomici à qui l'on doit la rude chanson *Marseille, bouche de vieille.* Toutefois, ces artistes n'ont jamais définitivement rompu avec les stéréotypes marseillais qui constituent toujours la référence culturelle populaire. Dès le milieu des années 1970, le mythique groupe Quartiers Nord ne se contente pas seulement de faire du rock en français (pari déjà osé pour l'époque), mais décide de chanter... en « marseillais » ! Cela donne des albums comme *Fous mais pas fadas, Basilic Instinct* ou encore *Pont transbordeur* (2005). Parallèlement, le groupe a créé une extraordinaire « opérette-rock marseillaise » : *2001, l'Odyssée de L'Estaque.* Cette véritable « saga estaquéenne » à *s'estrasser de rire* résume bien l'esprit Quartiers Nord. Inspirée des opérettes de Vincent Scotto et servie par un « parler gras » très... direct, la trilogie s'est achevée avec *La Quête du gras* (2005) et *La Pastorale mauresque* (clin d'œil à la célèbre *Pastorale Maurel*). Le groupe a sorti son 18e album, *Full Metal Marseille,* en juin 2021.

### Le ragga marseillais

Une place de choix doit être réservée à celui que l'on considère comme l'inventeur du « ragga marseillais » ou du *rub-a-dub* phocéen : Jo Corbeau. Chanteur d'origine arménienne, il est notamment connu pour ses hymnes au savon de Marseille, à l'aïoli et bien sûr à l'OM.
C'est en partie de cette filiation que naîtra Massilia Sound System, la formation marseillaise la plus connue après le groupe de rap IAM. Ce groupe de raggamuffin décline le folklore marseillais moderne (l'aïoli, le pastis, l'OM, les cagoles, la « fumette »), tout en intégrant les questions sociales de la ville : immigration, chômage, vie de quartier. Surtout, ne ratez pas un concert de MSS, les distributions de pastis y sont rituelles !
D'ailleurs, après 30 ans de collaboration commune, les membres de MSS poursuivent aussi leurs propres projets en parallèle. Moussu T. e lei jovents, le groupe

de Tatou, mêle chanson provençale, blues, jazz et influences antillo-brésiliennes, à l'image du melting-pot que fut Marseille dans les années 1930.
La génération des petits frères (plus si petits !), dont fait partie Lou Zgain, s'est largement inspirée du groupe fétiche de l'île phocéenne.

### Le mouvement occitan

Le mouvement occitan, très présent à Marseille dans la chanson, a vu émerger des groupes comme Gacha Empega *(Polyphonies marseillaises),* Lo Còr de la Plana *(Es lo titre)* ou encore Dupain *(L'Usina, Les Vivants),* qui allient des chants traditionnels en provençal à une musique moderne, très rythmée, parfois appuyée par l'électronique : c'est ce que les Dupain appellent la « tradinnovation ».

### Le rap marseillais

Côté rap, il y a bien sûr le phénomène IAM, groupe internationalement connu. Les initiales du groupe ont plusieurs sens : « je suis » (*I am* en anglais), Imperial Asiatic Men, Indépendantistes Autonomes Marseillais, mais aussi Invasion Arrivant de Mars. C'est en effet IAM qui a lancé le diminutif « Mars » pour désigner... la planète Marseille, comme le titre de leur 1er album. Beaucoup de Marseillais vous diront effectivement que « Marseille est une autre planète » ! Chacun des membres d'IAM a sorti son album solo. Mais il y a aussi la vague des « petits frères » devenus grands, comme la Fonky Family *(Si Dieu veut, Art de rue),* le 3e Œil ou Soprano. Il existe bien une école, un label marseillais du rap, une « norme marseillaise » même, comme l'illustre une étiquette sur la compilation *Chroniques de Mars.*
Une 3e génération est désormais sur le devant de la scène, dont Keny Arkana *(Capitale de la Rupture)* qui est l'une des seules femmes reconnues dans ce milieu... très masculin. Ou encore Soso Manes, Naps, Kofs, SCH et autres jeunes rappeurs en devenir. Sans oublier Julien Mari, plus connu sous le nom de « Jul », qui est devenu un véritable phénomène national, notamment avec la sortie récente de *Bande Organisée,* un album collectif réalisé par 50 artistes marseillais.
Si le sujet vous intéresse, on conseille le visionnage du documentaire *D'IAM à Jul, Marseille capitale du rap* (2020), réalisé par Gilles Rof et Didier D. Daarwin.
Côté scène électronique, ça bouge aussi avec le DJ Paul Jack de Marseille, les Troublemakers ou encore Johan Papaconstantino artiste aixois (bon, c'est pas si loin !) pluridisciplinaire qui mêle l'électro au rap, en passant par les musiques traditionnelles grecques, et dont la plupart des clips sont tournés à Marseille. Il est connu notamment pour sa reprise de la chanson de Christophe, *Les Mots Bleus.*

## PERSONNAGES

### Les comédiens, les acteurs, les cinéastes

– **Robert Guédiguian** *(né en 1953)* **:** cinéaste social, né à L'Estaque d'un père arménien et d'une mère allemande, Guédiguian est largement associé à Marseille et à son quartier d'origine. Ses « petits films » faits avec de « petits moyens » sur de « petites gens » ont rencontré le grand public à la sortie de *Marius et Jeannette* en 1997, puis de *Marie-Jo et ses deux amours.* Des films écrits pour sa compagne, ***Ariane Ascaride,*** autre enfant du pays. D'autres films depuis sont devenus des références auprès des fans : *Le Voyage en Arménie, Lady Jane, L'Arme du crime, Le Promeneur du Champ-de-Mars, Au fil d'Ariane...*
– **Paul Carpita** *(1922-2009)* **:** ce vieux routier du 7e art a des admirateurs dans toute la France. Il a raconté la vie des Marseillais depuis les années 1950, montrant particulièrement la vie des travailleurs du port dans *Le Rendez-vous des quais.* Réalisé en 1953, ce film fut censuré pendant 35 ans. Carpita a réalisé des courts-métrages sobres et très différents de la tradition pagnolesque.

– ***Fernandel*** *(1903-1971)* **:** « Je suis laid, vindicatif et prétentieux, j'aime les cravates voyantes et les calembours, je gagne trop d'argent, je manque de goût, j'ai horreur de la lecture, je préfère Scotto à Beethoven, Dubout à Daumier, Létraz à Racine, j'ai un petit cerveau de bureaucrate dans un crâne de cheval... » Autoportrait sans concession de l'acteur d'origine marseillaise, de son vrai nom Fernand Contandin, qui, dans une filmographie pléthorique (plus de 125 films), a alterné navets et chefs-d'œuvre sans se départir de son sourire d'anthologie.

– ***Yves Montand*** *(1921-1991)* **:** Ivo Livi est né en Toscane (Italie). La famille s'installe à Marseille, où Ivo passe son enfance. Il est contraint de travailler dans une savonnerie à 11 ans, puis comme docker, et connaît le chômage. Il se produit d'abord comme artiste de music-hall dans les salles des quartiers nord. Marié à Simone Signoret (1949), il joue dans près de 50 films et tourne avec Marilyn Monroe en 1960. Artiste (à la fois chanteur et acteur) aux idées de gauche, très engagé, il prend ses distances avec l'URSS et continue, jusqu'à la fin de sa vie, de militer en faveur des Droits de l'homme.

– ***Henri Verneuil*** *(1920-2002)* **:** de son vrai nom Achod Malakian, né à Rodosto (Turquie), il est le fils d'un immigré arménien. Il passe son enfance au 588, rue Paradis. Journaliste, puis cinéaste, il produit son 1er film en 1947. Sa renommée devient vite internationale avec *Mélodie en sous-sol* (1963). Il travaille pour Hollywood en 1966 et 1967, puis revient en France, fort de son succès. Ses derniers films, *Mayrig* et *588, rue Paradis,* racontent l'histoire de sa famille et son enfance à Marseille.

– ***Éric Cantona*** *(né en 1966)* **:** né à Marseille, cet ancien footballeur a d'abord été l'attaquant le plus talentueux de l'équipe de Manchester United avant de s'orienter vers le cinéma. En 1995, *Le bonheur est dans le pré* d'Étienne Chatiliez lui offre un de ses 1ers rôles. *Les Enfants du marais* en 1999, film de Jean Becker, confirme sa reconversion. En 2009, il coproduit et interprète son propre rôle dans le film de Ken Loach *Looking for Éric,* présenté à Cannes en sélection officielle la même année. Il s'oriente ensuite vers la réalisation tout en s'occupant activement de la promotion du *beach soccer* (foot sur la plage) en France et dans le monde.

## Les artistes, les chanteurs, les musiciens

On ne reviendra pas ici sur tous ceux dont vous avez pu lire les noms et les exploits au fil des pages précédentes. En voici d'autres, qui méritent bien un hommage spécial.

– ***Maurice Béjart*** *(1927-2007)* **:** né dans le quartier de La Plaine, d'un père philosophe (Gaston Berger) qui possédait une usine d'engrais chimiques. Ce Marseillais est devenu l'une des grandes figures de la danse française et de la chorégraphie moderne. Rénovateur du ballet contemporain, il travailla longtemps à Bruxelles avant de se fixer à Lausanne. Il s'est converti à l'islam. *Le Tour du monde en 80 minutes,* dernière œuvre du chorégraphe, verra le jour malgré sa disparition.

– ***César*** *(1921-1999)* **:** le plus célèbre des sculpteurs contemporains français. Né César Baldaccini, dans le quartier de la Belle-de-Mai, et fils de parents immigrés italiens. Il soude des rebuts de ferraille, des tiges et des blocs de métal, et trouve là son style. Il serait dommage de réduire son œuvre aux fameuses « compressions ». Marseille possède 3 de ses œuvres : les portes de la bibliothèque de la ville (rue du 141e-RIA), la pale d'hélice sur la corniche Kennedy et le pouce en bronze poli (6 m de hauteur, 6 t) sur l'avenue de Hambourg, près du musée d'Art contemporain.

– ***Honoré Daumier*** *(1808-1879)* **:** né à Marseille, place Saint-Martin, il a suivi son père, maître vitrier, parti tenter sa chance à Paris en 1816. Dommage pour les politiques et la bonne bourgeoisie, sur lesquels ce caricaturiste incisif tirera plus tard à boulets rouges dans *Le Charivari,* ancêtre de notre *Canard enchaîné.* Copain de Corot et de Delacroix, il a aussi laissé quelques belles toiles qui ne lui ont pas apporté la gloire. Il est mort fauché et presque aveugle.

– ***Vincent Scotto*** *(1876-1952)* **:** nos parents ont tous eu un jour sur le bout des lèvres l'une ou l'autre des increvables ritournelles de Scotto : *J'ai deux amours, Sous les ponts de Paris, Marinella.* Ce Marseillais d'origine et de cœur a aussi écrit des opérettes *(Un de La Canebière)* et la musique des films de Pagnol.
– ***Élie Kakou*** *(1960-2001)* **:** un personnage très attachant qu'on a du mal à qualifier de simple comique, devenu célèbre grâce à sa création sur scène, entre autres, de la terrible *Madame Sarfaty,* et qui était originaire de Marseille, comme son accent le laissait entendre.
– ***Jean-Pierre Foucault*** *(né en 1947)* **:** né à Marseille, présent sur les écrans télé depuis les années 1970, il est l'une des figures incontournables parmi les animateurs du PAF avec l'émission « Qui veut gagner des millions ? ». Il est aussi président de l'association OM qui gère le centre de formation du club marseillais.

## Les écrivains

– ***Marcel Pagnol*** *(1895-1974)* **:** né à Aubagne, il passa son enfance dans les faubourgs de Marseille, dans les quartiers de La Barasse, puis de Saint-Loup, où son père était instituteur. Sa famille s'installa ensuite dans le quartier de La Plaine (au 52, rue Terrusse). Le petit Marcel fut élève au lycée Thiers, où son meilleur camarade était ***Albert Cohen*** (Prix Nobel de littérature). Pagnol utilisa souvent le Vieux-Port de Marseille, qu'il adorait, comme décor dans ses films, ainsi que le quartier des Quatre-Saisons et le village de La Treille, où son père louait la *Bastide Neuve.* Ses studios marseillais se trouvaient impasse des Peupliers, puis au 11, rue Jean-Mermoz. Il y tourna les scènes d'intérieur de ses nombreux films, les extérieurs étant tournés dans les collines de Marseille (La Treille) et d'Aubagne. Il repose au cimetière de La Treille.
– ***Edmonde Charles-Roux*** *(1920-2016)* **:** fille d'une famille de diplomates et d'industriels marseillais et avignonnais. Infirmière, elle est affectée dans un corps d'ambulancières, puis nommée à l'état-major de l'armée du général de Lattre en 1944. Épouse de Gaston Defferre, présidente de l'académie Goncourt de mars 2002 à sa mort, c'est une grande dame des lettres et une personne courageuse. Son œuvre comprend plusieurs romans marqués par sa jeunesse et son engagement dans la guerre : *Oublier Palerme,* prix Goncourt 1966, *Une enfance sicilienne,* 1981.
– ***Jean-Claude Izzo*** *(1945-2000)* **:** disparu trop tôt, il a écrit de superbes polars qui auront marqué la littérature policière française de la fin du XX$^{e}$ s. Sa trilogie marseillaise des temps modernes se poursuit avec des romans et quelques nouvelles. Une œuvre « à l'arraché », pleine de colère et de tendresse. Izzo a su décrire, mieux que quiconque, le Marseille en mutation que vous découvrirez aujourd'hui.
– ***Antonin Artaud*** *(1896-1948)* **:** né à Marseille. Auteur, on lui doit *L'Ombilic des limbes* et *Le Pèse-Nerfs,* œuvres de poésie surréaliste, ainsi que *Le Théâtre et son double* et *Van Gogh le suicidé,* qui défendent la conception d'un « théâtre de la cruauté ». Acteur, il joue dans *Jeanne d'Arc* et dans le *Napoléon* d'Abel Gance, dans lequel il tient le rôle de Marat. De santé fragile, il fait de nombreux séjours dans des maisons de repos. Son aventure intérieure le conduisit aux limites de la folie et lui valut d'être longtemps classé parmi les artistes « écorchés vifs » et les « poètes maudits ».
– ***André Suarès*** *(1868-1948)* **:** né au 91, rue Saint-Jacques, d'une famille d'ascendance judéo-espagnole et bretonne. C'est dans sa ville natale, Marseille, au cours d'une nuit mystique, en 1888, qu'il a trouvé sa voie : l'art à tout prix. Son œuvre (articles de revue, poèmes et portraits) reste aujourd'hui moins connue que celles de Gide, de Claudel ou de Valéry, avec lesquels il entretenait une correspondance soutenue. Et pourtant, Suarès est un grand des lettres. *Le Voyage du condottiere* est son chef-d'œuvre.
– ***Edmond Rostand*** *(1868-1918)* **:** né dans un immeuble bourgeois de style parisien, aujourd'hui au 14, rue Edmond-Rostand, au sein d'une famille de négociants aisés. Si ses 1$^{ers}$ poèmes ont fait un flop, il a connu une gloire immortelle avec *Cyrano de Bergerac* en 1897. D'autres pièces, dont *L'Aiglon,* avec Sarah Bernhardt, suivront.

– ***Louis Brauquier*** *(1900-1976)* **:** ce Marseillais était à la fois marin et écrivain, comme Joseph Conrad. Commissaire de la marine marchande, il a bourlingué sur toutes les mers du monde, a vécu à Shanghai dans les années 1930, sans jamais oublier son port d'attache. Auteur de *L'Au-delà de Suez, Eau douce pour navires, Écrits à Shanghai, Le Bar de l'Escale.*

– ***Serge Scotto*** *(né en 1963)* **:** Marseillais touche-à-tout, Scotto est musicien, plasticien, journaliste et auteur de polars... et heureux maître du chien Saucisse (lire l'encadré).

### SAUCISSE PRÉSIDENT !

*Le chien Saucisse est apparu dans le paysage marseillais en 1999 lorsque ses pas ont croisé ceux de l'écrivain Serge Scotto. Le teckel est vite devenu un acteur incontournable de la vie politique, il s'est offert le luxe d'une candidature aux élections municipales de 2001 avec le slogan « Pour une sauciété plus humaine, contre une vie de chien », où il a récolté 4,5 % des suffrages ! Il est mort en 2014. Une place porte son nom, dans le quartier de La Plaine.*

## Les sportifs

– ***Zinédine Zidane*** *(né en 1972)* **:** né dans les quartiers nord de Marseille, ce fils de Kabyles a grandi dans une cité défavorisée où il découvrit très jeune le ballon rond. Il entre dans l'équipe de France des minimes. À 16 ans, il est milieu de terrain à Cannes. À 18 ans, le voilà titulaire. Meneur de jeu de l'équipe de France, il entre dans la légende en marquant 2 buts décisifs contre le Brésil lors de la finale de la Coupe du monde 1998, remportée par les Bleus à Saint-Denis. Depuis que son portrait géant a été projeté sur l'Arc de Triomphe le soir de la victoire, Zidane est devenu le symbole de l'intégration à la française. Zidane reste l'un des rares joueurs français à avoir marqué l'histoire du foot par son talent et sa personnalité.

– ***Jacques Mayol*** *(1927-2002)* **:** le plongeur qui servit de modèle au héros du film *Le Grand Bleu,* de Luc Besson. Né à Shanghai, fils d'un architecte et d'une pianiste marseillaise, il bourlingua dans sa jeunesse. En Floride, il découvrit les dauphins, la passion de sa vie. Il s'installa sur l'île d'Elbe où, à 56 ans, il pulvérisa la barre des 105 m, ouvrant la voie à la plongée profonde en apnée.

– ***Samir Nasri*** *(né en 1987)* **:** né à Marseille dans le quartier de la Gavotte Peyret, le « Petit Prince » du football intègre à l'âge de 8 ans l'équipe poussin de l'OM. En 2004, Samir Nasri est sacré meilleur joueur du championnat d'Europe avec l'équipe de France des moins de 17 ans. Ovationné par le public, le « minot marseillais » est convoqué dès 2007 par Raymond Domenech pour participer aux qualifications pour l'Euro. Mais ses relations avec l'équipe de France et la presse se gâtent. En 2008, il file à l'anglaise vers Arsenal puis à Manchester City.

– Sans oublier ***Éric Cantona*** (aujourd'hui acteur) qui reste peut-être plus populaire encore, à Marseille, que Zidane !

## Les entrepreneurs

– ***Paul Ricard*** *(1909-1997)* **:** un petit Marseillais, devenu un grand patron et un très grand humaniste. En 1932, Paul met au point la formule du pastis et fonde la société Ricard, devenue la 3e marque mondiale de spiritueux, présente dans 140 pays. Il fut un capitaine d'industrie talentueux et protéiforme, touche-à-tout, polyvalent et inclassable. Dans le domaine social, il était à l'avant-garde, distribuant des actions à ses salariés quand aucun patron ne le faisait. Pendant l'Occupation, pour que son outil industriel ne travaille pas pour l'ennemi, il ordonna la fermeture de ses usines mais continua à payer ses employés et ses ouvriers ! Les femmes eurent 5 semaines de congés annuels dès 1965 et les hommes dès 1979, soit 2 ans avant la loi officielle ! Ancien élève de l'école des Beaux-Arts, il a par ailleurs signé plus d'un millier de toiles, produit des films, acheté 600 ha sur les rives de l'étang de Vaccarès pour les protéger, relancé la culture du riz en Camargue et réactivé le tourisme dans les îles de Bendor (Var) et des Embiez. Passionné d'aviation et de course automobile, il a fait construire le circuit Paul-Ricard au Castelet et ouvert une école de pilotage.

– ***Éric Castaldi*** *(né en 1954)* **:** ancien ouvrier tuyauteur, il a grandi dans une cité construite à la hâte pour accueillir des rapatriés d'Algérie. Ayant entrepris des études sur le tard, il devient architecte, et le voilà maintenant à la tête de la plus grande agence de Marseille, où il est considéré comme le chef de file, passionné et anticonformiste, du renouveau de l'urbanisme dans cette ville. Spécialiste de la restructuration des bâtiments anciens, il est notamment l'auteur des docks de la Joliette, de l'immeuble Generali et du silo à grains d'Arenc.

– ***Maryline Bellieud-Vigouroux*** *(née en 1957)* **:** épouse de l'ancien maire Robert Vigouroux, le successeur de Defferre à la mairie dans les années 1980. Marseillaise engagée dans le domaine culturel et de la mode, elle s'active pour donner une image « mode et glamour » à la vieille cité phocéenne. Elle a notamment fondé la Maison Mode Méditerranée.

## Les politiques

– ***Adolphe Thiers*** *(1797-1877)* **:** Marseillais d'origine, avocat de métier puis homme politique intervenant dans les hautes sphères de l'État. On s'en souviendra (malheureusement...) parce qu'il a donné l'ordre de réprimer dans le sang la Commune de Paris. Un vrai carnage.

– ***Gaston Defferre*** *(1910-1986)* **:** né dans l'Hérault, de vieille souche protestante, il entra dans la Résistance pendant l'Occupation pour diriger le réseau Brutus. À la Libération, élu maire socialiste de Marseille jusqu'en 1945, il fut à nouveau réélu en 1953 et resta à la tête de la ville, sans interruption, jusqu'en 1986 ! Gaston, pilier de la vie politique marseillaise, personnalité charismatique (mélange d'autoritarisme et de populisme), a marqué la ville de son empreinte. Il a été plusieurs fois ministre sous François Mitterrand.

### VARIAN FRY (1907-1967)

*Max Ernst, André Breton, André Masson et Wifredo Lam lui doivent la vie. En 1940-1941, cet intellectuel new-yorkais a arraché des griffes des autorités entre 2 000 et 4 000 personnes pourchassées, leur permettant ensuite de gagner les États-Unis avec un visa américain. Une propriété (la villa Air-Bel) du quartier de la Pomme servait de cache. Il finit sa vie comme modeste professeur de latin. Israël lui décernera le titre de « Juste parmi les nations ». Hélas, la villa Air-Bel a été détruite par une municipalité sans mémoire.*

– ***Jean-Claude Gaudin*** *(né en 1939)* **:** né à Mazargues dans les quartiers sud, il enseigne l'histoire-géo pendant 15 ans, tout en faisant de la politique son cheval de bataille. Benjamin, à 26 ans, du conseil municipal de Marseille, il est d'abord socialo-centriste, proche de Defferre, puis, s'orientant plus à droite, il s'oppose à celui-ci et devient député puis sénateur UDF. Élu maire de Marseille depuis 1995, il ne se représente pas aux élections municipales de 2020.

– ***Renaud Muselier*** *(né en 1959)* **:** petit-fils de l'amiral Muselier, fils d'un pharmacien résistant déporté à Dachau, ce médecin marseillais a d'abord dirigé une clinique privée avant de se lancer en politique (à droite). Sa généalogie l'ancre résolument en Méditerranée : il est le cousin germain du roi Leka Ier d'Albanie et est apparenté à l'écrivain André Suarès ! Il fut secrétaire d'État aux Affaires étrangères dans le gouvernement Jean-Pierre Raffarin. Il préside aujourd'hui le conseil régional de Provence-Alpes-Côte d'Azur.

– ***Bernard Tapie*** *(1943-2021)* **:** l'homme charismatique et à la rage de vaincre s'est bâti une vie tumultueuse. Investi en politique, on le retrouve député des

Bouches-du-Rhône, député européen, ministre de la Ville sous le gouvernement Bérégovoy. Dans le privé, il assouvit sa passion du business et du sport. L'homme rachète des boîtes en dépôt de bilan qu'il redresse et revend. Ses affaires se porteront bien, au point qu'on le comptera parmi les 20 plus grandes fortunes de France au cours des années 1990 avant de connaître la faillite. Il sera propriétaire d'Adidas et de l'OM, du groupe de presse La Provence... Mêlé à plusieurs affaires judiciaires – encore en cours à sa mort –, Tapie sera même emprisonné quelques mois. Il aimait aussi la scène et les caméras, et on le verra sur les planches, au cinéma, et même animateur à la télé. Bernard Tapie est enterré à Marseille, sa « ville de cœur ».

– Et aussi : ***Marius Masse,*** élu PS qui a mis toute sa masse à s'opposer à la poussée de l'extrême droite et au FN ; ***René Olmeta,*** chef de file de la gauche plurielle ; ***Samia Ghali,*** sénatrice PS des quartiers nord ; ***Guy Hermier,*** élu communiste décédé en 2001 ; ***Michèle Rubirola,*** 1re femme à avoir été élue maire de Marseille (Printemps Marseillais) mais qui s'est désistée quelques mois après, succédée par ***Benoît Payan*** (membre PS, désormais Printemps Marseillais), actuel maire de Marseille.

# PLONGÉE SOUS-MARINE

## Jetez-vous à l'eau !

Pourquoi ne pas profiter de votre escapade méditerranéenne pour vous initier à la plongée sous-marine ? Pour faire vos 1res bulles, pas besoin d'être sportif ni bon nageur. Il suffit d'avoir plus de 8 ans et d'être en bonne santé. Sachez que la prise de médicaments est incompatible avec la plongée. De même, les femmes enceintes s'abstiendront formellement de toute incursion sous-marine. Enfin, vérifiez l'état de vos dents : il est toujours désagréable de se retrouver avec un plombage qui saute pendant les vacances. Sauf pour le baptême, un certificat médical vous est demandé, et c'est dans votre intérêt. L'initiation des enfants requiert un encadrement qualifié dans un environnement adapté (eaux tempérées, sans courant, matériel adéquat).

Non, la plongée ne fait pas mal aux oreilles ! Il suffit de souffler en se bouchant le nez. Il ne faut pas forcer dans cet étrange « détendeur » que l'on met dans votre bouche, au contraire. Le fait d'avoir une expiration active est décontractant puisque c'est la base de toute relaxation. Sachez aussi qu'être dans l'eau modifie l'état de conscience car les paramètres du temps et de l'espace sont changés : on se sent (à juste titre) ailleurs. En contrepartie de cet émerveillement, respectez impérativement les règles de sécurité, expliquées au fur et à mesure par votre moniteur. En vacances, c'est le moment ou jamais de vous jeter à l'eau... de jour comme de nuit !

ATTENTION : pensez à respecter un intervalle de 12 à 24h avant de prendre l'avion, afin de ne pas modifier le déroulement de la désaturation.

## Les centres de plongée

En France, la grande majorité des clubs de plongée sont affiliés à la Fédération française d'études et de sports sous-marins (FFESSM). Les autres sont rattachés à l'Association nationale des moniteurs de plongée (ANMP) ou bien au Syndicat national des moniteurs de plongée (SNMP) ou encore à la Fédération sportive gymnique du travail (FSGT). L'encadrement – équivalent quelle que soit la structure – est assuré par des moniteurs brevetés d'État – véritables professionnels de la mer – qui maîtrisent le cadre des plongées et connaissent tous leurs spots « sur le bout des palmes ».

Un bon centre de plongée est un centre qui respecte toutes les règles de sécurité, sans négliger le plaisir. Méfiez-vous d'un club qui vous embarque sans aucune question préalable sur votre niveau ; il n'est pas « sympa », il est dangereux ! Regardez si le centre est bien entretenu (rouille, propreté...), si le matériel de sécurité – obligatoire – (oxygène, trousse de secours, téléphone portable ou radio...) est à bord. Les diplômes des moniteurs doivent être affichés. N'hésitez pas à vous renseigner car vous payez pour plonger. En échange, vous devez obtenir les meilleures prestations...

## C'est la 1re fois ?

Alors, l'histoire commence par un baptême : une petite demi-heure pendant laquelle le moniteur s'occupe de tout et vous tient la main. Laissez-vous aller au plaisir ! Même si vous vous sentez harnaché comme un sapin de Noël déraciné hors saison, tout cet équipement s'oublie complètement une fois dans l'eau. Vous ne descendrez pas au-delà de 5 m. Pour votre confort, sachez que la combinaison doit être la plus ajustée possible afin d'éviter les poches d'eau qui vous refroidissent. Puis l'histoire se poursuit par un apprentissage progressif...

## Formation et niveaux

Les clubs délivrent des formations graduées par niveaux. Avec le niveau I, vous descendez à 20 m accompagné d'un moniteur. Avec le niveau II, vous êtes autonome dans la zone des 20 m mais encadré jusqu'à la profondeur maxi de 40 m. Ensuite, en passant le niveau III, vous serez totalement autonome, dans la limite des tables de plongée (60 m). Enfin, le niveau IV prépare les futurs moniteurs à l'encadrement... Le passage de ces brevets doit être étalé dans le temps, afin que l'on puisse acquérir l'expérience indispensable. Demandez conseil à votre moniteur (il y est passé avant vous !). Enfin, tous les clubs délivrent un « carnet de plongée » indiquant l'expérience du plongeur, ainsi qu'un « passeport » mentionnant ses brevets.

## Reconnaissance internationale

Indispensable si vous envisagez de plonger à l'étranger. Demandez absolument l'équivalence CMAS (Confédération mondiale des activités subaquatiques) ou CEDIP (European Committee of Professional Diving Instruct) de votre diplôme. Le meilleur plan consiste à choisir un club où les moniteurs diplômés d'État sont aussi instructeurs PADI (Professional Association of Diving Instructors, association d'origine américaine), pour obtenir le brevet le plus reconnu du monde ! En France, de plus en plus de clubs ont cette double casquette : profitez-en. À l'inverse, si vous avez fait vos 1res bulles à l'étranger, vos aptitudes à la plongée seront jaugées – en France – par un moniteur qui, souvent après quelques exercices supplémentaires, vous délivrera un niveau correspondant...

## En Méditerranée

Bercée par son climat velouté, la Méditerranée est une véritable « mer de prédilection » pour la plongée. Ce n'est donc pas un hasard si ses eaux chaudes et limpides furent l'« atelier-laboratoire » privilégié des grands pionniers de l'aventure sous-marine... La *Mare Nostrum* livre des épaves mythiques aux plongeurs et concentre – en certains points – les fabuleuses richesses de sa vie sous-marine. Mais aujourd'hui, cette mer fermée – à l'équilibre si fragile – est continuellement blessée par des activités humaines intenses et souvent irréfléchies... Lire la rubrique « Environnement ».

– ***La météo :*** le beau temps améliore la qualité de la plongée. Période idéale : entre juin et novembre, avec une température très confortable de 18 à 25 °C en surface (au fond, l'eau est plus froide). Attention, les rafales cinglantes de mistral ou vent d'est peuvent remettre en question la plongée ; mais certains coins ont des spots abrités en fonction des différents régimes météo.

– ***Répondeur de Météo France :*** *☎ 0899-71-02-13 (0,34 €/mn) ou ☎ 32-50 (0,34 €/mn).*

– ***La profondeur :*** un handicap car très rapidement importante. Si plonger sur une roche permet, en général, de se maintenir à des petites profondeurs (ce n'est pas une raison pour faire n'importe quoi !), l'exploration des épaves – entre 40 et 60 m de profondeur – n'est réservée qu'aux seuls plongeurs aguerris aux conditions de la plongée profonde.
– ***La visibilité :*** excellente ! 20 m en moyenne. Sachez que l'eau est cristalline autour des îles et souvent trouble sur les épaves.
– ***Les courants :*** ils sont bien localisés mais peuvent être violents et conduire à l'annulation de la plongée. Donc méfiance !
– ***Vie sous-marine :*** concentrée à certains endroits, où elle est très riche. Votre moniteur vous familiarisera avec les beautés et pièges des fonds méditerranéens, tout en dégotant les choses intéressantes à voir. Certaines espèces affichent une présence systématique sur les spots : posidonies, gorgones, anémones, éponges, girelles, congres, murènes, sars, castagnoles, saupes, loups, rascasses, mérous... Règle d'or : respectez cet environnement fragile. Ne nourrissez pas les poissons, même si vous trouvez cela spectaculaire. Outre les raisons écologiques évidentes, certains « bestiaux » – trop habitués – risqueraient de se retourner contre vous (imaginez un bisou de murène !). Enfin, ne prélevez rien, et attention où vous mettez vos palmes !
– ***Derniers conseils :*** en plongée, restez absolument en contact visuel avec vos équipiers. Attention aux filets abandonnés sur les roches ou les épaves. Sachez enfin qu'en cas de pépin (il faut bien en parler !) votre bateau de plongée dispose d'oxygène (c'est obligatoire) et qu'il existe des caissons de recompression à Marseille et à Toulon.

### Quelques lectures

– ***100 belles plongées à Marseille et dans sa région,*** par François Scorsonelli, Hervé Chauvez et Marie-Laure Garrier (Gap, 2012).
– ***Plongée plaisir (niveaux I, II ou III),*** par Alain Forêt (Gap, 2012-2013).
– ***La Planète Mers,*** par Laurent Ballesta et Pierre Descamps (Michel Lafon, 2008).

## SAVOIR-VIVRE, US ET COUTUMES

**(ou quelques petits « trucs » pour ne pas [trop] passer pour un « estranger »...)**

*Mèfi !* Comme on dit à Marseille : en présence d'une population très fière de son identité (et parfois même susceptible !), il vaut mieux connaître quelques petits « trucs » pour éviter de *marquer mal.*
– ***L'accent :*** une 1re chose bonne à savoir, n'essayez pas de les imiter, les Marseillais sont très sensibles à tout ce qui touche à leur langage... Sachez qu'ils détestent les publicités qui mettent en scène de faux Provençaux « avé l'assent ». Les Marseillais ne manquent aucunement de sens de l'humour, mais ils se réservent à eux seuls le droit de se moquer de leurs défauts : l'autodérision est l'un des caractères majeurs de l'humour marseillais.
– ***L'humour marseillais :*** il est impossible de comprendre les Marseillais sans saisir la nature ambiguë de leur caractère. Fanfarons, tchatcheurs, enjoués et vite familiers, ils se conforment volontiers à l'image stéréotypée que l'on donne d'eux : ils jouent au Marseillais, comme s'ils ne voulaient pas vexer les *estrangers.* Mais attention ! Cette naïveté feinte fait partie de l'humour marseillais... et ce sont eux qui rient des « fadas de Parisiens », comme disent César et Escartefigue dans *Fanny.* Marseille a fait rire la France entière à travers des humoristes comme Fernandel ou Raimu, et de nos jours avec Patrick Bosso, Titoff ou le regretté Élie Kakou. Pour rire de bon cœur avec l'esprit local, n'hésitez pas à fréquenter ***L'Antidote*** *(● theatreantidote.fr ●),* qui programme régulièrement des spectacles des meilleurs humoristes marseillais.

– ***En voiture :*** habituez-vous à la conduite marseillaise, qui interprète de manière relativement large les règles du code de la route. Ne vous étonnez pas non plus d'entendre fleurir les jurons les plus virulents (*estourdi* ou *encatané* étant ici les plus légers). Le journaliste Albert Londres écrivait déjà en 1927 : « La circulation à Marseille est régie par une loi unique : toute voiture doit, par tous les moyens, dépasser la voiture qui la précède. » La série des films *Taxi* n'a-t-elle pas été tournée ici ? Bon courage ! Autre joli bazar urbain, le stationnement. Pas facile de trouver une place dans le centre-ville sans se coller à son voisin ou chevaucher une bande jaune qu'on préfère ignorer. Le Marseillais n'aime pas non plus qu'on essaie de le faire payer pour se garer, et c'est aussi le roi du stationnement en double file !

– ***Au bar :*** le pastis est la boisson populaire, emblématique et « identitaire » de Marseille. C'est souvent la moins chère aussi. Au comptoir, évitez de commander un « pastaga ». Certains Marseillais emploient ce mot pour désigner le pastis, mais l'usage est délicat dans la bouche des non-Marseillais : il fait trop cliché. Prenez un *jaune* ou un *fly* ; pour faire plus simple, donnez votre marque préférée. Ici, on boit un *51,* un *Ricard,* un *Casa* ou un *Janot.* Vous pouvez aussi opter pour une mauresque (pastis avec orgeat), un perroquet (avec menthe) ou une tomate (avec grenadine).

Après votre repas, le patron peut vous servir le café dans un verre en signe d'amitié, « comme à la maison ».

– ***Le retard :*** la ponctualité n'est pas l'apanage des Marseillais. Le retard aux rendez-vous est presque ici une institution, puisque l'on parle du « quart d'heure marseillais »... Comme partout, direz-vous, bon, d'accord !

– ***L'exagération :*** on a beaucoup exagéré, justement, la propension à la démesure des Marseillais (!). Il n'en demeure pas moins que, ici, les mesures doivent êtres vues dans des proportions particulières. Ne vous étonnez donc pas d'entendre : « Ça fait un milliard de fois que je te dis de te dépêcher. » Allez, bon séjour, vous allez vous régaler, et cette fois, on n'exagère pas !

# PETITS TRUCS ET ASTUCES POUR ÉVITER LES ABUS ET MAUVAISES SURPRISES

Un routard informé en vaut 2 ! Pour éviter les désagréments en tous genres, voici un petit pense-bête destiné à parer aux coûts et aux coups de bambous.

Bien sûr, nos enquêteurs veillent au grain, et les établissements qui ne répondent plus à nos critères ou abusent sont vite supprimés de nos guides. La réciproque est aussi valable. N'oublions pas que les hôteliers et restaurateurs font un métier difficile, et que la pandémie liée au Covid n'a pas amélioré les choses. S'ils se doivent de toujours garder le sourire, nous nous devons de les respecter en n'arrivant pas chez eux en terrain conquis.

## À L'HÔTEL

**1 – Arrhes ou acompte ? :** dans les 2 cas, il s'agit de sommes versées au moment de la réservation, à titre d'avance sur l'occupation d'une chambre ou d'une location saisonnière, et faisant office de garantie réciproque. On préfère parler d'arrhes plutôt que d'acompte considéré comme définitif, c'est-à-dire sans dédit possible. Légalement, aucune règle ne précise le montant des arrhes, mais il est d'usage de verser ***25 à 30 % du prix total au moment de la réservation.*** Cette somme ne pourra pas être remboursée en cas d'annulation de la réservation, sauf cas de force majeure qu'il vous faudra justifier (maladie ou accident) ou en accord avec l'hôtelier si l'annulation est faite dans des délais jugés raisonnables. Si, au contraire, l'annulation est le fait de l'hôtelier, il doit vous rembourser le double des arrhes versées. Enfin, si vous avez réservé une chambre (sans avoir rien versé) et que vous avez un empêchement, ***passez un coup de téléphone pour annuler,*** c'est la moindre des politesses.

**2 – Numéro de carte à la réservation :** qu'elle se fasse sur Internet ou par téléphone, il est de plus en plus courant de fournir son numéro de carte bancaire pour garantir la réservation de la chambre. Le client peut alors annuler sa réservation jusqu'à 24h avant l'arrivée dans l'hôtel. Au-delà, l'hôtelier est en droit de débiter la totalité du montant de la 1re nuit.

**3 – Subordination de vente :** les hôteliers ont interdiction de pratiquer la subordination de vente. C'est-à-dire qu'***ils ne peuvent pas vous obliger à réserver plusieurs nuits d'hôtel si vous n'en souhaitez qu'une.*** Dans le même ordre d'idées, on ne peut vous obliger à prendre votre petit déjeuner ou vos repas dans l'hôtel. Ce principe, illégal, est cependant toléré en pratique, surtout en haute saison, dans les zones touristiques où la demande est bien plus importante que l'offre.

**4 – Les réservations en ligne :** elles se sont généralisées. Si les centrales de réservation en ligne sont devenues incontournables, sachez qu'elles garantissent rarement de meilleurs prix qu'en direct, sauf promos exceptionnelles, évidemment. C'est d'ailleurs souvent l'inverse. En effet, la plupart des établissements font payer la commission versée aux sites internet à leurs clients, en augmentant leurs tarifs d'autant. ***N'hésitez donc pas à réserver en direct auprès de l'hôtel, de bonnes surprises vous attendent.*** Autre avantage de la résa en direct, vous pouvez préciser le type de chambre souhaité (sur mer, sur jardin) et obtenir des renseignements fiables sur l'établissement.

**5 – Responsabilité en cas de vol :** un hôtelier ne peut en aucun cas dégager sa responsabilité pour des objets volés dans la chambre d'un de ses clients, même si ces objets n'ont pas été mis au coffre. En d'autres termes, les éventuels panonceaux dégageant la responsabilité de l'hôtelier n'ont aucun fondement juridique.

## AU RESTO

**1 – Les prix :** ils sont libres, mais ***l'affichage est obligatoire*** à l'extérieur de l'établissement, de manière visible. Tous les menus doivent être affichés, même le moins cher. Ils doivent être identiques à ceux que l'on vous présente à l'intérieur.

**2 – Formule ou menu ?** Généralement, la formule est une proposition écourtée comprenant entrée + plat ou plat + dessert. Avec parfois un verre de vin et/ou le café. De fait, elle est moins chère que le menu, en principe complet (entrée + plat + dessert). Très souvent, les formules et les 1ers menus (les moins chers) ne sont ***servis qu'en semaine et/ou seulement au déjeuner,*** et plus rarement avant certaines heures (12h30 et 20h environ). C'est parfaitement légal, à condition toujours que ce soit clairement indiqué sur le panneau extérieur et sur le menu que l'on vous présente à table. Il arrive qu'il disparaisse comme par enchantement (humm, mauvais signe…). Vous êtes en droit de le demander.

**3 – Le « fait maison » :** pour parer au sous-vide et tout congelé, et parallèlement valoriser le travail de restaurateurs scrupuleux, le « fait maison » (logo d'une casserole surmontée d'un toit de maison avec cheminée) apparaît comme un faire-valoir évident et rassurant. Même s'il ne garantit pas le 100 % maison (la loi est un peu tordue sur le sujet et il n'y a pas de contrôle), ni la qualité du chef ! Cela dit, c'est un bon début.

**4 – La carte en dit long !** Voici, foi d'enquêteur, quelques trucs très simples pour analyser un menu : tout d'abord la ***brièveté de la carte*** est un bon gage de fraîcheur ; quand les produits sont locaux et de saison, c'est encore mieux ! On peut aussi questionner le serveur. Sa franchise (ou son embarras) vous en dira long (le bar, il est sauvage ou d'élevage ?). Autre indice : si la carte n'est composée que de plats passe-partout dont certains peuvent nécessiter des cuissons très longues (parmentier de canard, suprêmes de volaille en sauce, souris d'agneau, bourguignon...), ce n'est pas forcément bon signe, surtout s'ils sont servis trop rapidement. Même topo avec les desserts bistrotiers type tarte Tatin, mi-cuit ou mousse au chocolat, crème brûlée, panna cotta, tiramisù qui sortent soit du congélateur, soit d'une brique ! Tout comme les mignardises qui accompagnent le café gourmand souvent surfacturé. Un bon chef n'est pas forcément un bon pâtissier. Et il a rarement le temps de préparer 36 desserts ! Enfin, en dehors des zones côtières, on évite les poissons et fruits de mer le lundi… les livraisons ayant rarement lieu le week-end !

**5 – Commande jugée insuffisante :** sachez qu'il est illégal de pousser le client à la consommation. Une attitude parfois un peu insistante de la part du serveur est indigne d'un bon établissement.

**6 – *Doggy bag* :** la lutte anti-gaspi a du bon ! Depuis le 1er juillet 2021, les restaurateurs ne peuvent vous refuser de partir avec ce que vous avez laissé dans votre assiette. Alors, n'hésitez pas à le demander, c'est une bonne occasion de terminer votre repas… à la maison !

**7 – Eau :** une carafe d'***eau du robinet*** est ***gratuite*** à condition qu'elle accompagne un repas. On ne peut pas vous la refuser, sauf si elle est jugée impropre à la consommation par décret. Dans certains restos, on vous l'apporte d'office en guise de bienvenue. Un vrai bon point ! La bouteille d'***eau minérale*** doit, quant à elle, comme le vin, être ouverte devant vous. L'arnaque consiste parfois à proposer d'emblée une eau minérale, facturée au prix fort. À la question du serveur : « Et pour l'eau, plate ou gazeuse ? », vous pouvez répondre sans rougir : « Une carafe me conviendra ».

**8 – Vins (et autres alcools) :** la marge la plus importante des restaurateurs ! Et certains en abusent… Le vin au verre s'est généralisé. Tant mieux. Sinon, au-delà de 2 verres (gare aux prix exorbitants et à l'interdiction de conduire), il peut être plus intéressant de commander une bouteille, quitte à l'emporter en fin de repas si elle n'est pas terminée. Sinon, ne pas hésiter à demander un ***petit vin de pays en pichet,*** l'occasion de découvrir ainsi des petites cuvées locales et bon marché.

# *les ROUTARDS sur la FRANCE 2022-2023*

(dates de parution sur • ***routard.com*** •)

## Découpage de la FRANCE par le ROUTARD

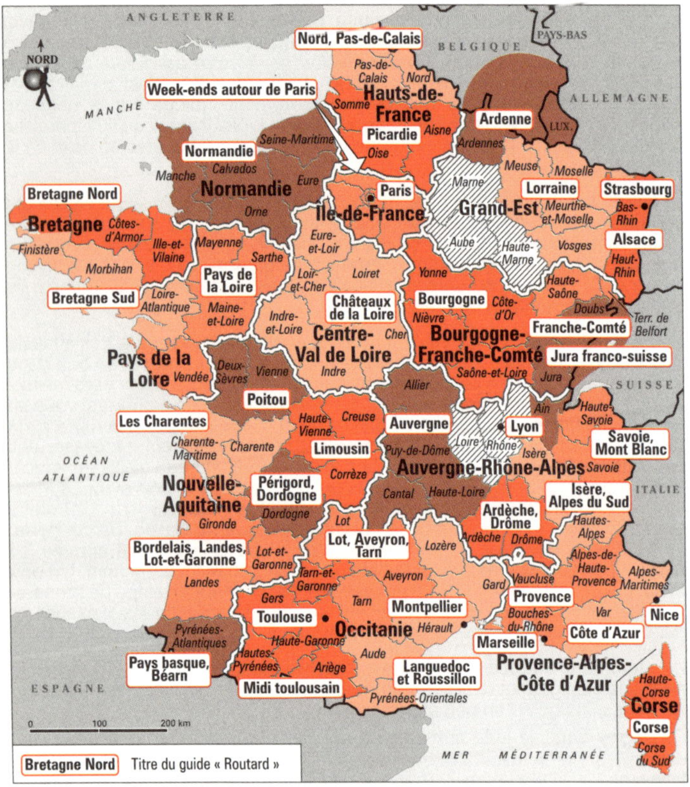


### Autres guides sur la France

- Nos meilleurs campings en France
- Nos meilleures chambres d'hôtes en France

### Autres guides sur Paris

- Paris
- Paris balades
- Restos et bistrots de Paris
- Le Routard des amoureux à Paris
- Week-ends autour de Paris

### Le Routard à vélo

- EuroVelo6
- La Bourgogne du Sud à vélo
- La Flow Vélo
- La Loire à Vélo
- La Vélo Francette
- La Vélodyssée (Roscoff-Hendaye)
- Le Canal des 2 mers à vélo
- Paris Île-de-France à vélo
- ViaRhôna
- Les plus belles escapades à Vélo en France

# les ROUTARDS sur l'ÉTRANGER 2022-2023

(dates de parution sur • **routard.com** •)

**Découpage de l'ESPAGNE par le ROUTARD**

**Découpage de l'ITALIE par le ROUTARD**

## Autres pays européens

- Allemagne
- Angleterre, Pays de Galles
- Autriche
- Belgique
- Bulgarie
- Crète
- Croatie
- Danemark, Suède
- Écosse
- Finlande
- Grèce continentale
- Hongrie
- Îles grecques et Athènes
- Irlande
- Islande
- Madère
- Malte
- Norvège
- Pays baltes : Tallinn, Riga, Vilnius
- Pologne
- Portugal
- République tchèque, Slovaquie
- Roumanie
- Suisse

## Villes européennes

- Amsterdam
- Berlin
- Bruxelles
- Budapest
- Copenhague
- Dublin
- Lisbonne
- Londres
- Moscou
- Naples
- Porto
- Prague
- Saint-Pétersbourg
- Stockholm
- Vienne

# les ROUTARDS sur l'ÉTRANGER 2022-2023

(dates de parution sur • *routard.com* •)

## Découpage des ÉTATS-UNIS par le ROUTARD

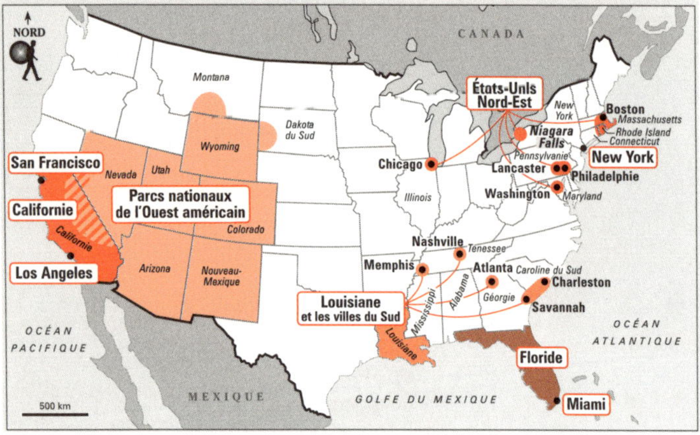


## Autres pays d'Amérique

- Argentine
- Brésil
- Canada Ouest
- Chili et île de Pâques
- Colombie
- Costa Rica
- Équateur et les îles Galápagos
- Guatemala, Belize
- Mexique
- Montréal
- Pérou, Bolivie
- Québec et Ontario

## Asie et Océanie

- Australie côtes est et nord + Red Centre
- Bali, Lombok
- Bangkok
- Birmanie (Myanmar)
- Cambodge, Laos
- Chine
- Hong Kong, Macao, Canton
- Inde du Nord
- Inde du Sud
- Israël et Palestine
- Istanbul
- Jordanie
- Malaisie, Singapour
- Népal
- Shanghai
- Sri Lanka (Ceylan)
- Thaïlande
- Tokyo, Kyoto et environs
- Turquie
- Vietnam

## Afrique

- Afrique du Sud
- Égypte
- Kenya, Tanzanie et Zanzibar
- Maroc
- Marrakech
- Sénégal
- Tunisie

## Îles Caraïbes et océan Indien

- Cuba
- Guadeloupe, Saint-Martin, Saint-Barth
- Île Maurice, Rodrigues
- Madagascar
- Martinique
- République dominicaine (Saint-Domingue)
- Réunion

## Guides de conversation

- Allemand
- Anglais
- Arabe du Maghreb
- Arabe du Proche-Orient
- Chinois
- Croate
- Espagnol
- Grec
- Italien
- Japonais
- Portugais
- Russe
- G'palémo (conversation par l'image)

## Livres-photos/Livres-cadeaux

- 50 voyages à faire dans sa vie
- 52 escapades nature en France (**nouveauté**)
- 52 week-ends coups de cœur en Europe (city trips)
- 52 week-ends coups de cœur en France
- 120 coins secrets en Europe
- 1 200 coups de cœur en France
- 1 200 coups de cœur dans le monde
- Cahier de vacances du Routard
- La France de Stéphane Bern
- Nos plus belles balades et randos en France (**nouveauté**)
- Road Trips Monde
- Road Trips en France
- Sacré : 100 lieux d'inspiration divine (**nouveauté**)
- Voyages
- Voyages : États-Unis
- Voyages : France
- Voyages : Italie

**Nous tenons à remercier tout particulièrement Loup-Maëlle Besançon, Thierry Bessou, François Chauvin, Grégory Dalex, Fabrice Doumergue, Cédric Fischer, Carole Fouque, Nicolas George, Michelle Georget, David Giason, Claude Hervé-Bazin, Emmanuel Juste, Dimitri Lefèvre, Fabrice de Lestang, Romain Meynier, Éric Milet, Pierre Mitrano, Jean-Sébastien Petitdemange, Thomas Rivallain et Jean Tiffon pour leur collaboration régulière.**

Guillem Aurenche
Jean-Jacques Bordier-Chêne
Gérard Bouchu
Camille Campet
Philippe Coupy
Agnès Debiage
Jérôme Denoix
Tovi et Ahmet Diler
Clélie Dudon
Agustina Ernesta
Alain Fisch
Hermine Frachon
Adrien et Clément Gloaguen
Simon Hafi
Chloé Iacono
Thelem Jolliot-Curie
Maeva Libessart
Marine Lucas
Lise Machu
Louis Nagot
Martine Partrat
Odile Paugam et Didier Jehanno
Orianne Pouchard
Alexia Poulain
Marva Prevost
Alexia Rambaud
Prakit Saiporn
Lara Tantawi
Sarah Toson
Emma Vadillo Quesada

**Direction :** Sidonie Chollet
**Direction éditoriale :** Élise Ernest
**Édition :** Matthieu Devaux, Olga Krokhina, Gia-Quy Tran, Julie Dupré, Amélie Ramond, Margaux Lefebvre, Lucie Léna, Joséphine Bonneau, Morgane Zambrelli et Tony De Sousa
**Ont également collaboré :** Dorica Lucaci, Jeanne Labourel et Anne-Sophie de Précourt
**Cartographie :** Frédéric Clémençon et Aurélie Huot
**Contrôle de gestion :** Jérôme Boulingre et Yannis Villeneuve
**Secrétariat :** Julia Lorrain
**Fabrication :** Nathalie Lautout et Liza Sacco
**Relations presse :** COM'PROD, Fred Papet. ☎ 01-70-69-04-69.
● *info@comprod.fr* ●, Martine Levens (Belgique) et Maureen Browne (Suisse)
**Marketing :** Clotilde Tougeron et Elise Sylvestre
**Couverture :** le-bureau-des-affaires-graphiques.com
**Silhouette du Routard :** Clément Gloaguen (d'après Solé)
**Maquette intérieure :** le-bureau-des-affaires-graphiques.com, Thibault Reumaux et npeg.fr
**Contact Partenariats :** Jérôme Denoix ● *jeromedenoix@gmail.com* ●
**Contact Partenariats et régie publicitaire :** Florence Brunel-Jars
● *fbrunel@hachette-livre.fr* ●

# INDEX GÉNÉRAL

Remarque : la ville de Marseille est aussi traitée dans le Routard Provence.

INDEX GÉNÉRAL

INDEX GÉNÉRAL

INDEX GÉNÉRAL

# INDEX DES ÉTABLISSEMENTS OUVERTS LE DIMANCHE (Grand Marseille)



INDEX GÉNÉRAL

INDEX GÉNÉRAL

## LISTE DES CARTES ET PLANS

### Remarque importante aux hôteliers et restaurateurs

Les enquêteurs du *Routard* travaillent dans le plus strict anonymat. Aucune réduction, aucun avantage quelconque, aucune rétribution n'est jamais demandé en contrepartie. Face aux aigrefins, la loi autorise les hôteliers et restaurateurs à porter plainte.

### Avis aux lecteurs

*Le Routard,* ce n'est pas comme le bon vin, il vieillit mal. On ne veut pas pousser à la consommation, mais évitez de partir avec une édition ancienne. Les modifications sont souvent importantes.
Les réductions accordées à nos lecteurs ne sont jamais demandées par nos rédacteurs afin de préserver leur indépendance. Les hôteliers et restaurateurs sont sollicités par une société de mailing, totalement indépendante de la rédaction, qui reste donc libre de ses choix. De même pour les autocollants et plaques émaillées.

### Avec routard.com, choisissez, organisez, réservez et partagez vos voyages !

✓ Rejoignez la plus grande communauté francophone de voyageurs : **plusieurs millions d'internautes.**

✓ Échangez avec les routarnautes : forums, photos, avis d'hôtels.

✓ Retrouvez aussi toutes les informations actualisées pour choisir et préparer vos voyages : près de 300 guides destinations, une centaine de dossiers pratiques et un magazine en ligne pour découvrir tous les secrets de votre destination.

✓ Enfin, comparez les offres pour organiser et réserver votre voyage au meilleur prix.

## *Les* Routards *parlent aux* Routards

Faites-nous part de vos expériences, de vos découvertes, de vos tuyaux et de vos coups de cœur. Aidez-nous à remettre l'ouvrage à jour. Indiquez-nous les renseignements périmés. Faites profiter les autres de vos adresses nouvelles, combines géniales... On adresse un exemplaire gratuit de la prochaine édition à ceux qui nous envoient les meilleurs courriers, pour la qualité et la pertinence des informations.
Quelques conseils cependant:
– Envoyez-nous votre courrier le plus tôt possible afin que l'on puisse insérer vos tuyaux sur la prochaine édition.
– N'oubliez pas de préciser l'ouvrage que vous désirez recevoir, ainsi que votre adresse postale.
– Vérifiez que vos remarques concernent l'édition en cours et notez les pages du guide concernées par vos observations.
– Quand vous indiquez des hôtels ou des restaurants, pensez à signaler leur adresse précise et, pour les grandes villes, les moyens de transport pour y aller. Si vous le pouvez, joignez la carte de visite de l'hôtel ou du resto décrit.
En tout état de cause, merci pour vos nombreux mails.

**122, rue du Moulin-des-Prés, 75013 Paris**

• *guide@routard.com* • *routard.com* •



Édité par Hachette Livre (58, rue Jean-Bleuzen, CS 70007, 92178 Vanves Cedex, France)
Photocomposé par Jouve (1, rue du Docteur Sauvé, 53100 Mayenne, France)
Imprimé par Dupliprint (Quai n° 2, 733, rue Saint-Léonard, BP 3, 53101 Mayenne Cedex, France)
Achevé d'imprimer : janvier 2022
Collection n° 15 - Édition n° 01
15/0557/9
I.S.B.N. 978-2-01-71-7201-7
Dépôt légal : janvier 2022

PAPIER À BASE DE FIBRES CERTIFIÉES